多元文化视域下大学英语教学与设计研究

陈胤汶 著

吉林人民出版社

图书在版编目（CIP）数据

多元文化视域下大学英语教学与设计研究/陈胤汶著. -- 长春：吉林人民出版社，2021.8
ISBN 978-7-206-18358-4

Ⅰ.①多… Ⅱ.①陈… Ⅲ.①英语—教学研究—高等学校 Ⅳ.① H319.3

中国版本图书馆CIP数据核字（2021）第159722号

责任编辑：刘　学
封面设计：皓　月

多元文化视域下大学英语教学与设计研究
DUOYUAN WENHUA SHIYU XIA DAXUE YINGYU JIAOXUE YU SHEJI YANJIU

著　　者：陈胤汶
出版发行：吉林人民出版社（长春市人民大街7548号　邮政编码：130022）
印　　刷：三河市嵩川印刷有限公司
开　　本：787mm×1092mm　　1/16
印　　张：14.25　　　　　　　　字　　数：222千字
标准书号：ISBN 978-7-206-18358-4
版　　次：2021年8月第1版　　　印　　次：2022年3月第1次印刷
定　　价：68.00元

如发现印装质量问题，影响阅读，请与印刷厂联系调换。

前言

英语教学是培养英语人才的一个主要途径,因此英语教学与课程设计也受到了社会各界的广泛关注与重视。语言和文化是密不可分的,随着现代教学理念的持续渗透,大学英语教育教学与设计在内容与形式上发生了不同程度的变化,这对于多元文化的大学英语教育教学实践创新有着积极的意义。

本书围绕"多元文化视域下大学英语教学与设计研究",在内容编排上共设置六章:第一章是大学英语教学改革创新的研究思考,内容包含大学英语教学改革创新的使命价值、创新思维与实施;第二章探讨大学英语教学设计改革创新与信息化发展,内容涵盖大学英语教学设计的理念创新、教学方法与过程设计革新、信息化教学的理论支撑、教学环境设计与教学资源开发;第三章从"互联网+"时代大学英语的教学设计与教学模式信息化发展、多媒体教学发展创新、慕课在大学英语教学创新模式中的应用实践三个角度论述"互联网+"时代大学英语教学设计与教学模式创新;第四章研究基于多元文化的大学英语教学与交际能力培养,内容涵盖大学英语教学与多元文化理念的融合渗透、大学英语教学改革与多元文化理念发展、基于跨文化交际能力培养的大学英语教学创新发展;第五章是对大学英语教学与思辨能力培养的探索,内容囊括大学英语教学中师生思辨能力现状与培养模式构建、大学英语听说读写教学融合思辨能力培养的方法探究、基于大学英语 ESP 教学的思辨能力培养;第六章研究多元文化视域下大学英语教学与设计的多维发展的四个方面——大学英语对分课堂教学设计与实现、大学英语教学的创客理念创新研究、大学英语教学模式设计有效性策略研究、教育生态学视角下英语生态化课程体系。

本书体系完整、视野开阔,层次清晰,对大学英语教学与设计的理论基础、内容方法等进行了系统梳理和阐述,比较全面地阐释了多元文化视域下的大学英语教学与设计。

  笔者在撰写本书的过程中，得到了许多专家学者的帮助和指导，在此表示诚挚的谢意。由于笔者水平有限，加之时间仓促，书中所涉及的内容难免有疏漏之处，希望各位读者多提宝贵意见，以便笔者进一步修改，使之更加完善。

作者

2020 年 11 月

目录

第一章 大学英语教学改革创新研究的思考……001
第一节 大学英语教学改革创新的使命价值 ……001
第二节 大学英语教学改革的创新思维与实施 ……005

第二章 大学英语教学设计改革创新与信息化发展 ……013
第一节 大学英语教学设计的理念创新 ……013
第二节 大学英语教学方法与过程设计革新 ……021
第三节 大学英语信息化教学的理论支撑 ……029
第四节 大学英语教学环境设计与教学资源开发 ……033

第三章 "互联网+"时代大学英语教学设计与教学模式创新 …039
第一节 "互联网+"时代大学英语教学设计与教学模式信息化发展 ……039
第二节 "互联网+"时代大学英语多媒体教学发展创新 ……053
第三节 慕课在大学英语教学创新模式中的应用实践 ……066

第四章 基于多元文化的大学英语教学与交际能力培养 ……078
第一节 大学英语教学与多元文化理念的融合渗透 ……078
第二节 大学英语教学改革与多元文化理念发展 ……088
第三节 基于跨文化交际能力培养的大学英语教学创新发展 …097

第五章 大学英语教学与思辨能力培养 ……111
第一节 大学英语教学中师生思辨能力现状与培养模式构建 …111
第二节 大学英语听说读写教学融合思辨能力培养的方法探究 ……115
第三节 基于大学英语 ESP 教学的思辨能力培养 ……136

第六章 多元文化视域下大学英语教学与设计的多维发展 ········149
  第一节 大学英语对分课堂教学设计与实现 ················149
  第二节 大学英语教学的创客理念创新研究 ················155
  第三节 大学英语教学模式设计有效性策略研究 ············161
  第四节 教育生态学视角下英语生态化课程体系 ············177

参考文献 ···218

第一章　大学英语教学改革创新研究的思考

第一节　大学英语教学改革创新的使命价值

一、语言技能在大学英语教学中的育人价值

对于英语，听、说、读、写既是其重要组成部分，又是英语学习的必备技能，更是我国学生言语技巧的培养目标。由于中国学生最初接受的语言是汉语，因此他们习惯从字形上对汉语进行理解和记忆，而对于英语而言，听、说、读、写能力的培养缺一不可。通常会发现这种情况，学生的英语口头表达能力较好，但书写和阅读能力却很薄弱。究其原因，是因为教师在日常英语教学中忽略对学生读、写能力的培养。基于此，当代大学英语教学改革明确提出，学生在英语学习中应根据自己的学习状态，接受性地进行"听"与"读"的学习，并在此基础上对知识进行内化，然后以"写"的形式呈现出来。

处理读、写技能不平衡培养问题的具体方式包括：

（1）听的教学。它指学生在课堂学习中通过听懂关键词、听懂主要情节及内容、听懂课文的中心思想等从多角度把握语言材料。通过"听"这一技能的培养，使学生在听的过程中能根据关键词汇、关键语句等推测上下文内容，并根据掌握的情节推论整个语言材料的中心思想。

（2）说的教学。它指学生能够将所学词汇、句型、语法等知识进行内化，并结合自己的理解将其灵活、准确地表达出来，从而使这些知识外化。

（3）读的教学。读的方式有很多种，例如精读、泛读、默读等；读的内容也有很多种，例如读词、读句、全篇通读等。不同的读法有不同的任务及要求。

（4）写的教学。关于"写"的要求可从两方面来看，一方面要求学生掌握拼写、大小写转换等基本的写作常识；另一方面要求学生利用已学语言知识，将其段落组织后进行写作表达。

二、语言知识在大学英语教学中的教学价值

当代大学英语教学认同语言知识的内涵应包括功能与话题，但认为对于中国学生学习英语这门英语而言，引导学生注重发现英语语音、词汇和语法规则特点，对于学生高效、规范地学习英语的价值同样不可忽视。从语言学层次而言，可以分为：①语言。其具有社会普遍性、规律性强的特点，语言包括语音、语法、语义、语用、句型和词汇，是构成语言能力的要素；②言语。其具有个人特殊性、变异性强的特点，言语包括听、说、读、写和话语及功能，是语言的表现。[①]

在英语学习中，言语要重视，语言也要兼顾，不要把两者对立起来。但在英语教学中有这样的主张，其认为英语学习只用掌握单词及句型等项目便可以，不需要掌握语法。这种主张有些偏激，它忽略语法的作用，割裂语法与单词、句型等的联系。

无论是以前还是现在的交际功能都是基本语法功能的演化，学英语应该学习语法，主要是掌握词、句或话语的结构特点和规律，各种结构的关系和转换，以及一定的结构所具有的意义和功能，或一定的意义和功能所对应的结构。用活的方法学习活的语法。语言的其他方面，以语言学习为手段，以言语学习为目的。具体说来，语言知识教学的育人价值具体体现在以下三个方面：

（1）重视学生主动构建知识、发现知识规律的过程。教师要培养学生的主观能动性，让学生掌握更多的学习自主权。在语言教学中，教师的作用是创设学习情境，引导学生掌握更多的语言知识，学会更多的学习方法，并将其进行运用。如果在教学中，所有的教学活动都是教师亲力亲为，教学则失去挑战性和乐趣性。

---

① 卜玉华.英语教学改革指导纲要[M].福州：福建教育出版社，2016.

（2）在课堂教学中，围绕一个教学主题，实现英语语言形式与内容的统一。这个统一是贯穿于整个教学过程，是一种内在的统一。因此在英语课堂教学中既要注重语言内容的学习，又要注重语言形式的学习。脱离语言内容及意义，英语课容易成为自然常识课；而脱离语言形式，英语课容易成为思想品德课。

（3）知识传授过程是递进式的螺旋上升的过程，在这个过程中要充分遵循语言规律，在理解的基础上对知识进行记忆，在记忆的基础上对知识进行运用。通过这样的过程，学生的认知水平能够相对有层次、有逻辑的递进发展。

三、学习能力在大学英语教学中的养成价值

培养学生的英语学习能力是大学英语改革的又一重要内容。学生作为课堂教学的主体，是一个终生的、整体的、主动发展的人。因而，在学生学习能力的培养方面，应着眼于学生的思维能力、自主学习能力和合作学习能力。

（一）培养学生创造性的思维能力

学生能否主动健康地发展，取决于学生的思维。因此思维是否具有创造性对于学生的学习具有重大意义。在教学过程中，教师要注重对学生创造性思维的培养，通过创设一定的教学氛围，让学生能够充分的想象、大胆的猜测，从而激发学生的学习兴趣。

在目前的英语教学中，许多高校及教师通常忽视对学生创造性思维的培养。它在英语课堂中具体表现为两方面：一方面表现为学生的学习活动只停留在机械模仿、机械记忆层面，教师很少会注重学生提出问题、思考问题能力的培养。甚至还会出现当学生在进行习题训练时，未使用教师所规定的词汇而是根据自己的理解换了一种表达形式，而教师不予肯定，甚至还要求学生改正的情况；另一方面表现为教师只注重按时完成自己的教学进度，而缺乏让学生思考英语问题、总结英语学习规律、探寻英语学习方法的意识。

在进行教学方法改革时，不同的教师有不同的观点。具体表现为：

（1）有些教师为了充分调动学生的学习积极性，采取一些激励方式取悦学生，例如发给学生奖品、奖状等。这种做法未能真正激发学生的思维能力。

（2）有些教师通过组织逻辑清晰、层次分明的教学过程，使学生在课堂活

动中提升逻辑思维能力。这是学生创造性思维培养的第一步。除此之外，批判性思维等具有原创性的思维能力也是时代要求下学生应该具备的能力。因此，注重学生创造性思维的培养是当代大学英语改革的重要举措。

（3）有些教师主张在英语课堂教学中通过模仿与机械操练、探索英语学习方法、营造轻松愉悦的课堂氛围等培养学生的思维能力，激发学生的学习兴趣。

（二）培养学生自主与合作学习能力

目前，我国课程标准将学习策略列为英语教学目标，却未将自主学习能力列入其中。所谓学习策略，是指学生学习的方法是自主学习能力的重要组成因素。除此之外，自主学习能力还包括学生的独立自学能力、自我监控能力等。

开放性、互动性的英语课堂离不开学生间的合作探究学习。无论是两两合作，还是小组学习，或者是全班交流，都属于合作探究学习。但是这些互动学习的意识通常不是学生自发形成，而需要教师加以引导。同时，由于一些因素的影响，例如组内氛围不和谐，导致这些合作探究学习方式未必能提升学生的合作学习能力。因此，真正意义上的合作学习表现在关注其他同学言行的基础上，与其互帮互助；在与邻近学生进行交流的基础上，发表自己的意见、看法；在与他人合作的基础上，提供更好的想法等方面。从合作学习的实质来看，它包括四方面内容：第一，积极依赖能力，其是合作学习最重要的内容；第二，个体责任承担能力，即指作为合作小组里的成员，应对整个小组的荣誉负责，为小组学习的顺利开展做出自己的贡献；第三，积极互动能力；第四，平等参与能力。通过上述内容，可以认识到合作学习能力需要有意识培养，而不是一种自然形成的能力。因此，我国很多所谓的合作学习，并不是真正意义上的合作学习，它仅只作为一种形式存在。

大学英语教学改革不仅要从学生的发展状态入手，通过一系列改革措施激发学生的学习激情；还要从学生的生活入手，将学习与生活结合，让学生能说、会说，从而提高学生的学习动力。

这些看似抽象的品质如学习毅力、学习兴趣、创造性学习等，实则是学生英语学习中的重要因素。总而言之，大学英语教学改革旨在促进学生整体素质的提升，使学生完成质的蜕变，最终成为全面发展的全方位人才。

第二节 大学英语教学改革的创新思维与实施

一、以学生为主体开展教学

在我国，传统的英语教学是以教师为中心的讲授式教学，学生在学习知识的过程中是被动的、机械的，他们的真实需求经常得不到重视，会对英语教学效果产生很大的负面影响。因此，教师应体现出学生的主体地位，以学生为主体，让学生发挥自己的主观能动性，从而获得良好的教学效果。

在教学过程中，发挥学生的潜能、体现学生的主体地位、以学生为中心都是无可厚非的，但大部分学校都有有限的教学成本，而且会统一安排教学计划。因此，为了让学生在教学过程中从有限的教育成本里尽可能获得最大收益，需要将人力、资金、时间成本与学生的发展和需求达到平衡。

在教学过程中，以学生为本并不代表学生可以决定一切教学因素，尊重学生也不代表要实现学生的一切需求，让学生进行主动学习也不代表学生可以以自己的所有意愿为准。教学中以学生为本，要始终以为社会输送优秀人才为目标，要使用合理并科学的人才培养方式。因此，在教学过程中应做到以学生为本，一方面让学生的心理和身体得到健康发展，满足学生的合理需求；另一方面分析现代社会的人才需求，所有的教学活动要根据教学计划逐步进行。

在教学过程中做到以学生为本以及尊重学生的主动性，并不意味着要弱化教师的作用。与之相反，这种教学方式反而更强调教师所发挥的作用，教师的引导和组织作用与学生获得的学习效果以及在学习中的投入性和主动性有着紧密联系。要求教师必须不断在教学中反思，分析学生是否充满学习的积极性、学生是否在教学活动中充分发挥潜能以及学生的学习效果等。因此，在教学过程中应做到以学生为本，教师所规划的学习目标必须符合学生需求，既要引导学生，也要鼓励学生，让学生的学习责任感更加强烈。

（一）以学生为主体的特征

1. 学生方面的特征

课堂上以学生为主体进行教学，学生的表现主要包括以下方面：

第一，学生需要在一定时间内保持注意力的高度集中。只有学生在课堂上集中注意力，才能凸显其作为主体的优势。课堂教学中，学生只有集中精力，才会积极地聆听教师的讲解，并对其讲解的内容产生一定兴趣，积极地与同学、教师展开交流和合作，主动进行学习反馈等。

第二，有利于学生和教师以及同学之间加强合作和交流。强调以学生为主体的课堂教学，有利于积极推动学生主动思考教师提出的问题，并予以独立解决，能够提出自己的观点和想法；可以积极地上台进行展示；主动参与到小组讨论中，并分享自己的成果，加强和小组成员之间的合作，及时反馈自己的问题；对培养学生的责任感、积极性都是非常有利，有利于学习任务的完成。

第三，有利于强化学生参与学习活动的积极性和热情。强调以学生为主体的课堂教学过程中最显著的特色是有利于学生学习积极性的激发。在课堂中遵循以学生为中心的原则，会促进学生参与学习活动的兴趣和热情，使学生主动参与小组学习、课堂讨论、自主学习和教师提问等各种教学活动。

2. 教师方面的特征

要在课堂中强调学生的主体性，需要教师做到以下两点：

（1）鼓励并引导学生相互尊重。要在课堂中强调学生的主体性，需要教师给予学生一定鼓励，激发学生参与学习活动的兴趣和热情，鼓励学生表达自己的观点和看法，促进学生之间进行合作和沟通，使得课堂教学更加具有趣味性，同时充分尊重学生和肯定学生。

（2）有效调控学习活动的开展。课堂教学中强调学生的主体性，有利于教师合理的调控学习活动，表现在以下四个方面：

第一，保证学习活动能够围绕学习目标而展开。在课堂教学中，强调学生的主体地位，教师应该根据实际需要进行表格、记录单等工具的提供，从而确保学生能够依据一定的步骤完成学习任务，促进学习目标的实现。

第二，保障学习过程有序开展。课堂上强调学生的主体地位，有利于教师顺利地完成教学任务。进行课堂教学组织时，教师应该制订合理的教学计划，按计划实行，从而取得获得的教学效果。如果不可避免地出现突发情况时，需要教师具备灵活调整学习活动的能力，并有效引导学生按照学习计划进行学习活动，以确保学习目标的顺利实现。同时，教师还要把控整个课堂纪律，以便学习活动的顺利进行。

第三，根据学生的反应灵活调整教学。英语课堂教学中难免有一些和学习计划相背离的情况发生，若是教师充分重视学生的主体地位，则应该及时对教学计划进行调整和改进，灵活应对各种课堂突发情况。

第四，给学生提供明确的、合理的反馈。教师尊重学生的主体地位，能够更加重视学生的问题和疑惑，并予以正确对待，帮学生答疑解惑，让学生可以及时获得反馈。

3. **课堂教学环境方面的特征**

课堂教学中强调学生的主体地位，营造相对轻松、愉悦的课堂环境，将有利于学生的自主学习和合作探究，并具有以下两个方面的特征：

（1）物理硬件环境的布置使学生产生主人翁意识。课堂教学中以学生为中心时，可以将桌椅进行圆桌式摆放，有利于学生之间的合作和交流，加强学生的学习资源共享等，对提升学习效果具有意义。同时，为了强调学生的主体地位，教室中的其他环节布置也应有所变化。

（2）丰富的学习资源和学习工具有利于促进学生的学习。课堂教学中以学生为中心，有利于激发教师采用多种学习工具和学习资源，提高学生的学习效果，并将使用目标和使用方法传授给学生，有利于学习活动的顺利开展。

（二）以学生为主体开展教学的具体措施

1. **尊重学生**

教育顺利开展的一个重要前提是教师能够充分尊重学生的个体差异，如此才能让教师的教学活动更加具有针对性，从而促进学生身心健康发展。因此，教师要获得较好的教学效果，必然要以尊重学生为基础。

（1）尊重学生的个性发展。目前，国内非常重视学生的素质教育，是根据学生的个性发展所提出来的一个教学目标，两者是密不可分、相互作用的关系。

因此，大学英语教学必须要建立在素质教育基础之上，既要重视能力培养，也要重视德育意义。大学英语教学过程中，以下两个原因会影响教师能否充分尊重学生的个性化发展需求：

第一，个性是素质教育的重要出发点。现代化社会的发展，使得各个领域对人才的需求有了新的变化，需要在教育中加强人才的品质教育，而传统的教育理念无法满足这一需求，为此，个性化教学应运而生，为新型人才培养奠定理论基础。

第二，个性倾向性影响个体的素质发展。人们的内在驱动源于个性倾向性，也是组成个性发展的核心内容，并对学生的追求产生决定性作用。

（2）尊重学生的主体地位。大学英语课堂教学应该充分尊重学生的主体地位。教师的一切教学活动都是以学生为中心，对激发学生的主体作用也有积极意义，为英语教学效果的提升创造有利条件。个性化教学需要建立在以学生为中心的教学基础上。只有这样，教师才能充分把握学生的个性差异，激发学生的自主意义，从而促进学生综合素质的提升。

（3）尊重学生的自尊心。在人类的所有行为中，自尊心的渗透性最为强烈，会直接制约人们的各种行为。换言之，若缺乏自尊心和自信心，认知和情感活动都难以取得胜利。

2. 培养学生语言综合运用能力

教育领域对于语言综合运用能力的实质并未进行明确规定，需要基于英语教学目标的阐述，对语言综合运用能力实质进行理解和认识。

对学生的语言综合运用能力进行培养，也是国内英语教学的主要目的。随着学校阶段的不同，其英语教学目标也有所不同。但是，英语教学目标都是基于学校策略、语言知识、语言技能以及文化意识的培养之上，以此提升学生的语言综合运用水平。

由知识、技能、学校策略、情感态度和文化意识五个层面体现出学生的语言综合运用能力可知道，对学生的语言知识、语言技能、语言学习策略等能力的培养是教学的主要目标，还要强化学生的情感态度和文化意识的树立。

（1）着眼于学生的全面发展。学生语言综合运用能力包括知识、技能、学习策略、情感态度和文化意识五个方面。在教育过程中，既要重视培养学生的英语知识和技能，也要促进其学习策略、情感态度和文化意识的发展。英语教育的主要目标是促进学生的全面发展。学生全方位的提升是教师开展教学的切入点。

英语教学要遵循以人为本的原则，为此，英语教学的主要目标不应局限于培养学生的语言知识能力，更重要的是基于学生的全面发展进行教学活动。英语教学既要培养学生的英语综合能力，也要对学生的精神世界进行关注，充分体现出教学中的人本主义，发挥学生的主体作用，让学生形成正确的价值观和人生观，并培养学生的社会责任感，也是学生终身学习习惯产生的前提和基础。

第一，教师应该坚信学生的学习潜能是无限的，任何一个学生都具备独特的个性和特长，充分肯定学生的差异性。和以往不同的是，现在的学生个性更加突出，独立性更强，思考问题的角度也具有一定的独特性。英语教师只有先和学生建立良好的师生关系，充分尊重学生，才能有效培养学生的英语综合运用能力，让学生主动参与教学活动中，并将学习情况积极反馈给教师；同时也便于教师了解学生的内心感受，激发学生的内在潜能，促进英语教学效果的提升。

第二，教师要注意营造和谐与轻松的课堂教学氛围造，在教学中充分尊重学生个性，关心爱护学生，加强与学生的合作和交流。因为教学在一定意义上是一种交际过程，和谐的课堂氛围有利于交际过程的顺利开展，甚至能够比一种好的教学方法更为重要，而和谐的课堂气氛是实行情感教学的最关键之处。

（2）以掌握语言技能为主要目的。语言教学的最终目的是为了利用这一语言进行交流，为此需要先掌握一定的语言技能。听、说、读、写技能的培养是语言技能培养的四个主要方面。

（3）不可忽视语言基础知识。虽然英语教学的主要目标是为了促进学生对语言技能的掌握，但是并不代表可以忽视语言基础知识的作用。事实上，语言基础知识学习在一定程度上制约学生语言综合运用能力的提升。英语教学首要工作是进行语言输入，只有具备一定的语言基础知识，才能更好地进行语言技能的培养。因此，语言基础知识教学的作用不容被忽视。

（4）重视学生的心理因素。教师应该充分关注和了解学生的心理变化，为教学效果的提升创造有利条件。因为学生的心理素质将在很大程度上制约学习效果的提升。从学生的全面发展来看，心理素质的影响不可小视。

（5）注重学习策略的培养。学生对学习策略的掌握将影响其英语综合运用能力的提升，因此，对学生的学习策略的培养也是教学中的一个重要问题。教师应该充分尊重学生的个性特征，使得学习策略的培养更加具有针对性和效率性。

二、激发学生学习动机

英语的学习离不开学习动机的培养和诞生。拥有强烈学习动机的学生，通常拥有明确的学习目标和高涨的学习热情，也更能在日常学习中克服许多学习困难，最终拥有令人羡慕的成绩。

（一）学习动机的类别

1. 深层动机和表层动机

根据刺激—反应理论，学习动机划分为深层动机与表层动机两大类。深层动机指学习者为了满足自己的兴趣、增加知识等深层次的非物质层面需要而刺激产生的动力；表层动机指为了获得高薪、文凭、好的工作等表面物质层面的需要而刺激产生的动力。

不同的学习者拥有不同的学习动机和不同的学习目标。拥有深层动机的人对英语学习有着饱满的动力与热情，他们会对自身提出较高的学习要求和学习目标，并且采取非常全面、规律且合理的学习方法进行英语学习。拥有表层动机的学习者主要是为了表面物质的获取而临时产生对学习英语的渴望，他们会利用有限的时间进行学习。一旦相应的物质刺激和学习动机不再有，他们也会停止学习英语的步伐，这类学习者的学习要求普遍偏低。

2. 内在动机和外在动机

英语学习还可由内在动机与外在动机决定。这两类动机，前者取决于对英语这门学科本身的求知欲，后者取决于外在因素的需要。拥有内在动机的学习者能够始终独立自主地学习英语，自发性地投入英语的学习过程而不受任何外界因素干扰。因为他们自身对英语充满兴趣，愿意学习这门语言；拥有外在动机的学习者通常是被迫学习英语，出于外在因素的需求和外界压力的刺激，他们是被动性地开展英语学习。

3. 任务型动机和结果型动机

英语学习还能由任务型动机和结果型动机决定。前者指由完成不同任务而激发出来的学习动机，后者指由任务完成后取得的结果和成就激发出来的动机。任务型动机对于任务的提出有一定要求，学习者在每个阶段要接受不同的学习任务，不宜过难也不宜过于简单，才能有利于提升学习者对英语学习的乐趣。结果型动机是结果导向性的动机，学习者对英语学习的动机完全取决于最终将会带来怎样的结果。

（二）激发学生学习动机的措施

1. 遵守教学原则

在教学过程中，教师激发学生的学习动力，一般要遵循这六大教学原则：第一，培养学生学习动机，激发学生的学习热情；第二，尽量提高课堂质量或者教学素养，吸引学生的注意力；第三，掌握一定社交技巧和策略，合理使用管理手段；第四，鼓励学生在课堂上进行互动交流与合作，促进学生间互相学习；第五，以让学生能够欣赏、充分理解且将英语知识运用到实践为最终教学目的；第六，高度重视学生对英语学习的期望和学习动机带来的价值。

2. 树立学生学习自信心

自信心表现为个体对自身的评价、态度和认识，对于英语学习有激励作用，是进步的基础和成功的动力，可以从六个方面树立学生的信心：①教师制订切实可行的，能够促进学生学业进步的教学计划；②帮助学生树立正确的学习目标，并认识到努力与成果之间的关联性；③为水平较低的学生提供额外帮助；④帮助学生正确对待失败综合征；⑤重视学习过程的评价和指导性的反馈；⑥帮助水平低的学生树立有适当挑战性的目标。

3. 激发学生的外在动机

学生学习的外在动机，一般是源于外部环境因素，例如学生的家庭教育、学校的竞争氛围、教师和家长的期许以及社会众多因素等，都能给学生带来进步的动力。然而，这些外部环境因素带来的学习动机都不是长久的，容易动摇，因此，还要从其他方面加强学习动力：第一，对学生在学习上取得的进步进行表扬；第二，在学生的学习过程中多给予评价；第三，引导学生充分认识英语这门工具的价值和重要性；第四，为每位学生提供公平的竞争环境和合理的竞争机会。

4. 激发学生的内在动机

教师在教学实践中应该采取以激发学生学习的内在动机为主策略，才能长久地促进学生积极学习、自主学习，并且使学生从学习本身甚至长期的学习过程中收获成就感与满足感，始终满怀对学习的期许和兴趣。第一，教师应该培养学生提高自主学习方面的能力；第二，教师要在课堂上随时提供具备一定难度和技巧的学习任务，多角度满足学生的能力提升需求；第三，教师在课堂上开展需要合作才能完成的学习任务，让学生的归属感得到满足；第四，教师对于教学活动的一切设计，以满足学生兴趣为前提条件；第五，教师要注重培养学生动手和动脑方面的能力。

5. 满足学生的个体需求

每个学生都有不同的喜好和需求，都有自己擅长的领域和感兴趣的方向，因为不同的家庭环境、教育背景、生活环境、社会等因素都有可能造就出学生的个体化差异。差异使得学生对于学习的需求不尽相同。作为教师，需要在最大限度上尽可能地满足每位学生的不同需求，让每位同学都能够发挥自身特长与个性，在各自感兴趣的领域充分发挥作用。教师也要从长远利益上把控，以服从长远利益、规避眼前冲突为原则，充分满足学生个体需求。

第二章 大学英语教学设计改革创新与信息化发展

创新大学英语教学设计有益于更好地激发学生的学习兴趣,提高大学生英语综合应用能力。本章研究大学英语教学设计的理念创新、大学英语教学方法与过程设计革新、大学英语信息化教学的理论支撑、大学英语教学环境设计与教学资源开发。

第一节 大学英语教学设计的理念创新

一、大学英语教学设计的内涵与特点

（一）教学设计的内涵

教学设计是构成课程（长时的学习课程）、选择教材、指导在教室和其他环境中教学活动的一种计划或范型。教学设计既是教师教学的模式,也是学生学习的模式。教学设计就是学习模式。一种教学设计就是一种学习环境。教学过程的核心就是创设一种环境。在这个环境里,学生能够相互影响,学会如何学习。教师在帮助学生获取信息、思想、技能、价值、思维和表达方式时,也在教他们如何学习。事实上,教育的最终目的是提高学生的学习能力。

自 20 世纪 80 年代以来,一方面受国外学者对于教学设计研究的影响；另一方面为了解决教学理论与教学实践相互脱节的问题,对教学设计的研究开始成为

国内教学论研究的热点,许多国内的学者也从不同的角度为教学设计作了不同的定义:

(1)教学设计就是在一定教学思想指导下建立起来的完成所提出教学任务的比较稳固的教学程序及其实施方法的策略体系。

(2)教学设计是指具有独特风格的教学样式,是就教学过程的结构、阶段、程序而言的,长期的、多样化的教学实践形成了相对稳定的、各具特色的教学设计。

(3)教学过程的模式,简称教学设计。它作为教学论的一个特定概念,指的是在一定教育思想指导下,为完成规定的教学目标和内容,对构成教学的诸要素所设计的比较稳定的简化组合方式及其活动程序。

(4)教学设计是在教学实践基础上建立起来的一整套用于组织和设计教学活动、再现和调节教学结构与功能的教学设计体系。

(5)教学设计是建立在一定的教学理论之上,为实现特定的教学目标而设计的一种教学模型。"教学设计"有相对稳定的结构和程序。

(6)教学设计是正确反映教学客观规律,有效指导教学实践的教学行为范型。这种教学行为范型是在一定教学思想或理论指导下,对教师、学生、媒体互动状态和过程加以概括而形成的以系统、有序、简明的形式表达的一种结构关系。

由以上描述可以发现这些教学设计的定义在不断得以丰富、提升和完善,充分体现了教学设计的本质。

(二)教学设计的特点

了解和掌握教学设计的特征是合理、有效设计教学设计的基础。在广大学者不断探索教学实践的过程中,教学设计的相关特征也得以丰富和完善。教学设计的定义揭示了教学设计的三大特点:

(1)客观规律性。教学设计源于教学实践,但又不是客观实践的复现,它是人们在一定的教学思想或理论的指导下,依据已发生过的教学实践活动和经验,经过思维上的加工,制作出来的符合客观教学规律的教学活动认识形式,是一种可供参照模仿的教学行为样式和构架。

(2)师生互动性。教学设计所描述的对象不是任何类型的教学活动,而是教师、学生、媒体的互动状态、结构和过程。

（3）直观性。教学行为范型是直观的，主要特点是：①概括性（或简约性）；②完整性（或结构性）；③有序性（或系统性）；④操作性（或行为性）；⑤范例性（或效仿型）；⑥独特性（或针对性）。

二、大学英语教学设计的基本原则

（一）交际性原则

1. 交际性原则的特点

英语作为语言，是人类最重要的交际工具之一。语言的最本质功能是交际功能。交际是在特定语境中说话者和听话者、作者和读者之间的意义转换。由此便能总结出交际的以下四个特点：

（1）交际有口语和书面语两种形式。

（2）交际只在一定的语境中发生。

（3）交际需要两个以上的人参与。

（4）交际需要两个或多个参与者之间的互动。

2. 交际性原则的注意事项

学习英语的目的在于用英语进行交际。而英语教学的目的是培养学生使用这种交际工具的能力。能够运用所学的语言知识在不同的场合下对不同的对象进行有效得体的交际就是交际能力的核心。因此，在英语教学中必须贯彻交际性原则，使学生能够运用所学英语与人交流，在教学过程中应注意以下五点：

（1）充分认识英语课程的性质。

（2）为学生创设各种情景。

（3）注意培养学生语言使用的得体性。

（4）做到精讲多练。

（5）确保教学内容与教学活动的真实性。

（二）系统性原则

系统性原则要求教学内容的安排，教学要求的逐步提高和完成，应有一定的顺序和系统，要引导学生逐渐地、不间断地来掌握知识和技能。知识和技能是逐步地点滴积累和培养而成的。新的知识和技能是在旧的知识和技能基础上获得的，比较高的技能只有在最基本的技能基础上才能获得。只想培养较高的技能而忽视基本功的训练是达不到目的的，但仅仅停留在基础阶段，而不向较高的方面去发展，也不能完成学校的培养目标。为此，研究各年级的练习体系是个十分重要的问题。科学的练习体系与提高教学质量有着密切的关系。一门课程的系统知识和技能只能是长期地、逐步地、点滴地取得的，而不是依靠短时期集中突击可以生效的。否则即使暂时取得某些极不牢固的知识和技能，也很快就会遗忘消失。因此，这就需要教师在教学中坚持系统性原则。要遵循系统性原则，应从下面四个方面入手：

（1）教学内容的安排要有严密的计划和顺序。

（2）教师应该有计划、有步骤地进行教学工作。

（3）指导学生系统连贯地进行学习。

（4）要注意各年级语言材料、知识、技能之间的衔接。

（三）真实性原则

真实性原则是为了提高英语教学质量、教学效率和教学成绩，英语教师应该对教育因素的真实内涵，尤其是英语教育的真实目的、学生的真实学习目的和动力、真实学习兴趣与真实学习困难和真实的英语学习动机等有所把握，并保证英语教学中的语义、语境、语用材料、教学过程、教学设计、教学设计和技巧以及教学技术等因素的真实性。在英语教学中，遵循真实性原则就是保证各个环节的真实，以培养学生综合语言运用能力为总目标，以交际法和任务型教学为策略，在真实的环境中获得真实的语言能力。

在英语教学中要实现真实性原则，需要做到以下四个方面：

（1）把握真实语言运用的目的。

（2）采用语用真实的教学内容。

（3）设计组织语用真实的课堂教学活动。

（4）设计编排语用真实的教学检测评估方案。

（四）循序渐进原则

循序渐进性原则是指教学活动要结合学科的逻辑结构和学生的身心发展情况，有次序、有步骤地进行，以期使学生能够有效地掌握系统的知识，促进身心的健康发展。这一原则是科学知识发展的客观要求，也是教学制约于学生身心发展规律的反映。循序渐进有利于将学生的已有知识、生活经验及好奇心联系起来，有助于他们认清事物发生及发展的过程，明晰所学内容的条理，逐步掌握解决问题的方法，形成解决问题的能力。贯彻这一原则需要做到以下三个方面：

（1）精心设计每个教学环节，明确各个教学环节的目标，选择最佳的方法及手段，使知识的呈现生活化和生动化，使形象向抽象逐步过渡，操作技能与逻辑思维的发展有机结合。

（2）保证每个教学环节过渡得自然，做到承上启下。

（3）有序拓展知识网络，懂得每一次的学习都是知识的又一次积累和补充，以便形成较为完整的知识体系。

（五）发展性原则

教学是传授知识的过程，也是促进学生身心发展的过程。在传授知识的同时，促进学生的身心发展是教学过程的客观要求。教学的发展性规律主要是指在教学过程中，在传授知识的同时，影响着以智力为核心的身心发展，学生以智力为核心的身心发展又影响着学生对知识的掌握。

在教学过程中，向学生传授知识和发展学生智力并不是相互对立和相互排斥的，而是相互促进、相互影响、相辅相成的。因此，学生的发展可以被看成是一个生命整体的成长，并且这个发展过程既有内在的和谐性，又有外在能力的多样性以及身心发展的统一性。要实现英语教学的发展性，需要做到以下三点：

（1）教师要关注每个学生的成长，以保证所有学生都得到发展。

（2）充分挖掘课堂存在的智力和非智力资源，并合理、有机地实施教学，使之成为促进学生发展的有利资源。

（3）为学生设计一些对智慧和意志有挑战性的教学情景，激发他们的探索和实践精神，使教学充满激情和生命气息。

（六）文化导入原则

语言是文化的载体，语言离不开文化，语言也不能脱离社会而存在。此外，语言还是了解社会现实生活的导向。通过语言特征分析和使用过程，可以了解一个民族的思维以及生活的特点。可以说，语言是每个民族文化的风俗习惯的一面镜子,也是文化的表现形式。因此,在进行英语教学时要重视英语国家民族的文化和社会习俗,帮助学生了解其中的文化差异,扩展视野,不能穷追,不能回避,也不能胡乱解释或更改。

由于学英语是为了用英语,用英语是一种文化交际,如果不尊重英语民族文化,就很难得体地使用语言,进一步会妨碍彼此的沟通。中华人民共和国教育部制定的《全日制义务教育普通高级大学英语课程标准》中明确指出:"此次英语课程改革的重点就是要改变英语课程过分重视语法和词汇知识的讲解与传授,忽视对学生实际语言运用能力的培养倾向……使语言学习的过程成为学生形成积极的情感态度、主动思维和大胆实践、提高跨文化意识和形成自主学习能力的过程。"普通大学的英语教学要求尚且如此,大学英语教学更要注重文化的导入。

在英语教学活动中,可以从以下四个方面来进行文化教学:

(1)注意捕捉教材中的文化信息。

(2)运用真实的情景教授文化知识。

(3)认真分析中西方文化的差异。

(4)充分利用多媒体与网络进行教学。

(七)可持续发展原则

在完成基础英语教学阶段的学习之后,学生还要向更高级别的英语教学阶段发展,继续进行英语学习,因此,在英语教学中,教师就要坚持可持续发展原则,在实践中自觉地为学生打好向高级阶段学习的基础。具体可从以下两个方面入手:

(1)知识的前后正迁移方法。遗忘是学习任何知识都不可避免的问题,因此必须通过巩固习得语言知识。但是,仅凭消极的巩固往往得不到满意的效果,因此需要在教学中培养学生的英语实践能力,也就是在发展中达到巩固,以巩固求发展。而巩固性和发展性需要会在概念同化、知识和技能的迁移中体现出来。教学中应尽可能地通过各种方法来增大正迁移量,以便学生更好地掌握知识和实践能力。

(2)学生学习英语正确态度的培养。结合学习内容讨论情感问题。在日常的英语课堂教学中,教师要注意融入积极的情感态度的培养,针对学生学习过程中出现的具体问题进行具有针对性的引导，帮助学生解决情感态度方面的问题，建立情感态度的沟通渠道。情感态度的沟通和交流渠道可以通过教师在课堂教学中建立起来，例如建设融洽、民主、团结、相互尊重的课堂氛围等。有些情感态度宜集体讨论，有些问题则需要师生之间进行有针对性的单独探讨。但在沟通和讨论过程中，教师要注意尊重学生的感受，避免伤害学生的自尊心。同时，情感具有外在和内在的表现，教师要仔细观察，了解学生的情感态度，以培养学生积极的情感，消除消极的情感。

三、基于创新理念的大学英语教学设计

创新教育的核心是培养学生的创新意识、创新精神、创新人格和创新能力。课堂教学是实施创新教育的主渠道，也是创新教育能否取得成功的关键。因此在课堂教学中，要灵活运用有效的教学方法和教学手段来提高学生创新意识和培养创新能力。大学英语课程在很多高校都作为必修课程，地位不可忽视，传统的大学英语课堂教学多注重学生英语应试能力的提高，而忽略了创新能力的培养。

（一）大学英语创新教学活动的设计特点

目前大学英语课堂呈现出班型大、人数多的特点，受到学习时间与学习空间的限制，学生之间往往缺乏有效的互动与交流，整个学期结束，有的学生甚至还不认识班级中的其他同学。另外，学生英语水平参差不齐，很难做到因材施教，教学过程缺乏个性，学生学习积极性不高，学生英语综合应用能力偏低，缺乏创新能力。因此，大学英语教学改革的目标就是要充分利用现有资源和条件，利用新的教学模式，培养学生的自主学习能力、综合运用能力及创新能力。在大学英语创新教学活动设计过程中，应该充分把握新时期学生和教师的角色定位。学生不再是信息的被动接受者，而应是知识的主动寻求者、发现者、探究者和创造者；教师则是课程的设计者与组织者，是语言交际环境的营造者，是学习过程中的指导者和监督者。

为达到预期的教学目标，提高学生的创新意识，创新大学英语教学活动的设计过程中，应充分考虑以下五个特点：

（1）课堂教学活动的设计要具有趣味性。兴趣是激发学生学习热情的有效

手段，所以课堂设计的活动应从学生感兴趣的话题引入。

（2）设计大学英语课堂活动时，要考虑新颖性。课堂教学活动应该多元化，根据需要设计不同类型的活动，使学生始终保持一种新鲜感。比如每节课开始可以设计一个"破冰活动"，可以是名字游戏，也可以是问候用语接力，也可以是猜谜语等。

（3）注重团队性的活动。为促进学生间的有效交流，活动可以以小组形式展开，人人都能参与其中，履行自己分配的职责。

（4）充分体现操作与评价体系的灵活性。课堂活动富有弹性，注意活动时长、人数、学生水平等因素。例如，看词编故事活动，可以设计难度不一的词汇以满足不同学生的需求并根据难度系数和完成程度去考核评价。

（5）活动的设计应富有创造性，能充分发挥学生的想象力和创造力。根据活动规则可以充分激发学生的潜力。比如，教师可以抛出与学生自身相关的问题，让学生大胆地提出解决方案。

（二）大学英语教学活动创新设计的模式

1. 热身活动

热身活动虽然形式简单、时间较短，却是有效课程教学的重要组成部分。在正式课程开始之前完成，主要用于激发学生的学习热情，增强学生间、师生间的互动，进而为下一步的课程教学做好准备。

一般来说，热身运动的内容首先体现出趣味性、相关性、简洁性。在大学英语课堂上，有很多形式的热身活动。例如，在新学期第一节课上，对于老师来说是一个崭新的课堂，是与以往不同的面孔，对学生来说同样如此。大家在一个不熟悉的环境下开始学习，往往会产生紧张的课堂气氛。所以尽快让大家熟悉起来尤为重要。比如问候游戏，前后相邻同学采用英文互相问候，然后击鼓传花般一个接着一个彼此问候，既可以让学生意识到英语课程的开始，同时提高了日常用语的应用意识。问候语可能不同，但是带来的效果却不同凡响。

2. 个体展示活动

大学英语课堂班型大、人数多的情况严重影响了学生的课上参与度。很多学生往往没有展示英语的机会，或者有机会发言，也是只言片语，语言运用比较混乱，逻辑性不强，因此给学生提供课上展示的机会就显得必不可缺。课上展示活动要充分体现出主题的新颖性和形式的灵活性，对于展示的内容、人数、时长、评价体系等都要明确细致，并且给学生足够的时间进行准备。

通过提前准备的课上展示，不仅使精心准备进行展示的学生体会到英语学习的重要性，而且对于其他学生来说，也是拓宽视野的机会，通过时事新闻了解国际国内新人新事，通过主题展示深入理解课文、横向拓展、纵向延伸。

3. 团队活动

在大学英语的学习过程中，多数学生还是以个体学习为主，缺乏团队合作意识和互帮互助意识。有效的团队活动能逐渐培养学生的合作习惯，也是一种刺激性的鼓励和带动。团队活动要达到理想的效果，首要的是体现出创新性，需要充分考虑分组形式、职责安排和评价机制，设计越全面，操控和管理越容易。此时，教师是指导者和监督者，学生则是探索者和实施者。

总之，大学英语创新教学活动的设计要符合预期的教学目标，要充分考虑到活动趣味性、新颖性、灵活性、团体性和创新性等特点，课堂活动设计应明确细致、切实可行，活动过程中需注意有效的监控和管理，并保持评价体系公平、公正，进而培养学生的创新意识，达到更好的教学效果。

第二节　大学英语教学方法与过程设计革新

一、大学英语翻转课堂教学法

翻转课堂是在信息化环境中，课程教师提供以教学视频为主要形式的学习资源，学生在上课前完成对教学视频等学习资源的观看和学习，师生在课堂上一起完成作业答疑、协作探究和互动交流等活动的一种新型教学模式。

翻转课堂模式在大学英语翻译教学中的应用颠覆了传统的教师和学生在课堂中的地位，增加了学生之间以及教师同学生的互动，促进了师生间的交流，具有很强的现实意义。在这种教学模式下，课前知识的讲授能够有效地解决课堂教学时限的问题，从而可以拓展教学时间，同时能够让学生有充足的思考时间。课堂上的探究合作式学习模式能有效地提高学生的沟通、表达能力，也有利于其思辨思维的培养。课后知识的巩固与拓展也可以帮助学生及时消化课堂教学内容，为下一阶段的学习做好准备。翻转课堂模式在大学英语翻译教学中的应用是一种有意义的尝试和探索。这种教学模式改变了英语翻译课传统的授课方式，对教师和学生的角色进行了翻转，促进了师生间的交流，从而使学生学习的积极性、主动性、创造性和独立性得到了更好发挥，培养了学生自主学习的能力。除此之外，这种翻转课堂的模式也提高了英语翻译教学的质量和效果，有效地提升了学生的实际翻译能力，使学生能够满足社会工作的需求。

（一）翻转课堂带来的变化

翻转课堂带来的重要变化主要有以下三个方面：

（1）教师与学生地位的变化。翻转课堂带来了学生与教师关系的颠覆性变化。在传统课堂中，教师占据课堂的主体地位，学生在教师的讲解下亦步亦趋。而在翻转课堂中，教师不再是承担教学主体的授课者，而是成为指导学生学习的引导者，甚至可以作为学习成员。在这样的教学模式下，学生真正成为主体，老师不再一直讲解，更多的是学生自己进行学习、探究，让课堂回归学生。

（2）教学形式与内容的变化。在传统课堂中，教师在课堂上讲解具体知识，然后布置课后作业，使学生进一步理解巩固课堂内容；实施翻转课堂后，学习的过程提到了课前，而课堂则成为探究的时间，属于教师答疑解惑的过程，教学的形式发生了很大变化，学生自主学习的能力得到了很好的锻炼和培养。实施翻转课堂后，课堂上问题探究和答疑解惑的过程取代了教师对知识进行讲授的过程，老师在课堂上不再具体地讲授课程，而只是对学生的表现进行点评，对学生难以理解的地方答疑解惑，实现了教学内容的变化。

（3）课程考核方式的变化。传统课程的考核方式通常是进行考试，方式单一，考核结果也比较片面，无法全面考核学生的整体学习效果。这种将一切考核都放在最后进行的模式往往导致学生在临近考试的时候才开始投入学习中，既不利于学生在学习过程中的投入，也不利于教师对于学生学习过程中学习成果的检验和反馈。而翻转课堂可以呈现多方式和多角度的考核方式，将考核分散在学生的整个学习过程中,从而可以多方面考查学生的学习成果,包括学生的基本翻译能力、组织能力和批判思维能力,考核结果更加全面。

(二)实施翻转课堂的重要意义

(1)实施翻转课堂有很强的现实意义。翻转课堂采用先学后教的教学模式,利用信息技术设备,学生在上课前进行知识的自主学习,而把课程知识的应用与探究放在课堂上。学生在课前进行学习时,对于课件或教学视频中的难点可以反复观看进行理解,对有疑问的地方可以记录下来在课堂上向老师提出,或者直接在网上向教师提问,从而让教师有针对性地备课。课堂上教师除了对难点进行答疑解惑之外,也会组织学生进行知识分享和小组讨论等互动活动,增加了师生间的沟通,也提升了学生在课堂中的参与度,促进了英语教学效果的提升。

(2)翻转课堂符合英语翻译教学的特点。英语翻译课程具有很强的实践性,学生只有在大量实践中才能逐渐积累翻译的技巧和经验,提高翻译能力。如果仅靠课堂短暂的教学时间,很难促进学生翻译能力的提升。目前的翻译教学主要教授具体的翻译技巧和应对具体问题的具体翻译方案,在教学方式上仍然保持着传统课堂中的直线型教学模式,完全是以教师为中心的。这种教学模式往往导致翻译专业毕业生的综合知识存在局限性,而且翻译的实践也通常会受到教学上翻译积累的限制,缺乏面向市场服务的翻译意识。在实施翻转课堂后,教师可以利用课堂时间组织学生进行英语的表达和互动,学生可以获得大量翻译实践机会,从而逐渐积累翻译的技巧和经验,提高翻译能力。因此,实施翻转课堂的教学模式符合英语翻译教学的特点。

(3)教学环境可以达到实施翻转课堂的条件。随着信息技术的发展和普及,目前绝大多数高校的教室都有无线网络,学校内普遍配有计算机实验室,智能手机和笔记本电脑等上网设备也已经在学生中得到普及。目前的教学环境已基本达到实施翻转课堂的要求。同时,随着信息技术的迅速发展,网络英语教学资源也会更加丰富,学生课前除了可以学习教师录制的微课程外,还可以访问英文学习网站、阅读英文小说或者观看英文电影作为补充材料,极大地丰富了教学内容。除此之外,随着时代的发展,也要求英语翻译教学必须作出改变,去努力接受各种新知识的介入。而翻转课堂的教学模式给英语翻译教学增加了新的教学媒介和信息来源。

二、大学英语任务型翻译教学法

任务型翻译教学模式是一种以学生为中心，教师根据学生的实际水平设计任务，创设真实的或类似于真实的学习情境，引导学生利用信息资源进行可理解输入、输出、协作学习、主动完成任务，以实现意义建构，提高学生翻译能力的相对稳定的操作性框架。该模式反映了外语教学从关注教法到关注学法，从以教师为中心到以学生为中心，从注重语言本身到注重语言习得的转变，既强调语言形式，又注重它的意义，将语言的用法、用途融为一体，具有较强的操作性，因而是对我国传统教学模式的一种革新，必将为培养更多适应21世纪发展需要的翻译人才奠定坚实的基础。

（一）任务型语言教学的认知

任务型语言教学是20世纪80年代外语教学法研究者提出来的又一个有重大影响的语言教学理论。它主要以二语习得理论、心理语言学理论和社会构建理论为其坚实的理论基础，以学生为中心设计具有明确目标的真实任务，激发学生的学习兴趣、提高其参与互动性，促使学生积极主动地使用语言、协作学习、主动完成任务，以现实意义构建，提高学生的翻译能力。

从任务的范围（主要指涉及语言的任务）、视角（任务设计者的角度还是活动参与者的角度）、真实性（现实生活中有意义的活动）、语言技能（可能会涉及语言的任何技能）、心理认知过程（如领悟、使用、输出、互动、推理等）、结果（注重任务的实际完成）等方面对任务的定义进行了阐释。

任务作为一种课堂教学活动应具有以下特征：

（1）完成各种真实的生活、学习、工作等有意义的任务，促使学生运用真实的语言。

（2）学生使用语言完成任务时，关注的重点是意义的表达而不是语言形式的操练，即重视学生如何沟通信息，而不强调学生使用何种语言形式。

（3）在教学过程中，任务可以涉及4种语言技能的一项或多项，包括各种增加语言知识和发展语言技能的练习活动。

（4）任务必须有具体的结果，即完成任务最受关注，至于如何完成及完成的情况次之。

（5）任务的评价取决于结果，任务完成的结果是评估任务是否成功的依据。

（二）任务型教学模式的教学原则

1. 以任务为主线

任务型翻译教学模式区别于其他教学模式最根本的特点就在于它强调以各种各样的任务为主线，强调采用具有明确目标的"任务"来帮助学生更主动地学习和运用语言。所谓任务，就是一种活动，具有以意义为主、有某种交际问题需要解决、与真实世界的活动有某种联系、完成任务优先、以结果评估任务五个特征。就任务型翻译教学而言，任务的内容主要有对比英汉语言文化、认知翻译理论和技巧、积累各种文体的翻译实践经验等。任务型翻译教学要求教师以任务为主线来组织教学，自始至终地引导学生通过完成具体任务驱动学生学习翻译，获得和积累相应的翻译知识和技巧，锻炼提高翻译能力。总之，该模式重视学生在执行任务过程中的参与和协作，重视学生在完成任务过程中的能力和策略培养。

学生在学习时首先考虑的是如何完成学习任务，而不是学会某种语言形式；所谋求的目标不再是机械的语言训练，而是实际翻译能力的培养。

2. 以协作互动为方式

任务型翻译教学模式不仅重视培养学生独立探究的精神，还重视培养学生的协作精神，力图使学生在完成任务的过程中，通过学生、师生多向互动、协作，通过意义磋商、交流、大量的语言输入和输出，培养和发展学生的实际翻译能力。任务的完成过程是协作互动的过程。一方面，协作互动有助于学生建立对任务更为全面的理解，加深对意义的建构；另一方面，协作互动会使学生产生让别人明白自己表达的需求和达到这一目的的喜悦，有助于激活学习动机，让其通过与他人的协作互动，从事大量翻译实践，积累翻译知识和技巧。

任务型翻译教学强调协作互动学习的重要性，将学生个人之间的竞争转化为学习共同体之间的竞争，培养了学生之间的协作精神和团队精神，也弥补了一个教师难以应对众多有差异的学生的不足，真正实现了使每个学生都能得到发展的目标。

3. 以学习情景为前提

情景是指一定的社会文化背景。学习情境对翻译知识和技巧的建构起着重要作用，不同的学习情景对翻译理论的理解与建构、对翻译技巧的选择与使用都会产生重大影响。真正的、完整的翻译知识只能在真实或类似于真实的学习情景中才能获得，翻译技巧的实际掌握也必须在真实或类似于真实的学习情景中才能体现。因此，在任务型翻译教学中，创设适当的（即真实或类似于真实的）学习情景，有助于学生翻译理论与实践的结合，有利于提高学生的实际翻译能力。

换言之，教师应在设计任务时尽力创设真实或接近真实的情境，将课堂内的翻译学习与当前的社会文化背景相结合，让学生置身于贴近自己生活的语境中，通过完成任务，深刻地感受翻译学习与自己生活实践的紧密联系，激发他们自主、协作学习翻译的兴趣和学好翻译的信心，促进其实际翻译能力的提高。

三、大学英语项目导向教学法

"项目导向教学法"是把整个学习过程分解为一个个具体的工程或事件，设计出一个个项目导向教学方案，按行动回路设计教学思路，不仅传授给学生理论知识和操作技能，更重要的是培养他们的职业能力，这里的能力已不仅是知识能力或者专业能力，而是涵盖了如何解决问题的能力：方法能力、接纳新知识的学习能力以及与人协作和进行项目合作的社会能力等。当前在我国的高等教育和职业教育的体系中，已经有不少学校和不少专业利用"项目导向教学法"的模式进行了课程改革，并取得了良好的效果。

（一）项目导向法的意义

项目导向法最早起源于美国，是由美国著名教育家凯兹教授和加拿大教育家查理教授共同推出的一种以学生为本的教学设计，它是师生通过共同实施一个完整的"项目"而进行的教学活动，是职业教育领域非常典型的行动导向教学组织形式，盛行于德国企业的职业教育领域，并对德国的职业教育产生了巨大影响。在大学教育中，"项目"主要是指以生产具体的、具有实际应用价值的产品为目的的一种任务，它旨在把学生融入有意义的任务完成的过程中，让学生积极地进行学习，自主地进行知识的构建。

项目导向教学体现了以学生为学习主体的教育思想，其基本特征是为学生提供可以对有价值的课题进行深入研究的机会，让学生身体力行地进行科学研究，在研究工作中体验完整的科学研究过程，形成科学研究意识和获得初步独立进行科学研究的能力。实行"项目导向教学法"需满足的要求包括：①项目必须是一个有步骤的系统过程；②项目所涉及的内容和学生所学专业紧密相关；③项目目标预期明确，有实施计划；④项目在教师的指导下进行；⑤学生实施项目的情况可以被跟踪观察；⑥项目的最终结果应该是可以评估的；⑦项目应该凸显合作意识。这种项目导向教育思想在西方学校教育中得到了广泛的应用，特别是在理工科专业中已成为美国教育的主流。

在项目导向教学中，学习过程成为一个人人参与的创造实践活动，注重的不是最终的结果，而是完成项目的过程。在这个过程中，学生学到的不仅是理论知识和操作技能，更重要的是获得一定的职业能力，这里的能力涵盖了如何解决问题的能力、接纳新知识的学习能力以及与人协作的社会能力等几个方面，而这些能力正是社会对大学毕业生的要求，所以，在大学教育中推行"项目导向教学法"具有较为重要的意义。

（二）项目导向法对传统英语教学的影响

（1）提升学生学习兴趣。项目导向式教学法能够改变原有翻译课程的传统教学中的教学模式，将所开设课程的教学内容设计成具体技能的训练项目，根据项目组织实施教学与考核，重点体现翻译的趣味性与应用性，从而提高学生对翻译课程的兴趣和主动性。

（2）提升课堂学习效果。项目导向式教学法能够使学生从被动地接受翻译到主动地翻译，从根本上改变学生的学习及思维习惯，培养学生的主动性、创造性。学生从此不再是被动地学习所谓的翻译技巧，而是主动思考、研究并进行翻译实战，从实战中学习技巧、巩固技巧、熟练掌握技巧，学习效果会事半功倍。

（3）促进学生未来发展。项目导向式教学法由于在实践的过程中引用的都是真实的翻译项目，学生在真正踏入翻译行业之前就已经充分了解并能够驾驭翻译实践。更为重要的是，由于翻译项目都是与当今时代充分接轨的材料，体现了当今社会下真实的文化差异,学生能够在不断实践的过程中了解这些信息,真正掌握处理文化差异的翻译方法,使学生成为不但具有过硬的专业知识和技能,而且能够促进国际文化交流的全方位的应用型人才。

(4)促进翻译专业课程教学长远发展。建立一套全新的、实用的、科学的、系统的翻译教学模式,是翻译专业教学改革的基础,有利于培养大批创新性、技术技能应用型翻译人才,为翻译专业的长远发展奠定坚实的基础。

(三)项目导向法在大学英语教学应用中的可行性

项目导向法是一种围绕一个具有很强"实践性的和接近生活实际的工作活动"进行教学过程设计的教学设计,在完成工作活动的过程中,特别强调学生要尽可能自主完成。从中可以看出,项目导向教学法不仅突出教学内容的"实践性"和"职业性",而且强调学生的自我反思能力。与传统的教学设计相比,项目导向法打破了传统的知识本位和学科本位,实现了从以教师为中心到以学生发展为中心的转变,有利于培养学生的职业能力。项目导向教学一般可以分成四个教学阶段:明确项目任务;制订项目计划;实施项目计划;项目成果展示和评估。学生在教师的引导下,从工作活动中或类似工作情景中确定要解决的问题或任务,并为此共同制订切实可行的解决计划,通过小组的共同努力实施项目计划,解决问题或完成任务;展示各小组的成果,并检查评估项目计划及其成果。项目导向法被引进国内后广泛应用于各个学科的教学中,在大学教育中也被广泛应用。

这一教学法要求尽力从工作活动中选取典型项目,着眼于学生未来职业能力的培养,非常有利于解决我国大学教育面临的学制短、要求高、学生基础薄弱等一系列问题,有利于提高大学教育的质量。翻译课作为大学商务英语的一门重要核心课程,项目导向法的合理应用也必将进一步提高翻译教学的效果,促进学生翻译能力的发展。

第三节 大学英语信息化教学的理论支撑

一、信息化环境下的"教"与"学"

教学过程是一种人类特有的人才培养过程。在人才培养活动中,教师要有目的、有计划、有组织地引导学生积极自觉地学习和加速掌握文化科学基础知识和基本技能,通过教师有效地引导,提高学生的整体素质,从而成为社会需要的人才,服务于社会。

在我国古代书籍中,"教学"和"教育"两词是通用的。而且从教学的内容、形式可以看出,教学是有目的、整体的、经常而全面的影响。因此"教学"与"教育"一词,在内涵方面没有本质的区分。从教育角度分析,教育包含教学,教学是从教育的概念中分化出来的一部分,在内容和形式上都不同于教育,如家庭教育、幼儿园教育、生产劳动教育等。教学的主要内容是传授和学习知识技能,并且教学的多方面工作都是以传授和学习为主题展开的。

而教学就是通过实施一系列教学活动来进行的。教学活动的七大要素分别为:学生、教师、教学目标、教学内容、教学方法、教学环境、教学信息反馈。顾名思义,教学可分为教师"教"和学生"学"。所以在教学活动中,主体是学生,一切的教学活动都围绕着学生,没有学生这一主体,教学活动就不存在。所以学生是教学活动的根本因素。教师是教学活动中除学生外的最重要的组成部分,如果没有了教师对学生的引导,学生的学习就没有组织、没有方向,进入不了正轨,教师在教学活动中的重要性可见一斑。

教学可看作一个过程,加涅根据学习的内部和外部条件理论,提出了著名的"教学过程的九大步骤"理论。这九大步骤依次为引起注意、告诉学习者目标、刺激对先前学习的回忆、呈现刺激材料、提供学习指导、诱发行为、提供反馈、评定行为、促进记忆迁移。告诉学习者目标、提供学习指导和评定行为是这个过程中比较重要的几步。告诉学习者目标是让学生知道自己将得到哪些知识,提供学习指导是当学生困惑的时候为之解惑，评定行为是为了清楚学生的学习是否达到教学目标。教学是运用各种教学方法、教学手段引导学生主体向着既定的教学目标成长的过程。

二、信息化环境下的教学过程与模式

（一）信息化教学过程

1. 信息化教学过程的转变

信息化教学过程，即是指教育者和学习者运用现代教育技术传递、接受与交流教育信息的过程。

（1）信息化教学过程中教学内容和呈现形式的转变。作为信息化教学过程的重要基础和标志，信息技术不仅承载和传输各种内容资源，同时其自身所具备的特性也一定程度上提高了信息资源的丰富性、灵活性、交互性和开放性。因此，通过多媒体和信息技术方式，信息化教学在传授和讲解课程、教材的过程中，更具吸引力，也使得课程和教材的呈现形式变得多样化，从而丰富了教育信息资源。在教学过程中，由于新技术和新媒体的推动，提升了教师在工作上的创新能力和整体调动能力。信息技术为教学内容的呈现方式多样化提供了技术上的支持，所以固定的教学内容表现形式从文字图形增加到动画或音、视频等。通过现代信息技术，教师可以进一步明确教学中的重点、难点，从而提升教学质量。

现代教育媒体对于教学过程起到了巨大的推动作用，只有现代教育媒体才能真正解决问题。现代教育媒体的使用在教学过程中起着举足轻重的作用，看似简单的几张幻灯片或影像资料的播放都是信息化教学的一部分。因此，信息化教学过程强调的不是用信息技术设备美化的外在包装，而是真正意义上计算机及网络技术在教学过程中所实现的功能性作用。

（2）信息化教学过程中教学方式的转变。随着网络信息技术在教育中的应用，打破了原有的信息传播方式。网络信息技术拓展了教学活动在时间与空间应用的宽度，使教学信息传播方式发生了转变，从而改变了教学方式和方法。信息技术特别是网络技术的介入，增加了信息和知识的交流交互性、非中心化、自组织等特点。

（3）信息化教学过程中教师和学生角色的变化。在信息化教学过程中，媒体本身拥有大量信息，教师逐渐向引导者、指导者、咨询者和协作者的角色转变，让位于拥有大量信息的多种媒体。在信息化教学过程中，学生逐渐变成了知识的主动接受者和探索者。网络将全世界的优秀资源连接起来形成巨大的资源库，以信息技术为基础，学生根据学习内容的需要，可以主动地进行选择，再进行探索和求知。信息化教学过程中，教师和学生的角色正在发生变化，不仅强调知识和技能传递，同时也注重学习者的主动探索和应用加工。

2. 信息化教学过程的要素

信息化教学过程是一个整体的系统工程。一般由教育者、教育信息、现代教育媒体、学习者四个基本要素构成。

（1）教育者的职责发生了转变，从传递知识的主导者转变为学生学习的辅助者，从指导学生的指挥者转变为学生学习过程中的同伴，在信息化教学过程，教师要通过创造和设计符合情境，可以帮助学生学习的教学内容，实现作为教学过程中的组织者、设计者和教育信息发送者。

（2）教育信息是指在教育教学活动中师生之间所交流和互动的内容。而现代信息技术的出现，使得教育信息的表现方式多样化，传递途径立体化。

（3）现代教育媒体是指以电子技术和数字技术为特征的在教育领域中应用的信息工具。现代教育媒体是教育媒体的从属概念，它是一个具有时代性的概念，专指某类媒体，有较强的技术特征和时代特点。它主要包括以电子技术为特点的信息媒体，如幻灯、广播、录音、电视等和以数字技术为特征的信息媒体。

（4）学习者是信息化教学过程的积极参与者，既是教育信息接收者也是教育信息的探询者。在信息化教学过程中学习者可接触更多的教育信息资源，有更多的自主性和独立性。现代信息技术的出现，使得学习者的学习方式和学习行为也发生了相应的变化。

（二）信息化教学模式

1. 个体主义——建构主义

（1）探究性学习。探究性学习指学生以类似于科学家科学探究活动的方式取得科学知识的过程。学生在探究过程中，获取科学的方法和技能、科学的思维方式，进而形成科学观点和科学精神。

（2）问题导向学习。问题导向学习，又称为基于问题的学习，是指围绕问题的解决开展的课程学习活动。

（3）基于项目的学习。基于项目是一项由学生发起的学习，以项目活动为其整合课程的核心，因此，基于项目的学习定义为，以项目的形式开展问题解决的学习。在项目开展过程中，以信息技术作为工具，进行探索研究，通过合作交流高效能地完成。

2. 个体主义——客观主义

（1）个别授导。个别授导试图在一定程度上通过计算机来实现教师的指导性教学行为，对学生实施个别化教学。

（2）操作与练习。操练与练习主要用来进行复习，将许多可视化动态情景作为提问的背景，由计算机向学生逐个呈示问题，学生在机上作答，计算机给予适当的即时反馈。操练主要采用选择题和配伍题之类的形式，主要涉及记忆和联想问题；练习大多采用短答题和结构答题之类的形式，主要用来帮助学生形成和巩固问题求解技能。

（3）教学模拟。教学模拟是利用计算机建模和仿真技术来表现某些系统（自然的、物理的、社会的）的结构和动态，为学生提供一种可供他们体验和观测的环境。在教学中关于教学模拟的应用比较普遍。

3. 集体主义——客观主义

（1）计算机支持讲授。计算机支持讲授涵盖了计算机多媒体在课堂教学中的多方面使用，具体包括电子讲稿制作与演示、用网络化多媒体教室支持课堂演示、师生对话、小组讨论等。

（2）虚拟教室。虚拟教室（简称 VC）是在计算机网络上利用多媒体通信技术构造的学习环境，虚拟教室不受时间、地点的限制，因此多数教师和学生都可以在其环境内进行教与学的活动。

4. 集体主义——建构主义

（1）计算机支持合作学习。计算机支持的协作学习（简称 CSCL）是一种在传统合作学习的基础上进行延伸和创新的新型学习方式。计算机支持的协作学习具体是指在计算机技术（尤其是多媒体技术和网络技术）支持下建立协作学习的环境，使教师与学生、学生与学生在讨论、协作与交流的基础上进行协作学习的一种学习方式。

（2）支架式学习。以维果茨基的"邻近发展区"理论为依据，首先，教师把学习的思维框架提供给学生，学生根据框架进行自主独立学习；其次慢慢减少提供的思维框架；最后，学生放下对框架的依赖，可以独立完成整个学习的过程，并拥有系统的解决问题的能力。

（3）网络学习共同体。网络学习共同体也称虚拟学社，是指利用网络平台及工具，跨越时空构建起来的学习共同体。

第四节 大学英语教学环境设计与教学资源开发

一、大学英语学习环境设计原则及优化策略

（一）大学英语学习环境设计原则

信息化学习环境设计的最终目标是利用虚拟的学习方法和技术促进学习者获得更好的学习效率，并合理地配置和设计信息化英语学习环境的各个要素，以适应学习者在学习过程中不同的学习需要。

学习过程的基本特征以及相应的信息化学习环境设计必须遵循的原则，见表2-1[①]。

---

① 莫英.信息化背景下大学英语教学改革与创新思维[M].成都：四川大学出版社，2018.

表 2-1　学习过程的基本特征和信息化学习环境设计原则

学习过程	信息化英语学习环境设计原则
学习需要驱动，依赖于实践参与。	（1）提供个性化的学习环境，学习任务和目标基于有意义的活动内容。 （2）学习内容以学习必须知道和需要知道为基础，并规定最重要的学习内容。 （3）跟踪和记录学习者的历史和进步，并量体裁衣地为学习者提供相应的学习策略。
学习是社会人以语言、符号、工具等为中介的社会行为。	（1）在社会、交际和合作范围内使用中介语。 （2）提供支架系统，支持学习者就特定问题与同学和教师对话、交流与反馈。 （3）具有为完成学习任务提供帮助工具的功能，如概念、图表及其他解决问题的认知工具，从而支持深层知识的建构。
学习是在最近发展区中适应现有文化成员的行为。	（1）利用学习者的最近发展区，创造个体间的结构依存环境。 （2）创造通过环境中的认知工具而产生持续发展和互动的环境。 （3）创造能够利用社区中的各种专业知识的环境。
学习是反思和元认知行为，是从社会到个体的内化过程。	（1）提供通过提问和暗示，帮助反思和元认知行动的工具。 （2）强调学习广度之上的深度，使学习者分析交际言语行为。 （3）强调任务和目标，使学习者通过实践在行动中反思。
学习是基于丰富的文化和社会语境，既习得隐性知识，又习得显性知识。	（1）提供共同的学习平台，使学习者进入基于真实语境的学习环境。 （2）提供便捷的学习环境，使学习者能够适时获得知识。 （3）是其他互动形式的补充，并允许默认知识的出现。
学习是从一个环境到另一个环境的知识转化，是发现概念意义相互关联的过程。	（1）提供具有挑战性的学习环境，使学习者的反思可用于其他语境。 （2）为学习者观察视觉表征、模式或相关稳定变量的学习提供帮助。 （3）组织信息，使学习者进入更深层次的分析过程。

（二）大学英语学习环境的设计优化策略

学习者作为信息化英语学习环境中的主体，需要建立在任务支持、同伴支持、社会支持以及内化支持等基础上，其主要特征表现在分层性、互动性和动态性。加强设计的同伴支持、社会支持、任务支持和内化支持，也成为新型化英语学习支持环境设计的核心内容。

网络技术的支持是运用虚拟学习支持模式的前提条件，充分体现学习者作为主体的作用。该教学设计模式有利于学习者在网络即时的支持下进行各种活动内化，激发学习者的潜能和提升学习者的学习效率。信息化英语学习环境也可以应用这一模式实现其学习目标。①

信息化英语学习环境应用模式共分为以下四层：

第一层属于教学策略，可以将网络环境中多种多样的设计元素，如直接教学、间接教学、经验学习、互动教学以及独立学习等提供给学习者，是基于维果茨基理论而成立，先确定学习者的最近发展区，根据学习目标制定相应的学习任务和学习进度，满足学习者的个性化学习需求。第一层次的主要作用是提供任务支持，也包括一定的社会支持、内化支持以及同伴支持。

第二层是建立在第一层个别化指导基础上，为学习者提供多元智能化的知识内化动力。从多元智能理论角度来看，学习者具有迥然不同的学习风格，并具有多元化发展的学习路径，个体需求会导致学习内容的多样化发展。

第三层属于组织教学模式，可以借助两种方式实现：一种是同步，另一种是异步。组织教学模式是基于网络完成，主要完成的支持包括两种，即同伴支持和社会支持。通过网络技术，可以实现异步之间互动、交流和合作，也可以实现区域间的同步交流。该模式可以借助文本、音响等数据形式，完成同步交流。异步交流主要是针对各种学习任务的反思和思考等层面进行。

第四层为整个模式提供咨询技术支持，可以采用网络静态信息、网络动态信息、文字处理、实时聊天、电子邮件、新闻组等网络工具和技术完成。这一层是以上三层的技术保障层。

二、大学英语教学资源的设计与开发

（一）大学英语学习资源建设和组织

建设和组织大学英语学习资源、设计和开发英语网络学习资源需要多方通力合作，离不开大学英语教师和计算机编程员、多媒体运营者以及课程设计方的努力。网络学习资源的开发与建设，需要由专门的组织管理机构负责和运营，还需要建立一支专业的资源开发小组，持续且高效地开发英语网络学习资源。

---

① 莫英. 信息化背景下大学英语教学改革与创新思维[M]. 成都：四川大学出版社，2018.

1. 组织机构的职责

（1）按照网络教学目标与规划以及教学实践中的实际需求，制定网络学习资源长远的开发目标与不同阶段需要完成的短期目标。

（2）制定健全、科学且安全的网络学习资源，开发审批流程与开放管理制度。

（3）在开发与建设网络学习资源的过程中，及时有效地开展审批和验收工作，随时跟踪、检验网络学习资源的建设成效。

（4）组织和协调英语专业人员、课程设计人员及课件制作人员的工作。

（5）负责监督落实网络学习资源建设的经费支出、管理使用和落实。

（6）有效分析网络学习资源的方案建设，负责审批、课题立项等工作。

（7）规范网络学习资源的系统建设，为网络学习资源的发展方向制定明确标准。

2. 学习资源建设小组成员

要建设英语学习网络资源，需要组建一支专业小组，小组人员组成需要有英语从业人员、程序开发员、美编设计员、多媒体制作人员等人，这些人员需要互相配合，具体职能如下：

（1）总体设计人员。负责本项目的总体规划设计、组织协调等项目管理工作。

（2）程序编写人员。负责功能设计、程序编写、测试等工作。

（3）媒体制作人员。负责媒体的信息采集、制作、界面设计、动画设计等工作。

（4）课件制作人员。负责网络课件的制作、系统整合、教学信息发布等工作。

（5）大学英语专业教师。负责本门课程的教学设计、各种媒体素材的搜集整理、声像教学信息的编播设计及脚本文档整理等工作。

（二）学习资源结构的规划

对学习资源结构进行规划，主要应做好以下三项基本工作：

第一，明确学习资源的建立需要具备哪些主要内容。以建立大学英语网络教学资源为例，需要明确教学课件所包含的课本单元章节，还需要明确每节课程所包含的文本资料、听力训练、讲解文本以及课后练习题。

第二，确定网络学习资源组织与结构。通过客观遵循英语教学规律，合理组织英语教学的具体内容，搭建清晰明了、方便操作、有层次且利于学生学习的知识结构。

第三，存储目录结构。目录用于存储网站的各种内容，如 HTML 文件、图形文件、声音文件和其他文件。目录结构根据站点的组织结构而定，两者可以相同，也可以不同。

（三）教学信息素材的采集

在传统的英语教学方面，英语教师为了提高课堂的整体教学效果和学生的学习兴趣，会将录像磁带、录音磁带等教科书以外的辅助工具带入课堂，营造良好的学习氛围。随着网络信息化时代的到来，声像学习材料开始发挥着不可或缺的重要作用，多媒体形式的声像学习材料逐渐取代传统的磁带材料，现今的教学主要是用多媒体文件形式储存声像素材，不再以磁带储存素材。多媒体储存的声像素材有众多优点，能够为学生提供更高质量的辅助材料，并在网络上进行高效传播，既可以将原来录制好的优秀材料转为数字化信息，也可以直接采用多媒体设备录制新的教育辅助素材。

多媒体素材的建设可以参考以下三点准则：

（1）实用性原则。第一，考虑网络带宽的条件；第二，考虑多媒体携带的有用信息是否能够满足大学英语教学需要；第三，注意素材的可用性。

（2）标准化原则。为了提升多媒体软件的推广和应用，多媒体素材的开发和网络教学课程的使用，需要遵循规范的标准制度。大学英语多媒体辅助材料的制作与创作，不能仅凭个人爱好。

（3）艺术性原则。上述两个原则条件得到满足后，还需要注意多媒体学习素材的美观性和艺术搭配，在设计多媒体素材时需要关注整体页面的质量和呈现效果，从色彩搭配、结构设计、页面层次等方面考量适于学生学习和操作多媒体设计。

（四）大学英语教学课件信息的整合

大学英语多媒体课件的质量和好坏，直接决定学生对于课程学习的兴趣和积极性，也决定学生最终取得的学习效果和学习成就。因为学生是直接接触多媒体课件的群体，所以课件不能是单一的课程设计和放映，而是需要大量整合优质的英语课程，提炼出优秀的教学信息和教学素材，有效地展示出完整、科学、优质的大学英语多媒体课件。

在制作大学英语网络课件时，整合课件信息需要从以下两个方面开展工作：

第一，重视教学媒体间的有机联系。选用英语教学的各种媒体时，要避免简单无效的数量累计，而是要科学高效地分析课程机构，掌握课程内容，了解课程逻辑，再将各种英语课程合理编排融合成一体，制作出完善的、相互之间有密切联系的整体课件。

第二，使用丰富的媒体素材。大学英语作为有着较强实践性和互动性的课程，需要有充足、大量的音频影像素材予以支撑，单一的文字素材无法满足该门课程的学习和诉求，因此，英语教师要尽可能多地融入教学课本相关的音视频材料，帮助学生提高自身对于课本的理解和对于英语知识的掌握能力，培养学生学习英语课程的效率和策略，提高学习效果，达到最终的学习目的。此外，教师需要时刻注意对学生学习策略和学习能力的培养，以提升学生综合运用英语能力为基本要求，与学生不断探讨更好的学习方法和学习策略，因为学习策略决定学生综合运用英语知识的能力。教师还要根据学生个体需求和个性特点，帮助学生制定适合个人且正确、高效的英语学习方法，培养学生自主学习能力。

第三章 "互联网+"时代大学英语教学设计与教学模式创新

互联网技术的发展使大学英语信息化教学模式逐渐形成，对大学英语教学设计与教学模式产生了变革性的影响。本章探讨"互联网+"时代大学英语教学设计与教学模式信息化发展、"互联网+"时代大学英语多媒体教学发展创新、慕课在大学英语教学创新模式中的应用实践。

第一节 "互联网+"时代大学英语教学设计与教学模式信息化发展

一、"互联网+"时代英语教学模式的理论框架

多媒体、多环境、多模态理论以及计算机技术和英语课程生态化整合理念等融合，是现代信息技术下新型英语教学模式理论框架的重要特点，并从教学结构以及环境创设上进行创新，着力于多模态体验学习。和传统的计算机辅助语言学习理论和构建主义理论的理论框架有着较大的不同之处。基于现代"互联网+"时代下的新型英语教学理论框架特征表现得更为系统，更加具有现实指导意义。

（一）新型英语教学模式理论框架的构成

1. 多模态、多媒体与多环境理论

（1）多模态。简单来说，人们利用感官器官和外部环境进行互动的方式，即模态。当然,感官不仅指常见的听觉、触觉、味觉、嗅觉和视觉等,还包括医学意义上的距离感、平衡感等。由三种或者三种以上感官进行互动的方式就成为多模态。在互动中,人们的整体体验是由不同的模态信息所形成。调动的模态数量直接对整体体验的充实感产生影响。也就是说,体验和模态转化的丰富性将有利于学生的学习效率。

(2)多媒体。物理媒介和逻辑媒介的区分是进行多媒体理解的前提条件。所谓物理媒介,指可以记载信息或者资讯的一种具有实物形态的中介,像光盘、磁带和纸张等。逻辑媒介指进行信息或者内容装载的一种编码,像数字音频流、图像或者视频流、文字以及模拟音频流等。对多媒体材料进行划分时需要依据逻辑媒介。当逻辑媒介达到三种或者三种以上时,可以确定为多媒体内容。由上可知,单媒体材料包括单个的纸质文字材料,也包括单纯的声音录制磁带等。当物理媒介只有光盘一种,但是存储内容包括视频流、音频流、文字和图片等多项内容时,可以认定为多媒体内容。因此,多媒体材料和单媒体材料相比,能够触发学生更多的模态体验。由此常常将多媒体学习和多模态学习结合在一起。[1]

(3)多环境。学习环境包括各种类型,可以为学生提供不同的框定和机遇。像图书馆可以将所有书籍的信息提供给学生,也对学生获取信息框定界限。例如,教师的知识面对学生是一种框定,而教师的教学活动也是学生学习的一种机遇。学习可以随时展开,决定了学习的多环境性。

不同的环境会有不同的机遇和框定,会对学习效果形成不同的作用和影响。因此,英语教师要为学生提供尽可能多的学习体验,并创造模态转化条件,结合环境因素促进学生的学习效率和学习效果。

2. 信息技术和英语课程的生态化整合

从理论、方法到课程,再从理论、方法、技术到课程的英语教学研究范式的转换过程,如何处理计算机等现代教育技术和英语教学之间的关系,也成为一个重要问题。

人们普遍认为,计算机是英语教学中不可或缺的一项重要辅助语言教学工

---

[1] 王青梅. 大数据时代大学英语教学模式创新与信息化变革 [J]. 福建茶叶,2019,41(8):207.

具。计算机作为一种重要的辅助教学工具，具备四个主要特征：首先，计算机只是作为教师进行教学演示的一种工具；其次，利用计算机进行辅助教学的内容和课本内容并无多大区别；再次，教学方式仍然是采取填鸭式的传统模式；最后，依然传承了教师为中心的教学方式。这些特点的存在都不利于发挥计算机的重要作用。至于为什么会产生这些问题，其根本在于还未将计算机当成语言学习的一部分，而只是作为辅助工具。所以，要解决这一核心问题，充分发挥计算机现代教育技术力量，应该将其融入语言教学的必要条件中，而且随着计算机辅助教学越来越普及化，这种辅助工具的观点也将逐渐被人们淡忘。①

将信息技术融入英语课程教学的生态化整合中，才能有效促进计算机成为语言教学的必备条件；加强数字化学习环境的灵活创设，也是提高信息技术和学科课程结合的重要手段，是和将信息技术作为辅助工具最大的不同点。

此处论述的重点是通过信息技术和课程的生态化整合，也就是在各学科教学中融入信息技术，从而形成一种信息化教学环境，这样既能充分发挥教师的主导作用，也能有效地调动学生学习的热情和主动性，为以教师为中心的课堂教学结构改革创造条件。

基于此，可以从三个方面理解信息技术和各学科教学整合的内涵：一是注重信息化教学环境的创设；二是对传统的教和学进行改革，创设新型的教学关系；三是对传统以教师为中心的教学结构进行改革。

3. 建构主义下的英语教学理念

立足于构建主义而产生的教学观念，是完全不同于立足于客观主义哲学观产生的传统教学观念。这两种观念不论是从学习观、评价观、教学观、知识观、教师和学生的角色出发，还是从信息技术的应用程度、教学设计以及价值取向上，都有着完全不同的态度。

构建主义教学理念是由杜威、维柯、皮亚杰和维果茨基等哲学家的构建主义哲学理论发展而来。这一教学理念指出：知识应该是动词而非名词，因为知识是

---

① 吕菁. 现代信息技术在大学英语课程教学中的运用——评《现代教育信息技术》[J]. 中国科技论文，2019，14（07）：828.

通过不断更新、不断认知和构建而产生。知识并非是对外部世界表征进行描述的内容，是通过人们认知和体验而创造，具备构建内涵。学习目标是为了对知识进行构建，也是对知识进行探索、构建和协商，从而让知识能够满足人们体验的需求。

教学过程则是对有利于建构学习环境的创设，帮助学生进行共同学习，共同探求，完全不同于以往"重知识轻行为"的观点，构建主义更强调知行并重，从而促进学生获得更加高深层次的知识，并注重学生实践能力的提升。构建主义教学方式要求将学生放在和教师同等重要的地位，并保持两者之间友好互动。这一观念更注重技术对学习的作用，并将信息技术当成学习工具的一种，有效地改变传统教授为主导方式的教学模式，让学生更积极主动地参与学习，督促学生进行自主探索，自主学习，将学习资源的作用予以最大化，从而有效提升教学效率。

（二）新型英语教学模式理论框架的应用

从三种教学理念中可以发现他们具备同样的两个核心内容：一个是学习环境的创设；另一个是教学结构的转变，这两个核心内容的关系是相互联系和相互依存。这两种内容之间的关系也为三个教学理念的整合创造条件。

1. 构建学习环境

一个好的学习环境的创设，是多模态、多环境和多媒体理论的重要内容，他将为学生提供更加丰富的学习体验；创设更加生动的数字化学习环境，也是信息技术和英语课程生态化整合的主要内容；对促进意义建构和交流协商的学习环境创设是构建主义理念的主要目的。因此，这三种理念的主要目标相互依存和相互联系，并且可以相互促进。其一，现在的教学实践都会依托多媒体展开多模态学习，多媒体学习离不开数字化环境的创设；其二，本研究的理论框架和计算学理论框架，最大的不同之处是理论更为系统化，更加详细，在此基础上发展而来的教学方法的操作性也更为突出，更容易在教学中运用。

实际上，在该理论框架中，教师的作用仍然不可忽视，绝非是简单的计算机开启者和维护者。教学若是完全依靠计算机设备，将会让教学过于技术化，不容易被学生接受。这种问题在构建主义理论和计算机辅助语言学习理论中也常有发生，需要在教学模式的创设过程中结合不同的理论框架，也需要学校经过不断努力，甚至花费大量财力和人力进行维护和问题解决。

数字化环境是建立在信息技术之上，并对音频、视频和文字等资源进行处理、存储、传输和收集等，有效激发学生的多模态状态，使得多模态学习时必然要创设数字化环境。在构建主义理论基础下，人们对知识的构建需要通过和其他人的互动完成，并在网络技术和计算机的辅助下进行师生之间和生生之间的沟通和交流，并为师生之间的交流沟通创设数字化学习环境。

2. 转化教学结构

在传统的教学模式下，教师是主导者，在教学关系中处于主动地位。但是在构建主义教学观念中，将学生的地位予以提升，使之和教师处于同一平等地位；计算机和英语课程生态化整合观念认为，处于主体地位的应该是学生，主导者是教师；教师应该为学生创设数字化学习环境，促进学生进行多模态的体验和学习，也是倡导教师为主导、学生为主体的理念，是多模态、多媒体、多环境理论框架的主要目标。这三种理念的共同之处在于强调学生的主体地位作用。不论是生态化整合理念还是多模态、多媒体、多环境理论，都认为教学结构的组成要素中不但包括教师和学生，还包括信息技术。

3. 三种理念的相互依托与补充

多模态、多媒体、多环境理论和生态化整合理念是建立在构建主义哲学理念之上。这一教学理念也是现代教育技术发展的必然趋势，是对构建主义教学理念的一种深化和发展。生态化整合理念和多模态、多媒体、多环境是基础和细化的关系：在生态化整合理念中，英语课程充分重视计算机技术的作用，从而让英语学习中更加注重多模态、多媒体、多环境学习环境的重要性。以此为基础，发展出现代信息技术的新型英语教学方式。其独特之处表现在改变教学结构和创设了学习环境。

该学校环境指数字化环境，对意义构建环境也是非常有利的。教学结构的改变主要是在建立新型学习共同体上的改变。在数字化环境创设中，将教师、学生和计算机作为教学构成要素，而且相互之间可以进行互动和交流。从而帮助学生获得更加丰富和充盈的学习体验。

二、信息技术与英语教学模式设计整合的作用

现代教育在信息技术的推动下取得巨大进步，但只有将信息技术和英语教学全面结合，成为一个有机整体，英语教育才能在信息技术的推动下取得更大发展。教学与信息技术相结合是一种非常有意义的模式，人们的学习观念可能会因此而改变，而教育也可能会朝着一个新的方向发展。

（一）预示出未来教育的发展

人们所展望的未来教育发展方向会随着学习观念的改变而发生变化。事实上，教育教学改革以信息技术为主，已经被世界各国就未来教育发展这一观点而达成一致。

英语教学在我国成为首个改革教学模式和传统教育体制的学科，而改革的前提是依赖于信息网络技术。信息技术在 21 世纪得到快速发展，教育在时空上存在的壁垒，已被发达的计算机与网络技术所打破，人们学习的积极性、效率和主动性因此而提高。传统的教学模式已经不再符合信息化时代下英语教学的需要，因此必须进行变革，这种变革也必须具有突破性，不仅要求学习方式和教学模式要发生改变，英语教学的方法、观念、内容和理论也要发生改变，为英语教学带来更多可能性，让其充满更多内涵。

（二）导致学习观念的改变

各学科在未来的发展趋势已经被高速发展的信息技术与课程整合所预示，学科生态也发生了改变。可以说，教师的授课和书本可能已经不再成为学生以后获取知识的主要途径，固定的进程、内容、教师、标准和教师这种接受式的学习模式，在面对网络信息的不断更迭与浩如烟海的知识时会不复存在。学习过程将以一种新的方式进行，网络和计算机会成为学生学习的桥梁，学习方式会充满个性，可以在信息传输中自主地选择和接受，进行科学的加工，实现发现式学习。这种学习方式不再以教师、课本和课堂为中心，而是讲究探究式学习、合作式学习和自主式学习，这种发现式学习会逐渐取代接受式的学习方式，成为学生学习的主要方式。显然，信息技术是推动这种学习格局发生变化的主要动力。

只有勇于变革，才能发现应对方法。传统观点认为，学习过程的改变是单纯的，充满继承性的。传授基础知识不应是课程的全部，还应该培养适应能力和创

新能力，受教育者应该能够及时地自我更新知识结构，拥有会终身学习的能力，也就是学会怎样学习。

学生学习知识，重点在于让学生有方法和手段进行认知，不是简单地学习知识，而是主动探索知识，有更新知识和获取知识的能力。知识在当下的信息时代，呈现出爆炸式增长，传统的教育只注重学习知识本身，这样的知识很快会被淘汰，无法跟上社会发展的脚步。因此，学会认知也就是学会怎样学习才是学生应掌握的重点，学生只有具备自我更新知识的能力，才能在走上工作岗位后继续自学，拥有更多的新知识和新技能，以满足工作所需。

通常，维持性和接受性的学习属于传统性学习，而建构性和创新性的学习则属于信息化学习。创新性学习和维持性学习相比更注重"学会"和"会学"之间的关系，而维持性学习则是充满继承性的；建构性学习与接受性学习相比，前者强调以学生为中心，知识的主动构建者为学生，而后者则强调以教师为中心，采用将知识灌输给学生的方式。用创新性学习代替传统的维持性学习，建构性学习代替传统的接受性学习是信息化时代下的学习。只有全面整合信息技术与课程教学模式，才能更快地实现这个目标，因为教育在未来的发展是以其为方向。

（三）整合模式的研究要点

英语教学形成的新模式、改革的发展与实施，都与整合观念的研究息息相关。在英语改革过程中，有很多学校都接待过课题组，课题组通过与师生沟通交流后发现他们存在很多困惑，除了在教学组织和思想观念上有疑问，也在很多方面无法理解新模式，无法高效利用现代信息技术，主要体现在以下四个方面：

（1）教学盲目。教师对于英语教学没有明确的目的，缺乏必要的系统培训。

（2）教师观念转变滞后。现代信息技术的利用，对于教师来说比较滞后，教师并没有发挥出现代化设备的真正作用，甚至只是当作"录音机"在听力课上使用，教学中也并没有真正发挥计算机网络的作用。但教师对先进的教学理念，如"学生主动构建知识体系""将学生作为中心"等非常赞同，这一点毋庸置疑。但在教学中实施这些理念却又有些力不从心，因为他们很难摆脱以教师为中心的传统教学理念。

（3）教材的利用率较低。"立体式"的英语教材受到很多学校的欢迎，但是这些教材的使用方法并不立体。实际上,大部分教师在讲授新教材时依然会采取传统方式,并不能充分发挥教材特色,进而对实施新的教学模式产生阻碍。

(4)学生课外自主学习的可能性低。学生保证在线自主学习时间达到规定时长,是新模式提出的要求。但事实上,网络学习的内容基本等同于课堂教学内容,很难调动学生在网上学习的积极性,导致学生在线自主学习无法取得良好效果。

因此,有效实施英语教学改革的新模式并取得良好发展前景是解决上述问题的关键。自从算机网络进入英语教学模式后,传统的英语教学环境被打破,导致各种变化层出不穷。如何平衡教学环境,让计算机网络教学系统与新模式的发展更加和谐,在研究的同时探索出行之有效的解决办法,这些既充满现实意义,也对实践有着重要价值。

三、英语信息化教学模式的构建

日新月异的科学技术促进信息技术的发展,特别是人工智能、数字化及信息和网络三大计算机关键技术更是取得了重大进步,也为计算机提供了主导英语教学的机会。换句话说,学习环境中的"情境""协作""会话""意义建构"都是在网络媒体下形成,让教师传授不再成为学生获得知识的唯一途径。

当前的社会文化背景为学生提供了很多情境,学生在选择和接受外来信息时可以从更多的角度和层面出发,并且可以充分利用自身知识结构和经验,通过教师或其他学生的帮助,充分利用文字、多媒体、影音等资料和学习资源,在互联网上查找相关文献信息,再与老师和同学进行沟通和交流,用意义构建的方式学习和获得知识。因此,以学生为中心是构建主义理论始终坚持的核心,要求学生在探索和发现知识时必须主动,才是主动构建的意义。

情境、协作、会话和意义建构四个要素都属于建构主义学习环境。"情境"指在一定社会文化背景下,学生开展的学习活动,学生在构建知识和获取学习资源时可充分利用社会性的交互作用。"协作"指学生在规定情境下进行学习时,可根据自身经验,在建构过程中采取特殊方式,突出学生相互作用于网络交流者、教师及同学之间的关系。"会话"指采用人机交互、人人交互的形式,让整个学习团体在协作中享受到每个人的智慧和成果,最终达到意义建构。学习最终要达到的目的是"意义建构",事物间的所有联系、规律和性质都是建构的意义所在。"学习的社会性、自主性以及情境性"等特征,是建构主义学习理论所具备的。

(一)英语信息化教学模式的设计原则

设计信息化教学模式思路时,要充分认识建构主义学习理论内涵,并在其指导下进行,具体可以归纳为:学生必须作为教学过程中心,在分析学生背景、知识和认知特征时,充分利用学习环境要素,如资源、会话、写作和情境等,才能保证认知工具、学习资源和策略与学生相符;学生在发挥创新能力、学习主动性时可充分借助教师和学习同伴,让知识的意义建构更加有效。学生主动构建知识的意义可以在这种模式下进行;教师既帮助和促进意义建构,也指导和组织整个教学;学生在进行建构意义时是以课本、教材等作为对象;学生的认知工具就是视听媒体,可以为学生在交流和协作时创设一定情境,帮助学生探索和发现。因此,信息化教学模式在构建时必须遵守以下设计原则:

1. 学习自主原则

知识结构的构建就是学习,说明学生并不是机械地学习知识,也不是对外界刺激采取被动接受的方式,而是以原有的自身经验为前提,积极选择外部信息,对新知识的构建和获取采用双向的新旧知识互动实现。换句话说,学生只有积极主动地学习语言知识和技能,才能取得巨大进步,教师可以在此过程中起到引导作用,并不能完全代替。因此,学生要不断提高自主学习的能力,借助教师和同学的帮助,采取学习策略训练,主动对知识意义进行建构。

2. 学习的社会性原则

知识意义的建构离不开学生和周围环境的相互作用。知识与学生所处的环境以及学习情境之间紧密联系,说明知识并不抽象。学生无法理解全部知识,正是知识所具备的复杂性;学生在一定程度上无法独立解决情境中的问题,是因为其具有艰巨性。学生在重新建构知识意义时,可借助教师等人的帮助,立足于不同角度和背景,采取讨论、争辩等信息加工方式,让"协作学习"既可以在多媒体网络下进行,也可以面对面进行。

学生可以全面理解知识,是得益于其与周围环境发生的交互作用,还可以全面提高学生的认知水平。因此,当社会性建构被学习群体合作完成时,所展现出的是学习社会性的"协作学习"。

3. 真实情境创建原则

学习是可以自主操控的，需结合情境、主动进行，能力、知识和内容在此过程中只可被建构，不可被吸收和训练。因此，学生已经具备的知识结构是建构情境学习的前提，对当前事物的意义需要依照选择好的外在信息和具体实例进行变异性建构，即学习资源可为情境学习提供帮助，将所学知识结合实际情境和任务，互相合作，得出问题的解决方法。情境教学的特征如下：

（1）现实情境可在一定程度上成为学习的任务情境，可为学生提供解决现实问题的思路。

（2）教学过程中的问题解决方式，可依照现实中问题解决的方式。

（3）学习情境所使用的资源越丰富，教学就会更科学，情境中应具备各种不同实例，让学生依照兴趣进行选择，才能积极主动地探索，让学生从更多角度理解知识，增加认知的灵活性，将所学知识与情境紧密相连。安排学生重复进入情境，让学生不断巩固经验，了解相关知识，对知识的复杂性有充分地认识，在情境中从更多角度完成对知识意义的建构。

（二）互联网信息技术为建构主义理论提供技术支持

建构主义学习理论强有力的技术支持就是信息技术的高速发展，从根本上改革教学观念。传统教学所包含的一系列问题在自主学习理念下土崩瓦解，学生分析问题、解决问题的能力和认知能力在这种理念下得到提高，不断落实学生在创新和素质方面的教育，为建构主义学习理论提供更多的应用可能。

1. 超媒体和"自主学习"

人类的思维常常会从一个概念联想到其他概念，具有丰富的联想特征。超媒体技术可以在管理人脑联想思维方式时，采用非线性组织方式，在整合媒体信息，如文、图、声、像等，整合教学内容，如测验、演示等，整合现有知识和扩展知识时所依照的都是人脑联想思维方式，让超媒体学习环境既生动形象，又丰富多彩。与人类思维具有的联想特征不谋而合，更加高效地管理教学信息，提高学生的创造能力，也充分发挥了他们的联想能力。同时，学生在教学信息非线性作用下，能够在联想时从自身实际出发，对路径和链接点可以进行自由选择，而且在主题和链接点之间的跳转也会更加灵活，对文本、声音、图像等内容的浏览会更加便利，为自主学习提供良好的条件。此外，学生可以在多媒体技术下依照自身兴趣以及原本存在的认知结构和水平，利用感官在图文并茂的多媒体技术交互功能刺激下，对学习内容进行自由选择和控制。

2. 虚拟现实技术和"情境学习"

完美的人机界面是用户和计算机之间存在的虚拟现实，两者之间的交互可以通过计算机生成的虚拟现实环境实现，想象性、临境性和交互性是虚拟现实系统比传统计算机的三个特征。当前的课堂教学情境可以通过虚拟现实技术的图像和声音完美呈现，让学生享受到真实的教学环境，让教学效果在现代化教育技术下不断扩大。教师和学生在虚拟现实的交互性课堂中，既可以是真实的，也可以是虚拟的；学生在这种虚拟现实环境下既可以是一个，也可以是多个，教学进度的控制可在多种教学方法和教学模式下由多方进行。

教师和学生共同设计和控制了整个教学过程，释放学生的独立性和主动性，充分发挥教师和学生作用，这是传统班级授课做不到的。学习情境在虚拟现实技术下更加真实，让现实生活与学习相结合，让学生的思维更加发散，想象力更加丰富，为知识意义的建构不断添砖加瓦。

3. 多媒体通信网络技术和"协作学习"

计算机网络和多媒体技术最终会发展成为多媒体计算机通信网络，是两者的融合，其优点非常多，如电视的真实性、多媒体的复合性、计算机的交互性以及通信的分布性等。学生如果想通过网络交流信息，共享信息资源，可以在网络学习环境中实现，让时间和空间不再成为阻碍，任何学习方法、内容、条件、地点、时间都可以由学生自行掌握，让学生的地位不再被动和受到监控。

学生丰富的学习资源可以通过网络资源共享获得，让每个学生都享受到平等的教育机会，实现素质教育全面化，在语言文化交流上也逐渐向国际靠拢。教师和学生之间的情感互动是在网络教学的信息交流中实现，"在线交流""协作学习"与"小组讨论"等属于网络教学策略；发展人际关系、培养合作精神以及提高认知能力，可以通过网络教学中的"协作学习"实现。

（三）英语信息化教学模式的构建环节

支持建构主义学习理论的技术是信息化教学所具备的特征。在学习环境上，其所体现的学习社会性、情境性和自主性与建构主义学习理论并没有差别。因此，信息化教学可在建构主义指导下进行。教学目标、情境创设、自主学习、协作学习、意义建构五个环节可以为英语信息化教学模式提供设计思路。

1. 教学目标环节

在此环节中要明确学习内容，对课程要实现的教学目标进行分析和确定，以此判断学习主题，并开展教学活动。英语的实践性非常高，听、说、读、写、译五项技能在语言发展过程中是无法被分开的。输入过程为听和读，是语言知识被学生获取的过程，由外向内；输出过程则是说、写、译，是学生再现所学知识的过程，由内向外。

因此，学生要从自身实际出发，选择适合自己的教学方式，争取在实践中完成教学目标。适合大部分学生才是教师设计教学目标的初衷，教学目标还应满足各个层次学生的需求。为了方便学生分步学习，学生还可以在教师指导下分解大的任务，并逐个击破。

2. 自主学习环节

现代英语学习理论的观点认为，决定学习过程的只能是学生，为此可以培养学生创新和自主学习能力，使学生的素质得到全面提高。学生在网络学习环境下主动与外界相互作用就是学习，生搬硬套并不是学习，只有在事件中找到意义，发挥创造性才是学习。

自身实际水平是学生在此过程中的依据，所有学习目标、方法和内容的选择都要与自身能力相匹配，并且可以自己进行评估，才能不断扩大学校的学习活动空间，满足不同的个体需求，充分开发不同学生的潜力。换言之，教学对象要逐渐由主体代替客体，主体是内部因素，是学生；客体是外部因素，是教材、教育方式和语言。

多媒体网络教学系统可以让学生在任何时间和地点进行学习，学习环境充满弹性，并方便学生找到学习资料，为学生和网络资源提供更好的交流，及时解答学生不懂的问题并参与讨论。比如，学生对背景知识、词汇用法和篇章结构可以更有针对性地学习，而练习发音和听力训练也可以。课堂时间带来的障碍在自主学习方式下被打破，满足各个学生所需的学习目的和要求，也让教学原则充满个性化。

3. 情境创设环节

建构主义的观点认为，情境——也就是社会文化背景和学习是密切相关的，学生将学习放在真实情境中时，可以将学习到的新知识用已经具备的认知结构中的经验不断检索和同化，让新知识更有意义。但新知识如果无法被原有经验所同化，则需要重组和改造原有的认知结构，这就是"顺应"过程。

总的来说，建构新知识的意义可以采用"同化"和"顺应"方式。学生不会有相同的认知特点。学生在对自身思维、记忆、经验、动机和情感等因素进行分析时，可借助教师的帮助。教师应帮助学生发现其认知结构和学习内容的交叉点，让他们在同化和顺应新知识时可以选择出与自身心理认知相符的外部刺激，以此发展智力，建构更加完整的知识意义。

我国现在已经拥有的信息传输运行平台包括数字数据网、IP宽带网和有线电视网、卫星网等，教学计划的实施可使用的途径包括教学内容的网上交流、实时模拟、双向答疑、网络论坛讨论区、视/音频文字一体的多媒体等，让学生实现自主学习和个性化学习，在解决问题过程中充分利用感官和自身经验，更加透彻和形象地掌握知识，让学生在充满个性的实践中不断提高语言水平。因此，多角度、多方面的创设知识情境，能够为学生带来更多探索的可能，学生可以随机挑选学习情境，让知识完成正迁移的过程。

4. 协作学习环节

情境中的问题解决起来并不容易，知识也充满了复杂性，导致个人在自身经验下所理解的世界也不相同，并且具有一定局限性，如果要准确并全面理解，必须协调和共享意义。所以，学习的过程中充满了协作，而协作则离不开会话。好的情境可以为学生提供更好的合作与对话，学生各抒己见，通过协商之后共享新知识，完成对新知识的构建。总的来说，意义构建的方法之一是会话。

"协作学习"既可以是语音在线交流，也可以是在多媒体网络下的文字交流。因此，网络学习群体中每一个人都可以享受网络资源提供者和获取者所拥有的智能和思维，也就是所学知识的意义是由整个学习群体一起建构的。

当信息交互发生在网络资源的提供者和获取者之间时，则是动态的，学生在选择学习内容时可利用在线的文献资源，在进行在线学习时可访问各个不同的网络站点，都可以获取知识。学生所反馈的信息可以在协作中被教师获取，而教师的帮助可以在协作中提供给学生。教师是情境学习参与者的同时，也是组织者，电子黑板和会议系统为他们的同步协作提供了途径，而异步协作可在电子邮件下实现。当学生多于两个时，可以进行"协作学习"，可以使用网络论坛（BBS）论坛、面对面形式或团体形式。学生认识结构的提高是在不断分析相同问题中所实现，不同的观点让知识的理解更加深入，也让自身知识意义建构在讨论的过程中不断完善。

5. 意义建构环节

通过实践可以发现，学生在独立认识、提出和解决问题的过程中离不开意义建构，这也是学生融入真实生活的有效方式，可以让学生的素质在实践过程中不断提高。

信息技术应用水平在快速发展的科学技术下不断提高，也从技术方面支持了建构主义学习理论，英语的教学环境、资源、目标和过程因此得到不断完善，既为实现教学目标提供保证，也提高了学生的学习效率，意味着教学理念和教学手段在信息化教学下变得更为先进。

总的来说，英语教学模式的改革是以现代信息技术为依托，因为其让英语学习更加个性化和全球化，让教学环境更加信息化。因此，在现代建构主义学习理论基于现代教育技术支持下，知识建构的意义主要包括：学习是学习者主动地建构内部心理表征的过程，非结构性的经验背景和结构性的知识都属于其范围；在学习中理解新知识时，既要立足于原有的经验建构，也要结合记忆中的旧信息；学习个体不同，对事物具有不同的理解，而要全面理解需要进行协作学习；在学习过程中可以得到充分体现，重视教师发挥的指导作用，也要突出学生为中心；设计好学习环境，如"协作"和"情境"等；任何资源都是为自主学习提供服务，才能实现学习的目标。

第二节 "互联网+"时代大学英语多媒体教学发展创新

随着互联网时代的兴起和不断发展，各行各业的发展都受到互联网的影响，网络已经与社会生活的方方面面相融合，在大部分行业中都有网络的应用，教育领域也是一样。

教育是国之大计，必须与时代发展相适应，需要保持先进性与时代性。在教育中，教学模式的选择是提高教学质量的关键因素，而教学模式的探索，是各类学校一直要解决的问题。为了更好地提高学生学习效果，学校需要加快教学模式改革，构建科学系统的教学模式，优化教学过程，培养学生的学习兴趣，激发学生学习的积极性。

一、"互联网+"时代的多元视角与英语教学

（一）多媒体与英语教学

网络的快速发展带动了科学技术的快速发展，如今的时代是瞬息万变的时代，技术的更新速度非常快，满足了大众的多元化需求。网络时代也是信息化大数据时代，为学校教学提供了大量的学习资源和技术支持，尤其是对英语学习而言，英语作为一门英语，其教学需要结合以英语为主要语言国家和地区的文化背景等。在传统的英语教学中，教师主要是通过课堂授课的方式开展教学，主要是教师单方面教授学生，学生处于被动接受的处境，此种单向教学模式对于英语教学缺乏一定的语言锻炼环境，无法激发学生学习兴趣，学习积极性较低。近年来，越来越多现代信息技术的应用和普及，弥补了传统教学模式的不足，特别是多媒体技术的应用，促进了网络教学的兴起和发展，并逐渐被学校所接受。

1. 多媒体教学的作用与原则

（1）多媒体教学的意义。多媒体教学是使用录音机、幻灯机、投影器、录像机、

电视机、电影机等现代化设备所进行的英语教学。多媒体教学使语言、人、环境更紧密地结合，使语言学习和语言使用更紧密地结合，突出教学设计和组织的重要性及教师科学思维与操作技术的重要性。可以说，多媒体教学的根本意义和作用在于提高教学的现代化水平，体现以学生为中心的教学和教师的主导作用。

多媒体教学是一种立体教学。所谓立体教学，即教学向空间发展，在与现实生活相仿的环境中进行。这里所说的"立体"，是由音、像以及语言文字组成的"三维空间"。在这种三维空间里进行英语教学，学生容易进入交际角色，所学的英语材料在声像和语言所构成的情景中也更容易再现，在心理上进入最佳联想状态、最佳认知状态和最佳行为准备状态，实现交际法、认知法、视听法的综合要求。因此，多媒体教学是按一定的教学目的，选择最佳的教学媒体（如录音机和录音带、录像机和录像带等），在不断传送、反馈教学信息过程中取得最佳效果的一种现代化教学方法。

多媒体教学媒体是传递教学信息的工具。多媒体教学媒体有硬件和软件之分，用以传递教学信息的各种教学机器为硬件；各种教学片、带均属软件。媒体按其功能不同，又可分为视觉媒体、听觉媒体、视听媒体、综合媒体四大类。其中，视觉媒体主要有幻灯机和幻灯片、投影器和投影片等；听觉媒体主要有录音机和磁带、电唱机和唱片等；视听媒体包括录像机和录像带、电影放映机和教学影片等；综合媒体主要指语言实验室、计算机辅助教学系统，以及相应的教学软件。

英语多媒体教学的特点体现于在，信息传递的全过程中改善了信息源的质量，为信息变换和反馈创造更为理想的途径，有效抑制部分干扰，并及时收集、归纳来自信宿的信息反馈，从而加大信息量，确保可靠性，最终达到完美的教学境界。

学习英语，最佳的途径是使学生置身于英语使用环境中，自然地接受所学语言的熏陶。英语多媒体教学在为学生提供趋于逼真的语言环境时，帮助学生直接接触英语国家的文化、风俗和习惯，使语言的学习与了解有关背景知识有机地联系起来，从而有助于迅速、准确地掌握英语。

英语多媒体教学的上述特点，决定其对改善教学条件、扩大教学规模、落实教学大纲的要求、灵活运用教材、突出重点难点、因材施教等方面的促进作用。

（2）多媒体教学遵循的原则。

第一，最优化原则。媒体的选择与组合包括电教媒体和其他教学媒体。媒体的效果因人、因时而异。因此，应按具体情况选择最佳媒体组合，使媒体选择与组合最优化。贯彻这一要求，应注意：①选择媒体要全面考虑，综合运用多种媒体，包括传统的与现代化的，要考虑教学的需要、各种媒体的特点和功能，还要考虑现实条件，如教学环境、设备状况、教师素质等。做到因地制宜，因人而异；②媒体的组合要合理，要把各种媒体的使用有机地组合起来，合理地应用于教学过程，力求使各媒体在教学中各尽所长；③在选择能取得相同教学效果的媒体时，以简便为上，力求内容精炼、主题鲜明、操作方便、演示简易、效果显著；④防止音量过大、光线过强、时间过长，即过量刺激而引起抑制的反效果。

第二，整体性原则。英语多媒体教学，只有坚持视听、思考、言语整体结合，才能使学生的形象思维转化为抽象思维，由感性认识上升为理性认识。贯彻这一要求，应注意：①认真指导学生视听，整体感知语言材料；②充分利用电教媒体提供的感性材料和学生的形象思维能力，在教学内容的关键处进行启发诱导、提示方法、深化思想，形成语言、情景密切结合的交际认知模式。

第三，反馈性原则。英语多媒体教学中，通过学生的反馈，教师能够了解学生对知识掌握的程度，从而调节教学节奏，改进教学方法，增减教学内容，做到教其所需，解其所惑。多媒体教学手段的运用，对利用反馈信息进行教学提供许多有利条件，对及时、准确利用反馈信息实现调控，具有独到之处。贯彻这一要求，应注意：①反馈要及时、准确。只有这样，才能使学生明辨是非、强化知识和技能；②善于通过多种形式和途径建立反馈联系。如学生上课时的情绪、表情和思维活动状况；当堂的提问、作业、测验；课后作业与批改、辅导，等等，都是了解学生状况、建立反馈联系的有效途径和形式。

第四，情景性原则。语言是人类交流思想的工具，人们的一切言语行为都是在一定的言语情景中发生。现代化教学手段的运用必须体现情景教学特色。贯彻这一要求，应注意：①电化情景可分为视觉情景和听觉情景两类，视觉情景，即发挥视觉功能，把情景活生生地展现出来，如幻灯、投影、录像教学等。听觉情景则是通过耳听感受情景，产生想象和联想，如情景对话、情景录音、课文广播剧等录音教学。视听同步是创造语言环境的最佳途径；②英语电教情景教学可分为三个阶段：感知——呈现情景，形成表象，产生联想；理解——深入情景，理解内容，掌握语言；深化——再现情景，丰富想象，记忆贮存。

2. 传统教学手段和多媒体教学手段的运用

近年来，网络化时代不断发展，使得网络化教学的发展更加完善，为了更好地促进学校教学发展，为师生提供更加先进、便利、高水平的教学服务，越来越多的高新技术在教学中得以运用，也使得高校的教学手段发生变化。教学手段是教师通过教学内容与学生相联系的桥梁，通过教学手段的运用，教师与学生之间能够在此基础上进行更加有效的交流。不同的教学手段会有不同的教学效果，不仅影响教师授课成效，也影响学生听课质量，进而影响学生的思维发展。

随着互联网技术的普及，大量数据和信息的出现，为学生学习提供丰富的学习资源，而且现代科学技术的发展也改变获取信息的渠道，现代网络化的教学模式，让信息的获取更加快速、便捷，多媒体教学逐渐在越来越多的学校应用，成为学校必备的教学手段。现代化的多媒体教学手段打破了传统教学手段的局限，两者的结合是目前教学手段的重要方式。

随着多媒体教学手段的普及，学校的教学模式也发生变化，大部分学校的教学模式是传统教学模式与多媒体教学模式的结合模式。在传统教学模式中，大部分学校基本上都通过传统教学手段开展教学，教学手段比较单一，主要以教师为主，教师以语言和文字向学生传递教学信息，教师在授课过程中主要是通过面对面的口授为主，需要教师通过自身的语言、知识、授课方式等带动学生学习，激发学生学习的积极性。此外，教学工具也比较简单，主要有教材、黑板、挂图等。

虽然传统的教学手段单一，但是是不可或缺的教学手段之一。在传统教学模式中，教师与学生在课堂上通过面对面交流进行教学，学生能够更加直观地学习，教师能够根据学生的反应调整教学，学生可以通过倾听教师的授课，观察教师的表情和动作等，理解教师想要传递的信息，主要是教师与学生的互动教学，有助于提高教学成效与质量。

随着网络化教学的兴起，多媒体教学逐渐出现在大众视野中，为了更好地适应时代发展，提高教育的质量和水平，让学生接受更加先进的教育，越来越多的学校开始运用多媒体教学，也是新型的现代化教学手段。在大学英语教学中，多媒体技术的应用更加普遍，教师利用多媒体能够营造真实、生动的语言环境，更有效地培养学生的语言交际能力，激发学生的学习热情。同时，多媒体教学也为学生学习提供了大量的学习资源，学生能够借助多媒体，更加深入地了解运用英语国家和地区的文化、经济、历史等知识，对于进一步加深英语学习具有重要作用。

此外，多媒体教学是一种现代化的教学手段，利用多媒体能够更快速、更有效地处理信息，能够促进英语教学模式的改善。多媒体教学具有先进性、生动性、形象性、高效性特点，目前已经被很多学校所采用，也改善了教学环境，丰富了教学手段。多媒体教学与传统教学模式的结合，为英语教学提供了新的教育方式，使得现代教学与传统教学能够相互补充，扬长避短。

在当今的"互联网+"时代，学校教学模式发生改变。与传统的教学模式不同，现代化教学模式改善了教学条件和教学手段，多媒体教学改变了传统教学中粉笔和黑板为主的教学条件，计算机的应用让教学更加先进，能够让学生获取更多的学习资源。在传统教学模式中，教师居于主导地位，课堂教学主要以教师为主，学生大多数属于被动学习，缺乏学习积极性与主动性，教学成效并不明显，在一定程度上影响教学质量。

现代化教学手段的教育理念是以学生为主体，以教师为主导，在发挥教师主导作用的同时，也发挥学生的主体作用，教师与学生的地位是平衡的，在大学英语教学中也是一样。现代化教学手段倡导教师发挥其主导作用，要积极地为学生创造良好的学习氛围与学习条件，激发学生学习热情，让学生在学习气氛浓郁的教学环境中学习，教师要引导学生构建自身的知识体系，让学生积极参与课堂教学。除此之外，在教学过程中也要发挥学生的主体作用，教师的教学要以学生为主，充分考虑学生在个性特点、学习主动性、学习困难等方面的情况，考虑学生的个别差异，对不同的学生采用不同的教学方式，因材施教。

随着时代的发展，学校的教学模式也在进行相应变革，为了提高教学质量，越来越多的学校探索教学新模式。近年来，互联网技术的发展带动了教学发展，学校通过采用传统教学手段与现代化教学手段相结合的教学模式进行授课。虽然传统教学模式形式单一，但无论是传统教学还是现代化教学，面对面互动教学是长期教学实践中保留下来的传播知识文化的方式，教师通过肢体语言向学生传递知识，形成课堂互动关系，能够更加集中学生听课的注意力。

现代化的教学模式与传统的教学模式一样，都很重视教师与学生之间的互动，师生之间的沟通交流是教学的关键环节，这种互动是双向的，教师向学生教授知识，学生学习知识并予以反馈，而教师根据学生的反馈进行调整。在此过程中，教师能够有效帮助学生掌握知识，培养学生的思维能力。

多媒体教学是现代化教学的手段之一，网络化的教学使得教师缺少与学生直接交流的机会，面对这一问题，教师要结合传统的教学手段，采用边写、边读、边解释的教学方法，促进学生对知识的理解，启发学生思维，让学生更有效地理解重点和难点知识。

教学手段的选择会影响教学效果和质量，而运用教学手段开展教学活动的教师，需要引导学生系统地学习。在教学过程中，教师发挥主导作用，为了让学生能够在一定阶段掌握相应的知识，需要科学合理地安排课堂的教学进度。

与传统教学模式不同，现代化的多媒体教学不仅是"粉笔＋黑板"的简单教学模式，而是借助计算机进行屏幕教学，教师很少利用粉笔和黑板，而是利用屏幕切换进行教学。在此过程中，教师节省板书和擦黑板的时间，能够向学生教授更多的学习内容，但是学习内容的增加也容易使教师对教学重点与难点缺乏深入解释。此外，由于教学内容的增多、教学节奏的加快，教师需要正确运用多媒体教学手段，要在保证完成教学任务基础上，帮助学生掌握重点和难点。在教学过程中，教师要充分考虑学生的自身条件，尊重学生的认知规律，采用生动形象的教学方式，促进学生对教学内容的理解和掌握。因此，多媒体教学是为了提高教学效率，教师要科学合理地运用这一教学手段，将其与传统的教学手段相结合，提高课堂学习效率。

（二）网络与英语教学

网络教学是利用现代教育技术手段，特别是互联网调动尽可能多的教学媒体、信息资源，建构有意义的学习环境，充分发挥学生的针对性、积极性、创造性，使学生真正成为知识信息的主动建构者，达到良好的教学效果。

网络教学具有开放性、自主性、交互性等特征。开放性主要体现在在线学习不受时空限制，资源通过网络而无限延伸；网络学习能充分发挥学生的自主性，网络课程的设计更适合个性化学习；通过网络领导与教师之间、教师与管理机构之间、教师与主题空间之间、教师与企业之间、教师与教师之间、师生之间、学生之间，都可以进行互动交流和信息交流。

网络课堂可以通过视频、音频、图片，使课堂教学呈现出异彩纷呈的情景，方便调动学生学习的积极性。随着网络和网络向宽带、高速、多媒体化方向迅速发展，以计算机网络为基础的现代教育手段将得到广泛应用。

1. 网络课程的运用

网络课程是通过网络表现某门学科的教学内容及实施的教学活动的总和，包括两个组成部分：按一定教学目标、教学策略组织起来的教学内容和网络教学支撑环境。网络课程与一般的多媒体教学软件不同，是学生利用网络进行远程学习的教材，根据网上教学特点和人才培养需要，完整的网络课程应由如下系统构成：

（1）教学内容系统。包括课程简介、培养目标、教学计划、知识点内容、典型实例、多媒体素材等。

（2）虚拟实验系统。包括实验情景、交互操作、结果呈现、数据分析等。

（3）学生档案系统。包括学生密码、个人账号、个人特征资料以及其他相关资料等。要促进基于网络的远程教育，需要一大批网络课程，开发高质量的网络课程，是当前现代教育技术工作的重要内容。

2. 网络环境中的师生互动

课堂是师生交流的重要场所，也是学生进行语言实践的重要场所。对二语学生来说，课堂为他们提供了学习二语的环境和机会，是他们参与各种交际活动、交流信息和表达思想的地方。学生的语言知识和听、说、读、写、译等技能，基本上是在课堂教学中获得。英语作为一门学科，最终目的是通过教与学的双向互动，使学生获得真正意义上的英语综合能力，即通过英语实现交流、学习及研究。在传统的教学中，学生作为学习的主体被动接受知识，获取信息途径主要来自教师和教材，传递信息方式是单向的。由于课堂课时有限，无法让每一个学生都有机会参与课堂教学活动。受人数限制，课堂互动局限于一对多，即师生互动；一对一，即生生互动；互动涉及提问、回答、错误纠正、参与小组讨论等活动。但是，基于网络环境下的师生互动更加方便，学生和教师可以单独或者一起开启独立的聊天或者视频窗口，使师生互动更加容易。

3. 网络课程的目的与意义

互联网时代的兴起和发展，为教育提供了新的技术支持，也促使新的教学模式得以产生。以互联网为主体的网络教育逐渐被大众所接受，并得以广泛应用，其作用和意义主要有以下三个方面：

（1）课程教学发展的需要。目前，信息化大数据的发展促进各类科学技术的发展，科学技术发展的速度飞快，而教育面临的社会发展环境也在发生变化。为了更好地应对发展过程中的问题，以更好地适应社会发展，教育必须在体制、结构、模式、教学手段等方面进行变革。

（2）发展先进教育的需要。教育是时代发展的重要力量，能够为时代的发展提供大量人才，而教育的发展也需要适应时代发展，在现代化的社会环境下，现代远程教育逐渐兴起，也是发展先进教育的体现。

（3）创新人才培养的需要。创新人才培养指富于独创性，具有创造能力，能够提出问题、解决问题，开创事业新局面并且对社会物质文明和精神文明建设做出杰出贡献的人。国外对创新人才的理解比较宽泛，在强调人的个性全面发展的同时，突出创新意识、创新能力的培养；要改变观念，放低标准培养创新人才。

创新人才的培养是实施素质教育的重点，创新人才有三项特征：第一，创新意识，即引起某种创造动机所表现的创造意向和愿望；第二，要培养人才的创新思维，应从不同角度思考问题，对问题的结构有清晰地把握，积极主动思考；第三，要促进创新能力的培养，创新人才必须具备一定的创新能力，除了自身的生理能力之外，也要借助现代化科学技术开展创新活动，互联网为创新人才提供了大量的学习资源，也提供了网络化的教学手段。这一先进的教学模式能够激发学生的学习兴趣，更有利于激发学生的创新意识，提高学生的信息能力，让学生能够学到更多的文化知识。

（三）大数据与英语教学

"大数据"指无法在一定时间内用常规软件工具对其内容进行抓取、管理和处理的数据集合。大数据可以概括成三个"V"，即大量化（Volume）、多样化（Variety）

和快速化（Velocity），这些特点也反映出大数据潜藏的价值（Value）。

大数据产生于信息爆炸时代，将会改变以往的教育模式。大数据技术使人们能够分析学生的学习行为、考试分数等各种教学信息，而近年来网络在线教育和大规模开放式网络课程，即慕课应运而生，也使教育领域的大数据获得了极为广阔的应用空间。大数据将掀起新的教育革命，包括教育政策的制定、学生的学习、教师的教学等方面都会得以革新①。

1. 大数据背景下英语教学的特点

信息化时代也是大数据时代，在这一时代，英语教学具有以下特点：

（1）教学智能化。大数据时代，大学英语教学能够通过网络获取丰富的教学资源，教学使用的设备也具有智能化特点，从而使多媒体逐步得到广泛应用。网络机器人的兴起和发展促进教学变革，越来越多的学校、企业投入智能化机器研究中，语言翻译机器人作为一种智能化设备，在很多学校的英语教学中得到应用。

（2）教学手段多样化，教学资源丰富。在网络化快速发展的时代，各种信息技术的快速发展，为大学英语教学提供了新的教学手段。智能化网络技术能够为学生学习英语提供个性化的教学模式，学生能够在不同地域、时间进行英语学习，教师可以借助互联网技术分析学生的学习情况，以更有针对性地安排教学内容。

（3）跟踪学习进度，针对性教学。大数据网络化时代为英语教学提供新的教学模式，教师能够通过各种学习软件，随时检测学生的学习情况，而检测结果也会保留，逐渐形成学生自身的学习数据库，教师再针对不同学生的学习情况进行英语教学，帮助学生查缺补漏。

（4）自主学习加强。互联网时代是大数据时代，大量多样化的数据能够被学生所利用，教师不再是唯一的"数据库"。大数据时代，学生能够利用各种搜索软件破解遇到的问题，而不是所有问题都找教师帮助解决。此外，学生通过利

---

① 陈坚林.大数据时代的慕课与英语英语教学研究——挑战与机遇[J].英语电化教学，2015（01）：3-8+16.

用各种学习软件进行自主学习，提高独立学习和思考的能力。

（5）学习时间碎片化。网络化时代，社会发展飞快，人们要适应社会发展的速度，必须加快生活、工作和学习的节奏。对于学生，学校是主要的学习场所，随着互联网的发展，学生不仅可以在学校学习，也可以充分利用碎片化的时间，借助计算机、手机等终端，随时随地进行英语学习，学生还以根据自身的学习情况进行针对性地学习，借助各种英语学习软件，提高英语写作、口语表达等方面的能力。

（6）互动化学习。在大数据时代，世界各地的人们能够通过互联网进行跨地域的沟通交流，学生可以借助不同的聊天软件形成跨国的语言学习情境，不再受到空间、时间等方面限制，不同国家和地区的人们可以进行互动交流，在交流过程中互相学习。此外，学生在学习英语过程中，能够随时用微信、QQ等软件沟通，教师也可以通过这些软件传递教学内容。这种互动化的学习与教学过程能够借助网络技术保存，学生和教师能够随时回看，并从中总结，更有效地开展教学。

（7）英语学习的终身化。随着互联网时代的不断发展，英语的学习已经成为世界联系的重要方式，对于英语的学习也更加重要。作为一项语言技能，英语既是社交的重要技能，也可以作为一种职业。所以，英语学习逐渐终身化。

2. 大数据时代的英语教师定位

在大数据时代，教师与学生之间的关系发生变化，教师不再是向学生教授知识，而是要根据不同学生的情况与需要进行教学，要以学生为教学中心，教师要及时应对学生学习过程中的变化，并且针对变化对教学内容、结构、方式等进行适当调整。此外，教师在教学过程中，要注重教会学生学习，不只是学会基本的学习内容，还要教会学生学习的方法，同时，采用科学的教学手段激发学生学习的积极性，引导学生学习各种有价值的语料，为英语学习积累知识。作为英语教师要更好地适应时代发展要求，需要扮演以下角色：

（1）引导者。在英语教学中，英语教师要应对出现的各类变化，适当调整自己在教学中的位置和角色，而引导者是教师的重要角色之一。对于英语教学，学生在学习过程中需要科学地利用学习资源，而教师作为引导者要引导学生学会恰当地利用学习资源，英语的学习与其他学科不同，学生要对以英语作为母语国家的文化背景等有一定了解，以更加深入地学习英语单词、语法结构等。

（2）评估分析员。在智能化时代，各种学习软件不断涌现，很多教育机构研发了各种可以批改评估学生作业的智能分析工具，这些工具能够在短时间内智能化地批改学生作业，并给出相应评价，让学生清楚地看到自身的优势和不足，也为教师节省一定时间，使教师有更时间对学生进行更深层次的指导。此外，教师根据学生学习数据进行科学分析，以开展针对性教学，提高教学质量。

二、多媒体与英语课堂、课外活动

英语教学在多媒体使用下拥有了更多的教学方式，教学环境也更加逼真，为英语教学理念注入新的活力，也发挥了更多优势，产生更大的作用。

（一）多媒体与英语课堂活动

英语教学课堂上，除了课文内容的讲授以外，课堂活动也是教师提高学生学习积极性的方式之一，可以让学生对所学知识有更深的印象，还可以加强知识在实践中的应用。站在语言环境立场上，多媒体技术可以更加生动形象地展示资料，声音图像并举，教师利用这些特点向学生展示真实的情景，从而激发学生学习的积极性。教师所设想的特定情景可以通过多媒体技术实现，同学之间的评价和交流可以在分组讨论和汇报完毕之后进行。教师还能够在多媒体技术的帮助下，引导学生高效地进行练习。课堂上，学生积极地思考问题并回答，在活跃课堂气氛的同时，也提高了学生英语课堂的参与性。

（二）多媒体与英语课外活动

多媒体除了可以在课堂上发挥巨大作用，在课外活动中也可以大展身手。英语具有实践性，学生对英语语言的运用能力很难通过课堂教学展现出来，课堂知识并不能够满足学生日益增长的英语学习能力，开阔眼界、丰富知识，需要通过各种课外活动实现。[1]如英语演讲比赛、英语角和英语俱乐部等传统的英语课外活动并不会受到场地和设备的限制，因此有很高的组织性和参与性。随着多媒体

---

[1] 李凤红. 多媒体网络环境下的大学英语教学模式解析——评《基于网络多媒体的大学英语教学模式的研究》[J]. 新闻爱好者，2019，（08）：102.

技术的发展，英语课外活动的形式变得更加丰富多彩。

（1）英文原版影视剧。教师可将英文原版影视剧按照学生的学习能力进行推荐，同时安排学生进行小组讨论，既增加学生对英语学习的积极性，也让学生感受到纯正地道的英语。

（2）英文主题小组活动。英文主题小组活动常常会出现在大学英语探究式课程和听说课中，教师会组织学生在课堂上以专题形式进行发言。学生会在该过程中通过书籍和网络等媒体，查找教师或学生指定的主题资料，在经过筛选后进行专题发言。通常情况下，学生会以演示文稿软件（PPT）的形式将主题发言在课前准备好，并在课堂上进行展示。

（3）英文墙报。教师将学生分组，以当前热门话题、学生喜欢的话题和与课程相关的话题为主题，组织学生进行英文墙报的制作。墙报的篇幅有限，要求学生尽可能筛选出最有价值的信息制作墙报。因此，学生在这个过程中可以很好地实现自主学习，认识并了解很多信息。

（4）与英语本族语者在线交流。语言学习最行之有效的一个手段是与本族语者进行讨论和交流。学生与英语本族语者正是在网络和多媒体技术的发展下实现隔空交流。

三、多媒体课件的运用

在多媒体教学中，最关键的一点是使用多媒体课件。教师在课前准备好多媒体课件，利用多媒体教室为学生展示出更加立体和多维的教学内容，从感官上不断刺激学生，让学生对所学内容有深刻的理解。

（一）多媒体课件的类别

从制作上看，有以下两种多媒体课件可以使用在英语教学中：

第一，配套的多媒体课件。现在许多多媒体课件都与英语课程相匹配。这些课件操作性较高，采用图文并茂形式进行生动而详细地讲解。这些教学课件非常统一，教师在英语课堂上使用时，对于同一课程组平行课的教学有一定的引导和规范作用，也让教师备课的工作量得到减轻。同时，教师会根据学生的学习程度和不同特点自制课件，方便教学。如果让课件的针对性更强，可以采用分组制作课件形式，依据课堂学习效果和学生反映，对课件进行不断改进和完善。

第二，其他课件和教师自制课件。教学任务不同，制作的课件也不同，教学是制作课件形式和内容的出发点。教师在教学设计过程中，要充分结合英语教学的规律和特点，在构建主义学习理论指导下进行，充分展示出会话、情景、意义构建、协作四个方面，将协作学习、目标分析、强化练习设计以及情景创设充分地表达出来。

优秀课件必不可少的四个方面为：第一，直观的形象，让学生易于理解，指直观性；第二，让学生对学习充满兴趣，指趣味性；第三，有较强的针对性，突出体现重点和难点，指针对性；第四，一切以学生为出发点，让学生有更丰富的创造力和更强的思考能力，指启发性。在英语教育教学领域，多媒体教学必定会成为发展趋势，得到更多人的青睐。

（二）多媒体课件的优势

图像、声音和文字是多媒体课件的重要组成，学生可以在一个优秀的多媒体课件中，更加直观地感受和学习词汇、句子及语篇等。传统程序化的教学模式被逐渐改变，教师可以充分激发学生学习的积极性，让学生注意力集中。此外，学生可以从多媒体课件中学习到更加直观的语言信息，有声的情景让学习不再枯燥，重点和难点不再成为学生学习的绊脚石，学生对知识的理解也更加深刻。

学生的课堂表现可以成为教师调整课件播放速度的依据，学生在学习中遇到的重点和难点也可以很好地被教师掌握。教师在了解学生的学习进度后，可以合理地安排教学进度，还可以根据学生的学习反馈，对教学过程进行调整，发挥教学潜能最大化，将以学生为主的理念贯彻到底。

四、"互联网+"时代英语课程教学发展

开放性、自主性、交互性、共享性和协作性等特征是网络课程独有的。音视频、计算机网络和多媒体等技术都可以很好地在交互式教学模式中得到体现，同时放大交互功能，让学生拥有良好的学习氛围。现在，很多网络课程被英语教学组所采纳，互联网和校园网为学生提供了各种学习的网络课程途径。地域和空间的限制被网络课程所打破，学生的英语学习环境更加真实，英语语言的输入和输

出得到很大提升，也让学生更好地将语言运用在实践中。

学生还可以依照自身时间安排、兴趣喜好和语言水平，选择英语网络课程，更有针对性，自身英语综合应用能力也会快速得到提高。网络工具为教师和学生提供了交流互动的途径，教师在开设网络课程后可以为学生进行在线答疑，为学生提供辅导，还可以让学生的学习方式逐渐转变为发现式和探索式，加强独立思考的能力，促进学生之间合作交流。学生通过上网寻找答案，然后进行讨论，对他们的创造力和思维都是很好的锻炼。

教师掌控课程的能力是网络课程取得良好效果的关键所在。教师对每个活动的计划、目的和时间安排都应明确地告知学生，对学习任务的设置要合理；要在一定程度上引导学生的网络学习，让学生拥有自制力，能够辨别各种信息；对一些充满交互性的实践任务要进行合理设计，让学生在交互活动中了解并使用英语语言，提高英语综合运用能力。

第三节　慕课在大学英语教学创新模式中的应用实践

随着慕课模式在全国高等教育领域的深化普及，其强调自主学习为主的教学理念在潜移默化中改变着我国大学的教学方式。慕课热潮的来袭有助于推动高等教育的内涵式发展，为社会培养应用型复合人才。

一、慕课教学模式的优点

（一）慕课带来广泛、优质与模态化的教育资源

慕课资源的显著特征主要表现在以下方面：

（1）大规模、开放性。慕课打破了常规教育的人数、时间和地域限制，学生不必严格根据课程时间安排到特定的实地课堂中接受教师传授知识，既支持学生随时随地随身学习，又支持大批量学生同时段学习，从一定程度上有效激发学生的学习热情和兴趣，能够更加积极主动地投入学习中。

（2）资源透明性。慕课课程的学习内容全凭学生爱好与需求自主选择，可以在特定时间段内完成学习过程、提交随堂作业、参与知识考核，而且一切的教学资源都是透明公开的，整个学习考核过程公平、公正，对所有学生一视同仁。

（3）资源丰富性。慕课基于全球互联网平台搭建而成，汇聚世界范围内的各类优秀教学资源，信息庞大，内容丰富，学生简单注册账号以后，可以免费享用资源，足不出户就能享受到世界名师的指导。

慕课课程内容打破了传统学科限制，强调知识信息的综合性、实用性和普遍适用性，从各个领域的先进理论、实用性知识到各种生活健康常识等应有尽有。同时，有效实现各个大学之间的资源互通和互补，促进顶级大学资源向普通大学的共享流动，弥补我国大学资源分布不均的现状，更有利于人才综合素养的提高和高等教育的整体性发展。例如，普通大学可以通过注册北大慕课平台，获取其优秀的教学资源。慕课课程的大力开发，将极大改观现有教学观念和教学模式，极大地促进应用型大学的教学水平。

慕课课程的内容通常利用视频形式体现，由相关专业的教师团队经过反复斟酌、精心研究确立而成。大多数的视频主讲教师都是知名学校的顶尖教师，雄厚的师资力量确保了其课程内容设置更加合理，讲解质量更好，学生接受度更高。

慕课的课程设计有效利用模块形式，体现出各个课程的特色。把完整的知识体系按照内容分解成一批相对独立的小模块，让内容条理更加分明，且重点突出，一目了然，并借助10分钟的视频，将其具体表现出来，有效集中学生的学习注意力，帮助学生更好地理解和记忆知识。

（二）体现以学生为主体的教育理念

（1）兼顾不同学习能力。传统课堂教学着重强调教师的"教"，教师按照统一的课程内容和进度要求一对多地进行知识的讲授和传输，这种"一刀切"的教学模式难以顾及每个学生的能力和需求。慕课则不同，学生可以自主选择与自身能力相符合的课程知识，自己安排学习计划和进程，还可以重复回放视频课程，反复学习知识难点和重点，进而大大提升学习效果。

（2）满足不同学习方式。慕课的学生用户可以利用特定的论坛、网站等平台，与教师和其他学生进行实时交流和互动，互帮互助，一起解决学习过程中遇到的困难和问题。同时，利用课程视频中的测试题、线上测试题、线下作业等方式检测学习效果，强化知识的理解和记忆；利用教材注释、虚拟实验室等辅助工具，随堂记录课程内容和学习心得，对需要做实验的课程进行在线模拟实验；利用教师、其他学生和自己的评价综合考量学习结果，及时发现不足，有针对性地修改，从而不断提高学习效果。

（3）随时随地灵活选择。传统教学方式有严格的课程安排和时间、地点规定。慕课不同于传统的课堂模式，其脱离了场地和时间限制，在任何一个国家，不论是白天还是黑夜，只要是有移动网络的地方，学生便可以根据自己的需求进行慕课学习。由于是互联网学习，学习内容可以根据学生的需求灵活变动，可以脱离课堂的局限性，进一步拓宽大学生的知识层面，有助于开发大学生的学习自主性，有利于大学生的全方位发展。

（三）挖掘学生学习乐趣

传统的课堂模式受地点和时间等因素制约，有很大的局限性，然而慕课可以很好地利用互联网的优势，充分利用动画、图形、影像等多媒体信息技术，为学生的课堂增添许多新颖独特的内容，为学生提供可以自主思考和探究的平台。大学生可以根据需求选择慕课内容。由于是自主选择，大学生对慕课的学习更加有兴趣，可以更好地激发学习乐趣。学习是自主性行为，只有当学生发自内心地想要学习，对待学习是享受的心态，才能够获得更好的学习效果。

（四）重视自主与合作学习

大学生主张自主学习的学习模式，自主性因素也是影响大学生学习效果的重要因素。在慕课学习中，大学生可以充分发挥自己的自主选择性，对于学习目标和学习内容以及学习中所遇到的问题，大学生享有充分的自主选择权。大学生可以对自己进行考量之后，制定符合自己的学习目标，并据此制订学习计划，不断完善学习计划。由于慕课脱离了时空限制，大学生可以更加灵活地安排自己的学习时间。选择更加灵活的学习方式，通过在学习过程中对自己的评估、改善，从而调整学习方式和学习过程。慕课学习可以提高大学生的自我评估能力和时间管理能力，能使学生更加重视自主与合作学习，使大学生真正成为学习过程中的主体，从课堂上的被动学习转变为主动学习。

慕课拉近了课堂与大学生之间的距离，为大学生增加了更多交流的机会，学生不仅能够在慕课平台上看到大学优秀教师的讲课，还可以在平台上提出自己疑惑的内容，或者在平台中讨论，对他人的问题进行答疑。网络平台为学生增加了合作与交流的机会，真正将学生作为课堂主体，让学生能够在课堂中真正体验到学习的快乐。

二、慕课教学模式的局限性

慕课虽然拥有开放性强、资源丰富、能够不受时间地点限制地满足学生学习能力和方式上的个性化需求等诸多优点，但也存在不少缺陷和不足，具体表现在以下三个方面：

（1）慕课教学模式要求学生有高度自制和自控能力。慕课课程的学习全靠学生的自主能动性，无论是课程的选择、学习过程的坚持还是作业的完成、后期的强化训练等都由学生决定，缺乏外界有效的监督和鞭策，大部分学生没有这方面的自控能力，难以约束自己坚持学完一门或所有课程。所以，平台学习缺乏持续性这一问题长期普遍存在。

（2）情感交流和社会关联不足。慕课在互联网平台基础上，有效利用形式多样的社交工具，实现教师与学生、学生之间的互动与交流。但是，这种线上互动的方式永远无法替代人与人之间面对面的情感沟通，难以拉近心与心的距离。然而，"交心"的师生情感和同学情感对学习效果的提升和学生人际交往能力的培养都具有至关重要的作用。慕课平台用户规模庞大，甚至可达十几万之多，此种情况下，即使尖端的社交工具也无法帮助教师照顾到每位学生的个性和情感需求；同学之间利用社交平台进行交流互动，多数只停留在知识层面，缺乏深层次的情感交流，也无法建立亲密的人际关系。

（3）缺乏系统化课程体系。慕课在当前情况下，主要发挥知识资源集聚互通的作用，还没有根据社会和专业需求形成系统化的课程体系。由此，其颁发的代表学习成果的证书等都缺乏一定的含金量，也难以有效促进学生系统知识的掌握和综合能力的提升。出于教学需要，系统的课程知识体系会被分解成大量的小模块，制作成微视频，此种形式虽然能够帮助学生更好地掌握单个知识点，但也容易形成"知识碎片",限制学生对知识体系的完整驾驭和综合应用[①]。

三、慕课教学模式的适用性

慕课的出现,有利于转变我国当下高等教育人才培养模式,所以在实践应用中要严格遵循适用性原则,充分结合不同大学的实际情况和不同学科的专业特点,有针对性地量身制定教学模式与应用方式。

（一）不同类型大学采取不同的策略

综合性的研究型大学,不但要充分利用慕课提供的世界各地优秀教学资源,而且要自主创新和开发品牌课程参与慕课平台上,供别人学习交流。普通大学主要是学习和吸收慕课平台上的优秀资源,并将这些教学资源有效应用到自身教学工作中,提升整体教学质量,继而利用应用型大学的学科优势创新和开发部分专业实用性课程参与慕课平台中。

（二）慕课模式对不同课程的适用性不同

目前,慕课的某些设计还无法满足大学所有学科复杂的知识结构体系和特殊的思维能力要求,并不是对每个学科都适用。其对大学学科课程的适用性主要包括:

第一,理论课程。慕课网络课程有利于先进理论教学资源的共享和交流,从而有助于扬长补短,更好地优化理论课程设计,提升教学质量。但难以适用实践课程,因为实践课程对现场实验和调研等实地操作方面的要求较多,在实践中才能够更好地提升学生的专业技能。慕课虽然有在线模拟实验室功能,但学生无法真实地感受,教学效果往往会大打折扣。

第二,程式化的学科课程。慕课模式比较适合结构化知识的传授,要实现相对高层次、高难度的数理推理和逻辑思维能力培养等课程的效果较为困难。

第三,英语类和双语教学课程。因为当前慕课平台的授课用语基本上都是英语,中文只出现在极少部分课程的字幕中,有利于学生在获取专业知识的同时,接触和学习纯正的英语。但是,这种语言运用方式也在一定程度上限制了慕课其

---

① 易庆竑.基于慕课的翻转课堂及其教学结构研究[J].现代教育技术,2015,25(04):94-100.

他课程在我国更广泛地推广和普及。

慕课优势明显，但也存在很多缺陷，需要全面、客观地认识和研究，有效借鉴和引用慕课的优势资源及课程设计等优点，尤其是正处于慕课筹建阶段的应用型大学更应如此。从慕课在我国及国外发达国家的实践应用结果来看，其对高等教育的教学模式和人才培养机制的改革确实有积极的促进作用，但也不可过于夸大。各个大学要以慕课为契机，着力推广"线上+线下"的混合式教学模式，促使学校和教师改变传统的教学观念，正确认识在线教育的优势和意义，从而更深刻地领会高等教育的发展方向。

应用型大学要从理论、技术、创新应用和可持续发展等体系入手，全面、系统、深入地推进混合教学改革；充分借鉴慕课经验，构建更加开放的教育体系，深刻理解和贯彻自身职能。慕课也有助于大学进一步利用现代信息、新媒体、互联网等高新技术平台，更加全面深入地优化整合"线上+线下"教育模式，充分集聚和共享多方优势资源，更好地服务社会。应用型大学可借助慕课这一全球化资源平台，加强国际合作与交流，实施国际化协作办学策略，在互联网生态圈内不断深化高等教育改革，培养能力更强、综合素质更高的应用型人才。

四、慕课教学模式的构建阶段

慕课与传统课堂教育优势互补、相辅相成。慕课拥有全球范围内丰富而优秀的教学资源和以学生自主学习为主的前沿教学理念，而传统课堂教学又具有慕课所不具备的有效监管、情感互动和实地操作等优势，所以将两者有机结合，才能更好地达到基于慕课推动教学改革的目的。在应用型大学中，最行之有效的结合方式是以慕课为主构建适合的"翻转课堂"教学模式，抑或开展"线上慕课+线下实体课堂"的混合式教学模式。

"翻转课堂"的核心是"先学后教，以学定教"，即学生在课前独立完成对微视频课件等课堂内容的学习；课堂上，教师通过引导学生开展作业答疑、合作探究和互动交流等活动，加深对学习内容的理解和掌握。"混合式教学"是线上教学与实地课堂教学的结合，具体包括教学理论、资源、环境、方式等内容的混合。应用型大学要有效整合和利用慕课的优质教学资源，加强师生、生生之间的互动交流，将慕课全面、科学、深入地渗透到日常教学工作中，大力开展翻转课堂和混合式教学，构建"四位一体"的新型课程教学模式。

（一）课前设计阶段

这一阶段涉及的主要工作是：教师研究和设计课程体系结构、教学大纲、具体的知识框架等；从众多慕课资源中筛选出适合的课程内容、自己制作教学微视频课件、准备其他预习资料和作业等；将准备的所有教学资料按照教学目标要求，分成必学和选学两部分布置给学生。以上准备是之后阶段顺利开展的前提保障，能够有效帮助学生高效率、高质量地完成学习任务。

课前设计阶段是基于慕课教学活动中不可或缺的一部分，具体原因表现在两个方面：①慕课课程缺乏系统性的知识体系，教师提前设计课程体系结构和知识框架，有助于学生对即将学习的内容有系统、全面的整体了解和把握，做到心中有数，避免形成"知识碎片"；②慕课课程资源丰富而冗杂，学生群体要想从庞大的信息中筛选出适合的学习内容，难度很大，而且每个学生的学习能力和需求各有不同，需要教师帮助学生提前选择合适的、优质的慕课课程，并根据学生的具体情况设计行之有效的学习策略，供学生选择使用，从而有效提升学习效率和质量。

（二）慕课的学习阶段

学生按照教师布置的课前学习任务和提供的学习资料，认真学习必学模块中的所有慕课视频课程等内容，再根据自身需求和能力，选择性地学习选学模块中的资料内容，并按照要求认真完成预习作业。通过该阶段的学习，学生可以较为全面地掌握课程知识内容，标记出难点问题。

该阶段属于课外学习范畴，对学习的时间、地点和进度要求相对自由，学生可以按照自身情况和需求自由安排学习进度。在慕课视频课程学习过程中遇到知识难点和听不懂的授课语言时，学生可多次重复回播或查阅相关资料，直至彻底理解。这种自控式、深层次的学习模式，能够为学生带来前所未有的个性化体验，有效提高自学能力和自控能力。这一阶段的学习是后面课堂互动阶段开展的基础和前提。

（三）慕课课堂互动阶段

这一阶段是在慕课基础上开展的翻转课堂教学模式的核心内容，是"以学生为主体"课堂教学的生动体现。在课堂中，教师引导学生开展作业答疑、合作探究和互动交流等学习活动，帮助学生更好地"内化吸收"知识，将慕课学习阶段掌握的知识进一步加深理解和记忆，突破知识难点，把握知识重点，达到高质量学习的目的。在这一过程中，不同学科采用的课堂学习活动也不一样，比如经管类课程偏向于问题讨论和案例分析等，英语类课程偏向于口语交流练习等，理工类课程偏向于现场实验和方案设计等。

课堂互动的主要形式有作业答疑、小组合作探究和学习成果评价交流等。作业答疑环节，教师会依据教学大纲及学生慕课学习阶段遇到的问题等，总结设计出具有代表性强、值得深入探讨的问题；然后从旁引导，协助学生完成解答，在这一过程中"化零为整"，帮助学生将知识融会贯通、深入理解。小组合作探究环节，教师将学生划分为若干个讨论小组，并给予一定问题、案例、场景等话题，让学生以小组为单位展开讨论和研究，然后利用出示研究报告、开展辩论比赛等形式，将研究结果展示出来。这种学习方式能够有效提高学生的互帮互助和团结协作意识，增进学生间的感情，提高人际交往能力，提升学习效果。

学习成果评价交流环节，通过教师点评、同学间互评、自我评价等形式检验慕课学习成果、知识掌握程度、小组讨论参与度、小组研究成果水平等。在这一过程中，学生可以全面深入地检验自己的知识掌握情况，从而有针对性地查缺补漏，不断夯实知识储备。

（四）慕课的实践拓展阶段

大学将慕课与传统教学模式有机结合，开展"翻转课堂"和"混合式教学"的最终目的是帮助学生将学到的知识更好地运用到生活实践中，从而培养出对社会真正有用的应用型人才。实践拓展阶段是"四位一体"新型课程教学模式的重要组成部分，是课堂教学的延伸和拓展。该阶段主要采用的形式有学习/研究成果分享、知识/技能竞赛、社会实践体验等。成果分享主要是学生个人或团体将自己的学习感悟、研究成果等内容利用短视频、论文等形式上传到网络上供社会检验和学习。在这一知识创新和再创造过程中，学生能够不断加深对知识的理解，培养实践技能。学校和教师通过开展一系列的竞赛、实验、实践等活动,将活动的优秀成果计入学分、加入学时等形式,激励学生积极参与,从而在实践中不断提升知识应用技能和创新能力。例如,对于英语类课程,可开展英语演讲比赛、英语情景剧比赛、担任兼职翻译等实践活动。

总而言之,在实体课堂教学中引入慕课具有至关重要的积极作用,一则可以带来丰富优质、实用性强的教学资源,极大解决我国大部分大学优质资源短缺的问题,有效帮助应用型大学更好地发挥职能,实现应用型人才的培养目标。二则可以带来优秀的教学理念,即强调学生为本,引导学生自主学习,不断培养和提升自学能力。在这一先进理念指引下,加强构建引入慕课以后的新型教学模式,对有力推动应用型大学实现教学改革、培养出社会真正需要的应用型人才意义深远。

五、慕课背景下学生英语学习方式的转变策略

(一)充分共享教学资源

转变大学生的学习方式,不仅需要时间的投入,还需要各种教学资源的帮助和支持。将更多优质的教学资源投放到教学环境中,才能够给大学生提供更加优秀的教育环境,才能够改变大学生学习的大环境。

首先,建立全球共享教学资源平台。现在已经有越来越多的大学加入慕课平台,在平台上投放优秀教师的教学内容,没有机会进入知名大学的同学,可以在慕课平台上享受到知名大学的教学,为学生提供更多的教学资源,让学生能够体验不同文化背景和不同语言下的课程教学。让世界各地的人都能够享受优秀教师的教学,可以自主选择知名大学和知名教师的课程。

其次,大学之间要互相共享教学资源。实现校园之间的资源共享,主要是发挥大学在资源共享中的作用,大学要充分发挥知名大学名师、名课的作用,开放教学资源。大学之间可以通过资源共享,实现优势互补的目的。优秀的教师应该在慕课平台上发布自己的教学视频,不仅学生之间要加强合作联系,教师之间也要加强联系和沟通,通过交流自己的教学方式,互相之间进行讨论和学习,取长补短,从而全方位地提高教学水平,更好地促进业务水平的发展,推动教师专业

能力的提升。

最后，校内教学资源的共享。大学要进一步开放教学资源，完善软件、硬件的教学设施。开放公共学习平台，让大学中的学生都能体验到自己想要接触享受的学习课堂，有机会接触到优质的教学资源。

（二）引导学生良好转变

就学生教育而言，必须要转变学生的学习观念，大学生对待学习的态度将直接影响学习效果。所以，作为引导学生学习的直接人员，教师要帮助学生树立正确的学习观念。

首先，教师要帮助大学生学会利用公共学习资源。教师只是将资源共享到平台还不够，要使大学生充分掌握公共学习资源的学习方式，利用学习资源，才能够发挥教学资源真正的意义。

其次，教师要帮助大学生对内开发。教师在教学过程中，要帮助大学生对自己有明确的定位，不断明确学习动机，帮助激发学生对学习的兴趣。同时，教师应该帮助学生认识到自己的成就，大学生只有拥有更好的学习体验以及较高的成就，才能够继续学习，才能够完成学习任务，达到目标。教师要引导大学生成为自己学习过程中的主导者，成为学习的主人。

（三）教师创新教学方式

在学生的学习方式有所改变之后，教师要转变教学方式。教学和学习都要与时俱进，教师的教学方式直接影响学生的学习方式。

第一，在学生转变学习观念的同时，教师要转变教学观念。在教育方面，教师要树立科学的、正确的现代化教学观。在学生教育方面，避免"填鸭式"教育，因为对学生不仅是知识的传授教育，还要塑造学生的知识、情感、和态度。

第二，教师要提升自我的教学能力。教师要不断自我更新，提升自身的教学认知能力、教学操作能力等。教师在教学过程中，要不断丰富自己的知识储备，教师要具有敏锐的观察能力，要在学生学习过程中及时发现问题；学生要制定学习目标，教师也要制定教学目标，不断提高教学水平，并且有意识地评估和考察教学活动。

第三，教师要因人而异。对待不同的学生要选择适当的教学方法。教学方法和形式多种多样，通常教师采取的是语言形式教学，此种教学方式带来的感受更为直接，可以为学生带来更加直观的感受和体验。在不同时间和场合，选择不同的教学方式，可以带给学生更好的感受和体验，所获得的学习效果也更好。教师要将教学线上和线下同时发展，两者结合，才能够达到教学的最佳效果。

第四，教师要丰富教学手段。教师应该充分利用现有资源，如今的多媒体技术已经十分完善，教师应该在现有课堂基础上，运用现代化技术，尤其是在慕课平台已经发展到一定阶段的背景下，教师可以将视频、影像等通过投影仪等展现出来，丰富课堂内容，将课堂变得多姿多彩，使学生能够对课堂产生更大的学习兴趣。

（四）重建师生关系

师生关系是大学生关系中的重要关系，师生关系对学习效果和方式的影响十分重要。传统的师生关系一直呈现的是，教师是学生的主导者，教师带动着学生学习，决定学生的学习方式和内容；学生始终处于被动地位，对开发学生的自主性十分不利。

首先，教师要转变这一观念，转变自身的角色定位，从之前的管理者转变为指导者。尤其在网络学习中，教师要把学习的主动性交给学生，使学生能够主动学习，或者是作为连接学生和外部桥梁的关键。

其次，要创造自由民主的学习氛围。师生之间的交往应该是双向的，学生要尊重教师，教师也要尊重学生，要充分发挥民主性教学方法的作用，通过自己的学识和才能影响学生，感染学生。

最后，教师要转变同学生的交往方式。教师与学生之间不仅是师生关系，还可以有更深层次的情感经验交流，教师同学生之间可以多加沟通，只有在平等的、民主的、自由的关系氛围中，才能够发挥学生的个性，将学生的自主性发挥到最大，学习方式才能够得到改变和创新。

六、慕课对学生英语学习模式的创新与未来发展

（一）慕课创新应用

慕课技术可以打破教学资源分配不均的情况，通过网络作用，将更多的优质

资源推广到世界各地。

首先，慕课平台不断改进网络视频技术。为了将教学视频能够在网络平台上播出和推广，慕课平台将每节课的视频分成几部分，并且在其中穿插许多小测验，只有通过这些测验，才能观看下一阶段的学习视频。慕课平台为了更好地掌握学生的学习情况，后台都记录了学生的学习时间。

其次，慕课平台开放讨论平台，为学生和教师提供讨论和提问的空间。慕课平台同其他的网络论坛不同，慕课平台在每一个视频之后开设了网络讨论，并且由于慕课平台的标签化，课程分类更加明显，更加具有特征性。论坛仿佛是巨大的知识库，可以根据个人需求从中获取想要了解的知识。

再者，慕课不仅能够通过机器对学生进行评分，也能够采用同学之间的互评机制。慕课课程是新鲜事物，不同于校园课程，需要严格比对，慕课正是因为脱离校园围墙的束缚才能影响到很多人。相比传统教育的统一教学进度、统一教学目标，无法兼顾到不同学生对课程的接受与理解差异问题。慕课的学生在课堂中更易集中注意力，个人自主选择学习，可对不懂的地方多听或者放慢，也可跳过比较容易的部分。

最后，慕课可以充分发挥社交网络的开放性。社交网络对慕课平台起着推动作用。慕课平台生活化的教育方式更加轻松，没有课堂上紧张的学习氛围，但有着更好的传播效果，除了在教学上能够有更轻松的学习体验外，也能够拉近学生和教师之间的关系，线下课堂中不方便提出的疑惑在线上会较容易地提出。

（二）慕课用户特点与未来技术演进

慕课用户特点包括：①高教育程度用户更偏爱慕课；②慕课用户可以接受课程收费标准；③不同年龄的慕课用户有不同的选课偏好。

慕课平台是实验性质的授课平台，课程在慕课平台上能够更加细致地被划分，更有模块化。因此，慕课平台是汇集先进技术的平台。

如今，由于技术限制，网络监考不能够作为有效证明，所以网络证书的效力没有在线下学习获得证书的效力高。然而，随着时代的发展和技术的不断完善，网络监考的力度将会越来越大，网络作弊现象会得到缓解。慕课平台也能将问题的一系列过程放到线上解决，慕课平台的学习成果将能够作为衡量个人标准的因素。

第四章 基于多元文化的大学英语教学与交际能力培养

随着经济全球化推进，我国外贸产值不断提升，对外贸商务英语人才的需要也愈来愈多，因而在大学中开展英语多元化文化教学十分有必要。本章研究大学英语教学与多元文化理念的融合渗透、大学英语教学改革与多元文化理念发展、基于跨文化交际能力培养的大学英语教学创新发展。

第一节 大学英语教学与多元文化理念的融合渗透

一、多元文化理念在英语教学中的启示

中国是一个多民族统一的社会主义国家，实现各民族的平等团结和繁荣发展是社会主义生产力的根本目的，也是改革开放的根本宗旨。各民族经济与国家经济相辅相成，科学发展是经济发展的基础，经济发展是科学发展的延续，而科学技术要得到发展，所依托的必然是国家教育。我国英语教学是现代课程中不可缺少的一部分，也是教育不可或缺的学科。各民族地区的大学是民族的希望，主要职责是为各民族培养战略性、全方面发展的人才。[①]

中华人民共和国成立以来，英语教育一直是我国学校教育中的主要内容之

---

① 郑侠，李京函，李恩，等. 多元文化视角下的大学英语教学研究[M]. 北京：知识产权出版社，2018.

一。特别是改革开放多年以来，随着全球化经济的发展，国际间各个领域、各个层次的友好往来和相互交流日益频繁，英语作为国际通用语言，在其中发挥着桥梁纽带的作用。所以，要从各方面提高大学生的英语素质，培养出更加优秀的英语人才。

当代世界大学生面临的五大挑战：一是世界变得越来越"小"，必须加强沟通意识；二是知识更加应用化，应该坚持广泛学习；三是应更加关注人文科学，关注人的本质；四是知识快速发展和更新，学科划分越来越细，应对知识慎重选择；五是在不断变化的大环境中，应该具有主动意识，把学到的知识释放出来。

（一）多元文化立足英语基础教育

传统的英语教学模式，即语音、词汇、课文理解、练习，过于强调教师在课堂教学中的"主导"或中心地位，在教学形式上过于"对立"，教师讲，学生听，人为地丧失或放弃了学生练习或实践语言工具的"机会"，容易形成学生依赖教师的"指挥棒"，出现被动学习的局面，产生死板的学习方法，与现代英语教学方法提倡的能动机制和创造动机相背离。特别是传统的"填鸭式"和"满堂灌"教学方式，更易助长学生的依赖思想，不利于培养学生的自学能力和调动学生的学习积极性、主动性。

从教学层面来讲，教师在整个教学环节中认真负责，严格把关，但效果不佳，教学质量和学习效果有待提高。在这种情形下，真正落实英语教学大纲的目标要求，提高英语教学质量的任务十分艰巨。

针对这种现状，大学英语教学在方法上要细化和量化国家教学大纲的目标，有机地把量化要求与学生的实际语言能力和文化背景结合起来，在教学过程中紧扣文化多样性因素与教学环节，找准"切入点"，不断探索学生学习英语的特点与规律，进一步增强英语教学的针对性意识，确保教学质量的稳步提高。认识和了解学生学习英语的习惯和特点，有针对性开展英语语言教学实验，及时对实验结果进行分析和总结，确定英语教学的重点和关键环节，在此基础上不断改进教学的方式方法。

（二）深化英语课程建设

重点课程建设是加强学科建设的重要内容，也是当前大学深化教学改革提高教学质量的主要途径之一。通过一门或多门重点课程的建设，可以进一步摸索和改进教学原则和教学方法，总结教学经验和教学规律，规范教学环节，开展相关性学术研究，充实和完善教学质量目标量化体系，进一步调动教师的积极性，发挥教师和学生的主观能动性。

目前英语课程突出强调英语学习者的语言应用能力培养，尤其在听、读、写方面。具体反映这一基本的教学指导原则是在语言应用能力和测试水平上缩小客观判断比例，增大主观运用的比重。对于语言学习者而言，在处理语言客观判断中或许会有一定程度的"估计"或"猜测"，始终会有一定的正确性概率，只能将其看作是语言能力上的机械运用。然而，主观应用要求语言学习者能够灵活运用所习得的理论知识，在实际语言交际环境中，正确处理各种复杂的语言问题。[1]

目前英语教学的重点和目标要求，正是英语教学中存在的问题和薄弱环节。因此，应该把英语听力、英语阅读、英语口语和英语写作四门专业主干课程作为重点课程加强建设。重点课程的建设有助于提高师资队伍的业务素质，完善教学环节和教学过程，促进科研，突出教学质量中心，建立一整套科学合理的教学质量评估体系。

具体而言，在英语听力课程建设中，突出生动形象的语境塑造，图文并茂的教学方法以及激发学习者的激情和兴趣这一根本目的。以英语精读课的建设贯穿综合语言应用能力，充分发挥精读课教学中在词汇学习、语义辨析，基础语法实践等方面无可替代的强化基础作用。英语阅读课程是一门综合性应用型课程，其特点是突出阅读数量上的"多"，内容上的"广"，速度上的"快"和理解判断上的"准"，以达到扩大学习者的知识面，熟悉了解西方民族语言文化背景，加深对英语语言的表达习惯和思维方式的认识。

英语写作课程能够使学习者学会运用正确的词汇选择，进一步熟悉和应用规范的写作文体格式，清楚表达作者的真实意图。重点课程建设是一项长期的重要教学过程和教学环节，要建出成效。在重点课程建设过程中，一方面要组织教学实验，包括对学习者的实际语言能力、文化背景、学习习惯、学习心理、学习兴

---

[1] 刘晓玲. 英语课程教学论[M]. 长沙：中南大学出版社，2014.

趣、知识结构等方面的调查研究等；另一方面要加强信息资料的分析研究，从理论和方法上开展相关性的科学研究，交流教学实践经验，在实际教学各个阶段的目标要求上取得共识，不断创造条件，加强师资队伍的业务素质，培养师生的创新意识，注重重点课程建设的学术性、实用性和推广性。通过重点课程建设促进学科建设，使学习者感受到教学方法的创新，知识结构的变化，对新知识产生兴趣，增强学习者的学习信心，为全面提高教学质量，突出教学特色奠定坚实基础，为大学英语教学的发展打造一个良好的发展平台。

（三）英语教师的作用与素质

多元文化教育从另一个角度来说，其实是教育变革活动。在我国多民族体系中，需要让各少数民族在文化教育、意识体现、自我认知等方面更加健全，满足其需求，其根本宗旨是让不同的文化以及民俗可以在经济快速发展以及文化逐渐多元的情况下得以更好发展，保证各民族、各群体或个体之间的均衡发展，同时需要清楚各民族存在相对差异性，需要相互理解，相互推崇。在中国，多元文化教育还有其他称呼，比如多民族文化教育或者少数民族教育。多元并不是说多，多元文化更注重尊重文化，使各民族文化平等，需要有规划地制定措施或者方法，促进各民族及各群体之间相互尊重与宽容，特别是"异文化间的教育"。

1. 多元文化教育背景下英语教师的主导作用

在教育教学过程中，英语教师是不可或缺的，是多元文化课堂的主导，是课程的构造者和领航人。一直以来，我国教育课堂相对来说比较单一，主要以讲授为主，随着多元文化发展，英语教师对教育教学的影响逐渐增大。

英语教师不仅要会教授英语，还需要具备各方面素质，比如具备更加开拓的思维，更加优异的语言素质，更加切合学生发展的教育方式，等等。当然，他们还需要根据我国文化以及社会经济等方面，全方位考虑，懂得我国教育体制以及文化等，才能培养学生的自主能力。

教学上，英语教师要不断学习，从多方面提升自己的教学水平；在教育教学过程中，要明确教学方向与教学目的，根据课程规划开展教学；在英语实践过程中，英语教师所扮演的角色不再是教师，而是朋友，只有这样，才可以让学生在组织语言的过程中更加放松，表达出更好的效果。

2. 多元文化教育背景下合格英语教师的素质要求

（1）专业文化知识素质。要成为一名合格的英语教师，需要具备多方面的教育教学素质。首先，需要接受系统的教育教学知识，懂得教学过程的规划设计以及语言运用方式，不论是何种语言，都需要有良好的语言表达能力；其次，需要与国际接轨。英语是国际通用语言，相应的，教师的英语文化底蕴也必须具备。因为语言涉及各种语法词汇等微观事物，以及人文研究等宏观事物，教师需要具备相关方面的知识体系以及相应的准确性，才能提高教师自身以及学生的语言系统及潜能。

总之，英语教师的知识和能力可总结为"What""How"和"Why"。"What"指英语教师应具备的英语知识和能力；"How"指英语教师必备的教学方法和教学技巧；"Why"指英语教师应具备的理论知识。只有具备广泛而综合知识的英语教师，才能取得教学成功。当然，除了上述所说的素质与知识体系外，英语教师还需要其他方面的特性，比如性格与才情以及语言组织能力、概括总结能力等，这些综合起来才能成为一名优秀的英语教师。

（2）教育理论与教学科研能力。要成为一名合格的英语教师，需要将教育教学理论知识与教学规划以及科研探索能力相结合。在教育教学过程中运用教育学原理结合心理学等知识，让学生喜欢英语，更有利于提高学生的组织能力以及观察能力。在整个教学过程中，不断探索与总结是每一个合格英语教师必须具备的能力。教学离不开科研，好的教育必须有科研作为基础，英语教师需要在科研方面不断发展，改革原有英语教学方式，拥有一套独特的教学方式，不断适应当今的社会经济与文化发展，不断提高自己。教育教学要更好地发展，学术研究是必不可少的活动。

（3）道德情操与教书育人。教师作为教育行业从业者，在教育教学的过程中必须具备道德情操与基本素质，在如今经济发展与文化全球化，学生需要培养自主意识与热爱生活、热爱祖国的积极型人才。作为多民族的中国，各民族学生需要共同发展，不能因为民族性质而出现偏差性教育。教师也不能因为学生性格或者好坏而差别教学，只有这样做，才可以让学生更喜欢学习，从而建立积极活跃的教学氛围。

3. 多元文化教育背景下英语教师自身素质发展的对策

（1）教师在教育教学过程中离不开自身素质的培养与提高。英语教师在英语学习以及教学传授等方面需要不断增加自身的知识储备，还需要根据各民族学生性质以及当地的文化差异实施教学，所以民族文化以及民族教育理念也需要不断学习与了解。英语教学还存在很大缺陷，对于如今我国大学教育，各教育工作者普遍偏重于课堂教授课程，缺乏一定的实践活动，教师也缺少相应的文化理论，导致教学过程不能与当代文化以及社会科学等相结合。英语是一门世界性语言，也是我国各民族、各大学必须存在的课程，教师需要有更加开阔的眼界与认知，了解多元文化背景下的语言系统，不断提高自身素质与知识构架。

（2）大学英语教师的培训。我国英语教学与国外教学还存在一定差别。我国英语教学除了业务基础教学外，还结合了相应的社会政治教学。政治思想不同于业务基础教学上的英语读写听说等课程教授，而是更加侧重于我国政治体系，比如热爱祖国，对祖国、对社会具有责任感等方面。

任何语言方面的教育教学都离不开本国或者本地文化，文化影响语言的组织与语法等。对于英语来说，每个词汇的意思均有其出处，不同国家与不同民族的文化背景影响着词汇的发展。相对于我国的汉语语法，英语的语法规定等要求相对较多，之所以不同或者说语言推敲方式有差，均是因为文化背景以及文化底蕴等不同。如我国各民族语言系统的不同，对于英语来说也存在民族或者地域的不同，各地域因其文化特色或者风土人情等不同，直接影响语言整体结构与说话思维。英语整体相对简单，文章侧重于直接叙述；汉语更多的是意会方面，需要读者了解作者的思想，从而剖析其含义，前后衔接表述其思想。上述内容说明，各国语言均离不开各个国家以及各地区的民俗文化，单纯地谈教学、背单词等并不能学好一门语言。

如今，英语教育越来越注重英语教师的文化素质，为此英语教师应在学习教学规划、教育知识时与相关民俗文化及国家文化等相结合，让政治文化以及社会经济贯穿于语言。

（3）大学英语师资的整合。我国英语在教育教学过程中有着非常重要的地位，随着全球化的发展，英语原有的讲授体系已经不能满足如今的教学，英语教师需要与时俱进，增强自身各项能力与素质，同时增加自己的知识面。

（4）经济发展、社会发展直接影响文化的变化。多元文化下的教学模式要真正做到变革与创新，需要教师思维的更新。只有教师各项思维能力以及各维度认知不断更新，教学过程与规划才能做到推陈出新，从而提升教学水平。所以，教育教学过程中首先要改变的是思维教学，摆脱固有模式，让学生真正融入教学课堂，从而增强学生的实践应用能力。

（5）英语教学从字面的意思来看是讲授英语。德育是随着社会经济发展以及各民族文化融合发展而来，德育不仅可以让学生生成正确的价值观，同时英语教学的德育更是开拓学生思维，向世界观方向发展，因为英语教学离不开科学的世界观。教学属于教育，英语教学同样是学校教育的科目之一，基于其性质，英语教学对于学生具有极大的教育意义。

每个国家都有其文化背景，语言在文化背景基础上逐渐演化，虽然学生学习英语，但是也要坚定自己的文化素养，批判地接受英语观点，这就需要德育的加入，结合我国国情与英语教学，开展教育教学。当然，德育并不是简单地空谈道理，更重要的是让英语教学与社会文化规律相结合，在不断整合的过程中，让学生切身体会英语文化，而教师在德育教育过程中起着主导与表率作用。

（6）加强多元文化教育背景下英语师资队伍的建设。

首先，随着多元文化发展，英语教学占据更加重要的地位，要拥有越来越好的师资力量，第一步是培养人才，并不是会说英语就可以成为英语教师，而是需要采取特定公正的方式，通过各种途径选拔教师，建设强大的师资队伍。

其次，优秀的教师团队也需要不断更新，需要根据实际情况不断规划教育教学，从而建设高素质的师资团队。当学校出现师资力量短缺时，要根据自身需求培养或者从其他学校聘请高素质教师，但并不是说数量多就是好的团队，更重要的是需要教师通过后期不断学习，了解社会发展以及经济需求等，结合社会整体发展，从而调整教学；还可以为英语教师提供出国留学深造的机会，或者引进外来教师，加大师资团队力量，我国在这方面也有相关的优惠支持政策，从而促使教学教师在自身专业以及整体教育教学观念上得以不断提高。

最后，教学教师在教学以及知识能力学习过程中应该具备一定的主动性。根据学校以及社会中的活动或者奖励措施等，促进教师教学和学习的积极性。一个有规划且能力强的教师，在教学过程中起到的作用是双倍，甚至是多倍的。因此，大学可以通过奖励机制或者外在福利措施等，加大教师主动性，比如教学环境的更换、教学设备更新以及免费培训等。

（7）除了大学自身采取的措施以外，社会相关部门也可以采取一定措施，而组织培训是一个很好的方法。通过一系列教育教学培训，可以快速直接地提高教师教学素质。

（8）中国是多民族国家，英语教学不是一个民族的事情，而是需要各民族齐头并进，少数民族的英语教学也是教育的关键，也需要在相应的教师培训方面，甚至是教材更新、课程规划、语言实践方面不断推陈出新。

二、多元文化英语课程的目标

第一，为学生创建学习异质文化的平台。学校教育应该为学生系统学习某一异质文化（包括语言）搭建平台，教授理解该异质文化所必需的基本技能，使学生能够尊重及深刻理解该异质文化。语言作为交流工具，承载着特定的文化，所以教育应该重视任意形态的语言课程文化。

第二，尊重接纳世界的多元文化。积极了解多种文化，发现多种文化蕴含的共同性，找到多种文化对美好生活的追求，扩充对人类的认识，理解社会平等正义的法则。取长补短能够促使个人文化进步，能够真正了解"自己的文化"，能够通过一定方法和技能，研究其他异质文化的形成与本质，两者相互对比，取长补短。维护文化平等，需要改变心态，用更开放的眼光看待世界，看待自我；也要改变思维方式，从多角度考虑问题、概念，从而认识文化不同维度的价值。

第三，对比反思对本国文化的审视。异质文化学习扩展了学生的视角，能够有机会从另一个角度审视本国文化，通过开展多元文化教育，学生学习异质文化，对比本国文化加以思考反省，打破曾经对一些现象认为"天经地义"的固有观点，对隐藏在文化现象之下的预定性假设，有新角度的思考。

帮助学生在多元文化社会里构建个人的文化观，包括对自己的文化形成的反思、价值观、信仰、行为方式等。文化繁荣昌盛的基础是对个体的独特性进行充分尊重，使个体独特性能够得到自由发展。不可否认理解自己与理解他人是相互影响，相互促进的过程，在多元文化教育过程中，通过对异质文化的理解，也更加加深自己的文化理解与发展。所以，多元文化教育要求更加加强对本国文化课程的重视。

三、多元文化中英语教师的角色变化

（一）教师与学生主客体关系问题的不同角度

（1）"教师主体，学生客体"说的观点认为，在教学过程中，教师是主体，学生是客体。教师是教学过程的执行者，是教授、影响活动的发起者，而学生是教学过程的对象，是教授、影响活动的接受者。

（2）"学生主体"说的观点认为，在教学过程中，学生是教学的主体，把教学过程定义为学生认识教材、获得发展的过程，学生是承担者，理应是主体地位，而教材是这一过程的客体。

（3）"学生双重地位"说的观点认为，在教学过程中，学生是主体也是客体，具有双重身份属性。一方面，学生是学习活动的执行者，从这个角度讲，学生是主体。另一方面，学生又是教师教授、影响的客体。

（4）"教师和学生都是主体"说的观点认为，教师和学生都是教学过程的主体，因为他们都是人，都有目的性、能动性，是各项活动的从事者，都占有主体地位；作为物体的教材是教学过程的客体。

在英语教学过程中，主要从以下三点认清和理解教师与学生之间的主客体关系：

首先，教师要发挥主体性，承担教的责任。客体的特点和变化规律是主体活动的前提和依据，主体性的发挥通过客体起作用。在教学活动中，学生是具有主观能动性的人，教师的主体性要得到有效、恰当发挥，应该充分了解学生的特点和学习规律，并且要遵循利用这一点做好教学工作。

其次，学生要发挥主体性，做好自我调控。在学习过程中，学生应该积极确定学习目标，制订学习计划，主动进行学习，并在学习过程中自我调控。对此，教师要利用学生的主体性，起到引导作用。

最后，理解教师和学生的主客体关系仅仅是认识论中的两个概念，仅表示认识活动的执行者和认识活动的承受者两端关系，而不承担任何道德或法律责任。教师和学生存在主客体地位上的差异，不能理解为在法律和道德上，教师和学生不平等；也不能因为追求法律和道德层面上师生平等，而忽略他们在认识论中存在主客体的差异。

（二）教师助力学生理解英语

"教师使学生懂英语"仍然是一个使能过程，不同于掌握技能和学习本领的使能过程，这一过程是促进学生通过动脑筋，学习语言知识的使能过程。这一过程不是学生的行为过程，而是学生的心理过程。学生不是在这一过程中学会做事，而是在这一过程中扩展自己的思维活动，学习新的知识。在学习过程中，教师只是学习的使能者和帮助者，而学生才是学习的关键参与者，是教学的中心。

（三）教师助力学生学会英语

"教师使学生学英语"，在学习英语过程中，学生是教学过程的行为者，是教学的中心，教师是学习的使能者，通过各种手段帮助学生达到目的。如教师在帮助学生学习的过程中，可以使用各种现代化技巧和设备。

现代教师对教学的认识，首先应考虑学生，把学生作为教学主体，而教师只是扮演指导和帮助学生的角色，帮助学生达到学习目的，此种认识、方法、程序更符合"教学模式"。

（四）发展学生语言的意义潜势

"教师使学生成为讲英语的人"，该观点认为，教学过程是关系过程。教学是使能活动，但是使能的目的是学生成为能讲目标语的人，不只是使学生做某件事。

教学目的是让学生掌握目标语，并用目标语表达实际意义。其包括三层含义，一是学生掌握有关语言的知识；二是学生掌握语言表达的能力；三是学生学会用所学的语言说话。

教学过程是一种活动，被看作一个过程，学生和教师都是主要参与者，即使是心理过程，教师也不是"感受者"或者"现象"，而是控制者，是让学生做事情的人。但在这一过程中，教师具有不同的作用。一种情况是，教师作为控制者、行为者，学生作为目标，学生是被动的，只能接受教师所传授的知识，教师传授的都是其认为重要的内容；另一种情况是，教师越来越淡化自己的作用，而突出学生的主角和中心地位。比如教师让学生指定动作和活动，教师只做教练一样的训练者；学生是活动的进行者、行为者，教师只是指挥者；教师让学生从事一系列学习活动，自己只作为组织者。从中体现现代语言教学理论和方法的发展趋势。最后一种综合模式要求教师根据具体需要和不同阶段，选择不同的方法。

英语知识的学习只是辅助的，有利于促进英语学习，但不能代替英语技能的训练。英语教学的较高目标模式应该是综合性的以发展学生的意义潜势为主的目标模式，但最高目标应该是培养学生的跨文化交流能力。

第二节 大学英语教学改革与多元文化理念发展

一、多元文化理念下大学英语教学理念的改革

伴随时代的变迁以及教育的不断深化改革，大学英语培养要求及目标要求越来越严格，对于英语教学的开展而言，可谓是巨大的考验。英语教学的改革可以说是大势所趋，只有不断完善英语教育教学体系，才能够让英语教学逐步趋向专业化、现代化、多元化。

（一）从分离趋向融合

从整体上，可以将英语教学分为公共英语以及专业英语两大类，前者是由各大学校的英语部直接管辖，后者则是由英语系管理，两者之间并没有紧密联系，并且所负责的工作也存在一定差异，主要体现在公共英语教师只负责有关公共英语的教学，具体来说，主要负责英语四六级以及重点培养学生的五大英语基本技能。

专业英语与公共英语之间还存在彼此分离的状态，此种现象在各大学校普遍存在，对正处于英语教育起步阶段的学校而言是容许的，并且可以有针对性地实施教学方案。因为传统教学大多数都存在此种分离现象，培养出一批又一批卓越

的大学生，而且这些大学生在社会发展过程中起主导作用。随着改革开放的不断深入，我国的英语教学水平获得显著提升，尤其是经济发展较快以及大学较为集中的地区。由于英语教师的专业化水平、教学素养不断提升，教学方式必然会发生一系列变化。

值得一提的是，上述提到的分离现象也有一定好转并且逐步趋于融合，最终目标则是让公共英语完全实现专业化。此种转变必然会伴随众多问题的发生，不排除存在多方排斥的可能性。这一现代化教学模式的众多方面与传统英语教学都存在很大差异性，使得一部分适应传统教学的人难以接受。

（二）对语言本体的重新认识

语言作为人们社交的基础，也被人们认为是最为重要的交际工具，随着人们对于语言研究的不断深入，国内外各界人士纷纷表示，语言不仅用于交际，更重要的作用是承载历史文化以及文明成果。

英语教学工作的顺利开展离不开语言工具论，工具论是教学的主导思想。一门语言的学习，实际上是能力的逐步养成，首先从听、说、读、写、译五方面能力加以培养。英语教学最终都是为了培养学生能够独立开展交际，交际能力不仅是学生表达的体现，也是学生综合能力的体现。

之所以将语言视为交际工具，主要有以下两个原因：

其一，英语作为国际通用语言，若与他人沟通无障碍，必须熟练掌握英语，无不体现语言工具论的思想。单纯学习英语知识是远远不够的，还需要正确使用并合理运用英语。随着教学的深入、理解能力的提升，对于英语学习的要求也在逐步提升，从中小学阶段的学习基础知识转变为大学阶段熟练掌握并运用英语。

其二，语言是思维的重要体现。人类在开展各类活动时离不开语言，人的思维一直依赖于语言，可见语言与思维密切相关、相互影响。英语专业一直作为语言学的重要分支，对于语言思维的研究是大学生的首要任务。当深入地了解语言思维后，才能够更好地理解与感悟这门语言，进而不断完善自我。

英语逐渐与经济全球化联系在一起，是因为英语本身是用于交际的工具。两者可谓相互渗透、相互影响，英语的发展促进经济全球化的发展，经济全球化又反过来影响英语的传播。但这种理解不够深刻，真正与语言密切相关的还是思维，最初，人们只探索人与人之间的关系而忽略语言与思维之间的内在联系。大多数对于真理的理解还停滞在初级阶段，认为真理就是固定的概念或客观实施，其实不然。真理实质上是动态的过程，语言恰好在实现这一动态过程占据主导地位，因此语言说出的不仅是当时，也是过去。

二、多元文化理念下大学英语教学目标的改革

在大学英语教学过程中，主要目的是引导学生对于语言的背景文化有较为深刻的理解，着重培养学生跨文化以及跨地域交际能力，而不是单纯地将其视为一门语言进行教学。在人文教育中，语言学习扮演着十分重要的角色，在一定程度上起决定性作用。随着经济全球化进程的加快，英语学习显得格外重要，至于学习的优势与作用，下面将会展开具体阐述。

学习英语可以锻炼人们的交际能力、理解能力以及写作能力，掌握好英语以及数学分析是迈向新时代的基础，而大学则是掌握这些技能的最好时期，如果在大学时代没有掌握好或长时间不使用这些技能，学生的学习与生活必然会受到影响。

在经济全球化中，英语作为扩张文化的手段，如果能够具备出色的沟通交流能力、深入了解国外文化、风土人情，无疑在与外国人的交流中取得一定突破，对于宣扬本国文化也有一定的推进作用。因此，设计大学英语课程时应当充分考虑对学生的文化素质培养和国际文化知识的传授。

（一）母语文化与目的语文化的定位

学习任何一门语言时都离不开母语，母语是学习英语的基础，只有掌握好母语文化，才能够在与他人交流中站稳脚，而母语教学并不属于英语教学范畴，并且母语文化教学也不是英语教学所能完全承担的。大学英语涉及的内容十分广泛，并逐步趋于多元化。英语作为国际通用语言，除了母语是英语的国家，众多地区也开始将英语作为官方语言，对于大学生而言，学习英语势在必行。

众多大学生也开始重视英语的学习，并且将其视为国际交流语言，主要用于与使用英语国家的人进行沟通交流，也可以与其他逐渐普及英语的国家的人士进行交流。英语教学的内容也在逐步扩大，但由于大学英语所划分的课时十分有限，

只能将这些额外内容以选修课、语言实践课的形式展开，是为了更好适应社会发展并紧跟时代步伐。

目的语文化在大学英语教学中占据主导地位，可以说是英语教学中最为重要的内容，也是学习语言的精华所在。之所以重视目的语文化教学，是为了让学生能够建立文化身份并对其产生深刻理解，只有学好目的语文化，才能够更进一步了解母语文化。

值得一提的是，学习目的语文化也是为了开阔学生眼界，从而建立起中国文化与世界文化的联系，清楚认识到中华文化是世界文化的重要组成文化。

（二）学生具备的程度与能力

下面就学生需要具备的三个层次能力：

其一，学生在母语表达方面需要流畅自如，是对学生最基本的要求。如果从西方人的角度出发，中华文化属于他国文化范畴，只有中国人将本国文化流畅自如地表达出来，才能够将其带入西方文化，不至于被西方文化所淹没。

其二，学生需要深入了解并探索本国文化内涵，具备一定理解能力。如果从学生的角度出发，目的语文化也是"文化上的他者"，只有深入了解本国文化，才能够更好地接受他国文化，打破文化障碍束缚。

其三，最深层次的能力，也是学生学习他国文化的最终目标，使学生逐步成为跨文化人，只有进行角色互换，才能够让学生更好地融入目的语文化，并且能够站在第三方的角度剖析目的语文化，进而全面认识自我。

三、多元文化理念下大学英语教材的改革

（一）通识教育视角下的大学英语教材

大学的教学目标不仅是教导学生学习传统的书本知识，还要注重培养学生的综合能力与心理素质。学生在大学期间的学习经历，需要系统地掌握知识，对所学知识体系能够有完整的认知和架构。只有对知识体系有完整的认识，才能够将相应的知识很好地运用在其他学科的学习过程中。

英语教学作为传统的语言教学科目，在大学生的人文教育和心理培养过程中扮演着不可或缺的重要角色。除此之外，英语的教学过程中不可避免地要涉及对

西方文化的了解和学习,在学习过程中正确地将西方文化与传统中华文化相结合,是英语教育的核心任务。

通识教育作为实践性较强的人文传统,通识教育与博雅教育两者相互影响、相互促进,但一些方面还存在一定差异。通识教育中,最重要的是外国语言及文化。如果以美国大学为例,通识教育始终在美国大学课程中占据主导地位,对于通识教育而言,英语教育也扮演着重要角色。下面以哈佛大学以及耶鲁大学展开具体论述。

对于哈佛大学而言,其最为核心与重要的课程涉及十多个方面,位于首位的是外国文化;对于耶鲁大学而言,则只从三个方面展开教学,即社会科学、科学、艺术。针对人文艺术的课程,耶鲁大学十分重视学生英语语言以及文化的培养,不断吸收并借鉴他国优秀传统文化,其将人文学科渗透进英语学习中。学习语言的最终目的绝不是只为了交际,更多的是不断进行思考与分析,深入了解语言背后的文化底蕴,凭借人文主义思想,让外国语言以及文化慢慢走进通识教育,进而成为其中一分子。

(二)大学英语教材中母语文化的体现

作为语言教学,学习过程中应当最大限度地遵循中国传统文化,保证文化平等,交流无碍。同时,在传统英语教学过程中,要制订详细的教学计划和教学大纲,注重中华民族传统文化的培养,努力做到文化互通,地位相同。不同的教材中涵盖不同的中国传统文化,因此在教材选择上,一定要仔细斟酌,保证在不干扰正常英语学习的情况下,培养学生的中国传统文化意识,让学生热爱学习,热爱传统。在学习过程中,领略中华民族传统文化韵味和魅力,培养学生的文化平等意识,保证学生在日后的交流和学习中能够正确传输中华传统文化。

在语言教学中,教材的重要性不言而喻,不同的教材涵盖不同的传统西方文化,对于学生文化观念的形成和教育目标的培养有着重要影响。如今的英语教材,大多数介绍西方文化,对于中华民族传统文化只字不提。对此,学生在学习过程中易受到西方文化影响,对于传统文化的运用和理解越来越少。为此,在英语教学教材中加入中华民族传统文化势在必行,新型英语教材的编纂者应当对中华民族传统文化取其精华,去其糟粕,将传统文化中的经典著作融入英语教材中;加强学生对于中华民族传统文化的理解和认知，增加学生学习中华民族传统文化的使用途径和方式，让传统英语教材不仅能够提高学生的英语学习水平，还能够保证学生学习到传统文化知识，提高学生的人文素养和英语运用能力。

除英语教材，在教学过程中，英语教师应当具备一定的中华民族传统文化素养，并将之融入相应的教学课程中，使学生具备听、说、读、写等英语专业能力外，还应具备相应的中华民族传统文化素养，具有一定的跨文化交际能力。对此，要求英语教师具备较强的专业能力和刻苦认真的教学态度，根据学生的具体学习情况，在不同的学习阶段制订不同的教学计划和教学任务，最大程度上保证学生的学习积极性和传统文化的理解运用能力。

如今的英语教学环境和大学英语教师在教学过程中的各个方面都有长足的进步空间，相关部门和机构应当加强英语教师的教学要求，培养英语教师的教学能力，改变传统的教学策略。

除了教学能力和教学策略外，大学英语教师还需对西方文化和传统中华文化有一定的认知和了解，能够对比两种文化的优劣，并通过授课的方式将其传授给学生。由于中西方传统文化的巨大差异性，部分英语教师还不能够将中华传统文化熟练地用英语翻译和表达。对此，应加强对相关英语教师的培养和考核，保证每位英语教师都能够熟练地在教学过程中逐步渗透中华民族传统文化。要改革和转变今后大学英语培养目标，除了相关的硬件设施外，还需要严格要求英语教师的各项能力，保证在教学过程中让学生了解到传统文化，从而实现相应的跨文化交流。

四、多元文化理念下大学英语教学方法的改革

（一）新兴的语言方式——自主学习

自主学习逐渐成为新型的学习模式，在如今经济文化发展的社会，单纯地依靠教师被动教学，学生简单学习，已经不能满足现在对于语言的需求。语言不仅是表达，更是各方面融通的技巧，要真正运用语言，必须有自我意识地学习，在更多实践过程中提升自己。

经济发展的趋势必然是信息化，如今我国信息化教学已经逐渐走入课堂，将直接摆脱原有黑板写字的弊端。随着经济社会全球化发展，新的信息教学也需要

日益革新，在信息教学基础上不断拓展学生的认知与自主意识，也是信息化教学革新的重要方面。

1. 自主学习能力的认知

自主学习能力包含多方面因素，比如自主学习意识与学习智力因素，或者学习方法的选择以及学习中遇到困难的抉择，甚至是对于所学知识整体的运用与拓展等，如何获得个人所需资源同时运用所学解决困难，等等。自主学习能力是懂得知识以及学习后的拓展，是自主学习与自律运用的双重认知，只有将两种认知相切合，才能真正发挥自主学习的导向作用。

首先，自主学习是通过各项过程与知识的运用，是对自己所学真正做到主导，是投入与参与的过程。在学习过程中，学生要有对所学事物积极探索的精神与意识，任何事物只有在不断探索、实践中，才能真正领会其思想，只有真正理解，才能洞察其中的规律。因此，学习主体需要在学习过程中建立主体意识，通过自身探索了解事物，洞察其意，通过这种途径，才能真正做到自主学习。

其次，在自主学习过程中会遇到多方面的干扰，需要在干扰不断变化时调整学习方式与学习态度。整个学习过程在与环境的相互依存和相互影响过程中不断地变化和调整。

综上所述，个体的整体学习规划，在充分体现自身自主能力的同时，还要与周围整体环境相结合，内外兼修，才能充分发挥自主学习的能动作用。

2. 自主学习的影响因素

（1）观念和心理因素。身为教师，主体作用是在教学过程中将知识传授给学生，同时解答学生疑惑，这种教学方式从古一直延续至今，虽有其好处，但是随着经济发展，其弊端也逐渐显现。多元化的时代不仅需要学生了解知识，更重要的是运用知识，因此要培养学生的自主学习能力，从不断积累的知识体系中摆脱固有的学习模式，增强自主学习观念与心理。

（2）环境与支持因素。随着经济化快速发展，信息化教学逐渐走入课堂，信息化时代对于学生来说也存在更多诱惑，在各种信息配件基础上，让学生获得更多知识，开拓思维的同时，学会管理自己。因此，教师在课堂上有两项引导作用：第一，教学支持。提供教学辅导、答疑、作业布置与批阅、组织小组讨论、学习方法指导等；第二，服务支持。提供实验实习、自学、小组活动所需的场所，必要的多媒体设施，丰富的材料等。

3. 自主学习的培养

（1）为学生创造轻松、愉快的学习氛围，充分调动学生的学习积极性。信息化时代，多媒体教学可以让学生了解更加生动形象的教学资料以及知识，同时兼具趣味性，集中学生注意力。

教育教学趋向于平等教学。调动学生学习情感。平等、民主、轻松和谐的教学气氛，可使学生无拘无束、敢说敢做、学习热情高涨，感知、记忆、思维、想象等认知活动更为活跃；而那些过分严肃、呆板、紧张恐惧的教学气氛，就容易使学生出现厌倦、懒惰、注意力不集中等现象，他们上课只是应付教师，被动地学习，学习效率低，严重阻碍了自主学习能力的形成和发展。课堂上的教学气氛，学生的态度情感对教学效果有着很大的影响。

学习不仅在于课堂，学生学会规划学习也是必要的内容。学生拥有自己的规划，任何学习都能充分调动积极性。

（2）媒体的合理使用不仅可以拓展学生的自主意识与发展潜能，对于知识的发展与创新也十分重要。在教育教学过程中，学生的发散思想以及创造性思维必不可少。创造性思维与创造力是发散思维的发展，通过各方面的联想以及想象，可以很好地将个人所知道的资料以及学到的知识联系起来，从而形成对自己更加有力的知识体系；将所学与整体环境相结合，增强个人创造力。因此，社会经济与科学要发展，离不开创造力；创造力的发展离不开思维的发散与联想。

（二）提问——活跃课堂气氛

英语属于语言的一种，对于语言来说，最重要的是实践与沟通，尤其是对于英语来说，并不是学生的母语，所以更需要通过不断学习与实践，增强语言运用能力。对于教师来说，英语教学更是重中之重，英语课堂需要更多的教学规划，从教学课堂开始就以提高语言能力为目标；在教学课堂中结合整体环境进行课堂提问。提问过程中还要需注意：

（1）思维的发展不是凭空而来，需要不断地启发。教学过程中需要充分发挥学生思维能力，让学生学会自主考虑与思索。以教学为引导，启发为过程，通过课堂规划设计,切合学生学习环境,针对课堂与学习中各种问题与知识体系开展启发式教学,可以把握教学过程中每一个点,最大限度地发挥学生的自主意识,探索精神。

(2)语言并不是教给学生语法,因为每一个学生对于语言的了解有所差异。教师在提问时要根据学生认知体系进行提问,需要教师充分了解每一个学生对于知识的学习进度和语言沟通能力,只有这样,教师在提问的过程中才能针对问题选择学生,针对学生知识体系,增加学生学习认知与实践沟通能力,活跃课堂气氛,增加学生主观能动性。

(3)提问过程中可能会遇到各式各样的问题,针对这些问题,教师需要采取不同的方式处理。语言本身是一种十分复杂的学习过程,各种人文环境等均会对语言有所影响,在学生出现错误时,教师应给予矫正。对于此种情况,专家们的观点存在一定差异。其中主要分为行为主义心理以及功能派心理。两种心理均认为语言学习过程中犯错属于正常现象,但是行为主义更强调错误以后立即改正,而功能派则强调语言的交流,错误是不可避免的,但是可以完善语言行为。

(三)英语竞赛的教学方式

心理学家的观点是学习在很大程度上需要依靠兴趣推动,其动力可以让学生不畏艰难、勇于探索。因此,教师应时刻在教学中关注兴趣这一问题。要提高学生的学习兴趣,既可以使用多种教学方法,也可以利用直观的教具;可以通过组织英语竞赛、游戏实现。学生参与活动可以增加英语学习的积极性,增强他们的自信心,让学生勇于开口说。英语游戏又可以让紧张的课堂气氛变得轻松和谐,让学生不再疲劳,从而打起精神好好学习。

因此,教师在正常的教学过程中,应随时发现课文中有助于组织英语竞赛、游戏的材料。如在讲构词法时,教师可以先列举几个词,然后进行词汇竞赛。如在讲到"micro"这一前缀时,可以告诉学生 micro 意为 tiny(微小的),然后由学生抢答由 micro 做前缀的其他词,如 microcomputer(微型计算机)、microworld(微观世界)、microphone(麦克风)等。在课前、课间休息或临下课几分钟时,可为学生播放一些优美的英语歌曲,并把留有空格的歌词印发给学生。学生对"Do. Re-Mi""Jingle Bells"等歌曲十分感兴趣,则会跟着录音反复学唱,希望把所缺的歌词听出来。对于这些游戏，学生会认为具有吸引力，不仅能消除疲劳，活跃气氛，而且可以帮助他们训练听力和语音，还有助于记忆单词。

在英语教学中，使用竞赛和游戏的方式会让学生感到更加轻松，从而使学生产生浓厚的学习兴趣。学生在课堂中为赢取游戏的胜利可以积极发散自己的思维，从而让课堂气氛更加活跃。但这些方式只是教学的一种手段，最主要的还是让学生融入课堂，在有限的教学时间里实现更好的教学效果。

总而言之，学生在教师的引导下通过语言产生的交际行为就是英语的教学过程。教师在进行课堂教学时，不仅要充满热情，还要做好课前的准备工作，让学生沉浸在课堂的教学氛围中，让每一位学生都能在教师的教学中获得相应的收获。

第三节 基于跨文化交际能力培养的大学英语教学创新发展

在跨文化交际中所用到的能力就是跨文化交际能力，指在语境中使用的交际行为既要合适，也要有效。文化背景存在差异的人们所进行的交际就是跨文化交际，因此，交际中最不能缺少的是"合适性"和"有效性"。

在跨文化交际过程中，交际主体的行为要符合当前语境，而且要用与对方相同的思维来进行思考，并作出与之相符的反应。如果交际者要在跨文化交际中实现交际的有效性，具有良好的跨文化意识必不可少。[1]

跨文化交际是不同文化背景的人在同一个交际场合里展开口语交际活动时，所使用的语言为同一种（目的语或母语皆可）。与跨文化交际常见的概念相比，这种描述更加鲜明，是为了满足对外汉语专业的需求而存在。

（1）交际者不同的文化背景。文化圈不同，文化背景就不同，但此概念包

---

[1] 焦称称. 英语语言学视阈下大学英语教学创新——兼论《大学英语教学改革与创新研究》[J]. 染整技术，2018，40（12）：7-8.

含很多范围，如文化圈相同，但内部亚文化不同，也在此范围之内。站在对外汉语专业的角度，中国和西方的文化圈体现得尤为突出，也特指两个文化圈的不同之处。基于跨文化交际本质，很多交际中的误会都是由于不同的文化背景所造成，严重时甚至会产生冲突，这种情况在中西方的交往中比较常见。同样，中国与日本、东南亚等亚洲国家的交际中也会存在不同的文化差异，但这种差异产生的影响较小，是因为同属东方文化圈，在文化背景上存在很多一致的地方。

（2）交际的参与者所使用的语言是一致的。对于交际参与者，使用相同的语言是交际的前提。如果交际参与者所用语言不同，便无法产生交际。在交际中，一方的母语会成为另一方的"目的语"，这便是双方的交际语言。例如，汉语和英语都可以成为中美双方人际交流的语言，双方使用相同的语言便不需要翻译。

（3）交际双方使用语言进行直接交际。英语教学界已经成为中国研究跨文化交际的主战场。跨文化交际是英语教学的关键组成，其中笔译和口译是研究的重点。因为当英语专业的学生毕业时所选择的工作基本以对外交流为主，而熟悉两种语言，可以为跨语言交际提供翻译，则是这项工作的主要内容。可以说，处在不同文化背景下的双方需要"翻译"才能进行沟通。但从对外汉语专业的角度来说，教授外国人学习中文和将中国文化向外传播是此专业的重点，而双方的直接交际则是关键，交际任务不能只依靠"翻译"进行。因此，语用规范比翻译更为重要。

（4）交际形式为实时口语交际。从形式上看，跨文化交际种类丰富，如单项交际和双向交际，前者通过媒介，后者则在现场；通过商品、演出或画报等物化形式的符号，或者通过语言文字完成交际；交际也可以采用如信件等书面形式，口头交际也可以。这里所说的是双方在交际过程中使用的口语。除此之外，跨文化交际也包含书面语，也就是双方在口语交际中产生的文字交际。

一、跨文化交际的作用

（一）减少交际摩擦，消除不同国家间的交际障碍

如果不解决交际障碍并任由其发展，会使其变为交际摩擦。轻度的交际障碍会让双方对彼此的信息不够理解，而严重的交际障碍则会发生误会或是冲突。可

以发现，造成经济损失是跨文化交际摩擦带来的后果。要让具有不同文化背景的人在跨文化交际中减少交际摩擦，使沟通更为顺畅，需要开展跨文化交际研究。

不同的民族之所以会有不同的文化，是因为自然和社会环境不同，历史不同，所以造就不同的文化，也必然会产生不同的民风民俗和行为规范。在跨文化交际过程中，如果不够了解对方的文化，会对对方要传达的意思产生理解上的偏差，从而导致交际障碍的出现。因此，只有在跨文化交际研究过程中对民族文化之间存在的差异有足够了解，才能避免交际障碍的出现。

（二）顺应全球化的发展趋势

生产力的提高昭示着全球经济一体化的迅猛发展。经济是发展的命脉，任何一个国家和民族都离不开经济，而不同国家之间的文化、贸易、科技等，也随着经济的快速发展而有了更多交往，这些交往可以是合作、援助或谈判，也有可能是冲突或战争，不仅促进世界的多元化发展，也让当前的局面异彩纷呈。这些交往都要依靠人与人之间的沟通才能实现，而外交是跨文化交际中最具代表性的舞台，其最大的看点是人与人之间的沟通和交往。

现代技术进步打破了人们在时空上的交往限制，却没有拉近人们在心理上的距离。民族和国家不同，文化就会存在差异，必然会产生不同的民风民俗和历史，价值观和思维模式也会存在差异，而这些差异都是导致跨文化交际产生障碍的原因，人与人之间的交际会因为这些障碍而发生冲突。在种种原因之下，跨文化交际这一学科诞生。跨文化交际活动的增加极大方便了学科的研究。

跨文化交际研究不同群体在价值观念和思维模式上存在的差异，不仅要研究风俗习惯差异带来的代码系统和文化符号的不同，还要研究在不同的交际情境中怎样选择合适的语用规则和交际方式、角色和行为规范会受到社会结构的哪些影响等。研究要注重理论与实践相结合，才能使跨文化交际学科得到完善。

二、跨文化交际的分类

跨文化交际是指所有的在不同文化结构体系下生存的人们之间的交流。跨文化交际的分类也随着不同的要求和标准有所变化。

（1）根据交际范畴的不同可以将跨文化交际分为两类：宏观和微观跨文化

交际。宏观跨文化交际是国际性的交际，这种交际会跨越民族与种族，在不同的习俗与观念中产生，例如美国人与中国人产生的交际。而跨文化交际的微观方面是国家相同而文化圈不同的人们之间的交际，比如地域、种族或民族之间的交际。国内不同民族之间的交际就是微观文化交际。

（2）根据交际群体的不同可以将跨文化交际分为文化圈内交际和文化圈外交际。从属于同一主流文化但个体之间具有差异的交际是文化圈内的交际。例如，阿拉伯圈内不同国家之间的交际；中国南北方地区之内的交际。从属于不同主流文化之间的交际属于文化圈外的交际，两个个体来自不同的主流文化圈，其会由于文化圈的不同而在交流时产生具有差别的表达方式与含义。

（3）依据交际群体的差异可以将跨文化交际分为跨种族交际和跨民族交际。若个体来自不同种族，二者之间的交际就是跨种族交际，若二者具有民族上的差异，那么双方的交际就是跨民族交际。

三、大学英语跨文化交际教学的目标

（一）加强学生的跨文化意识

西方学者汉维是第一个提出"跨文化意识"理论的人。该理论具体指在交际时对文化差异有足够的理解能力，承认文化差异，同时让沟通交流更加有效，让文化障碍尽量避免。跨文化意识要求人们理解自己和他人都是"文化人"的概念，在对待不同国家之间出现的文化差异有足够的理解和包容，能够主动探究，并且在实际交流中可以使用跨文化理论。人们"接受"和"承认"的文化差异并不被跨文化意识所看重，其重点在于人的认知方面。只有对文化差异具有足够的认识，同时给予足够理解并接受这种差异，才能让跨文化交际有更高的效率，让人们在跨文化交流中更加顺利和有效。

跨文化意识是人们在跨文化交际中理解和处理不同文化的方式。但有一件事是人们不得不接受的：构成世界文化的种类很多，都有各自的特色，而且这些文化是人类共同的宝贵财富。文化的地位是相同的，即使有不同的内容，但存在即合理。因此，在跨文化交际中，必须正确对待和理解文化之间的差异，而跨文化交际意识正是实现这一能力的途径。

对跨文化意识更加具体的解释是：在跨文化交际时，能够认识和理解存在的文化差异，并且做到具体问题具体分析；能够及时发现存在的问题并解决；不要让母语文化影响跨文化交际，应妥善解决出现的问题。

1. 跨文化意识中的障碍

有两个方面对跨文化意识产生阻碍：客观因素是不能够充分且深入地认知文化；主观因素是母语方面的干扰。

（1）对于文化认知不充分造成的困难。如果将文化比作冰山，人们看到的只是语言表达、交流方式和生活等表象文化，而隐藏在水下的思维模式、价值观念等文化却很少被人们认识和理解，但深层次文化却决定表面文化。正是由于人们对深层次的文化缺乏足够的理解和认识，才会在跨文化交际过程中出现重重阻碍。要克服阻碍，必须深入理解文化。

（2）来自母语文化对于跨文化意识的干扰。人们看待异国文化的态度，取决于跨文化交际行为。人们如何对待异国文化，则取决于本国文化。在跨文化交际过程中，人们将自己本国的文化放在第一位，很容易忽视其他文化，而且常会将母语文化和异国文化放在同一个标准之上，这一标准也常常是自己的母语文化。其中最突出的干扰因素是"文化中心论"，或称"文化优越感（ethnocentrism）""文化模式化（stereotypes）""文化偏见（prejudice）"，这是跨文化意识的"三大障碍"。人们并不是故意犯这三种错误，很多时候这些错误都是下意识发生的。阻碍跨文化意识的主要敌人是这"三大错误"，很多心思不纯的人会利用这些错误使社会发生冲突，影响社会秩序。

第一，在文化交流的"三大障碍"中，最大的阻碍是文化中心论，也被称为文化优越感。其实，文化中心论也可以造成其他两种障碍。当人们的内心被文化优越感牢牢占据时，会在评价和衡量其他文化时一律依照自己的母语文化标准，认为只要与本民族文化具有相同的价值观念和思维模式就是优秀的文化，但凡与母语文化不同，就不是优秀的文化。可见，文化优越感多来自母语文化。

第二，文化模式。人们诞生于不同的国家和民族，会有不同的文化模式，因此在对待同一事物时会有不同的看法，而且这些看法并不会轻易地发生改变。人们会用固有的模式划分其他民族文化，而且划分方式非常简单，人们也会将这些固有的模式直接套在其他文化上，从不考虑是否合适。不同文化内部的所有成员都具备统一形象，没有任何差别，也是文化模式带给人们的影响。

第三，文化偏见。文化偏见会让人们在对待其他文化时产生歧视，或是不能公平地对待两种文化，人们常会为支持自己的看法而想方设法地搜集资料进行论证，却从不考虑其中存在的问题。

2. 跨文化意识培养的过程

如果要提高文化意识，除了要克服困难，还要意识到跨文化意识的取得，既是一个充满困难的过程，又是一个时间漫长的过程。在这个过程中要脚踏实地，一步一步地前进，才能让文化适应水平和跨文化交际能力达到自己的满意程度。获得跨文化意识的层次，可以从以下四个方面出发：

第一，保持旅游者的心态。这一层次主要特点是从本国文化的视角观察其他文化，往往看到附于表面的且孤立的现象，而且会在一定程度上模式化这些现象，将个例的存在作为普遍现象，将表面现象作为文化本质，并带有非常浓烈的文化偏见色彩。

第二，产生文化休克现象。新文化对于新来者常常会出现不适应的现象，经常性地引发文化冲突和误解事件，这种环境会对新来者产生较大的负面影响，让新来者在思考上不够理智，冲动且易感情用事，从而逃避和抵触新环境和新文化。文化休克的心理有三个表现特征，即忐忑不安、抵触心理严重和无所适从。

第三，在态度上要做到相适应并具备一定理性分析。随着新来者对跨文化知识的学习，会逐渐熟悉新环境，也会和属于新文化的人交流沟通。其表现出的特点是：在面对文化冲突和文化差异时，新来者不再失去理智，而是可以理性、冷静地思考和处理，进而产生想主动适应和了解的心态。

第四，在态度上既要自觉适应，也要主动了解。"文化冰山"在新来者适应和认识跨文化交际和新环境的过程中被逐渐看透，孤立的文化和只重视文化表面，逐渐被认识新文化特征、深层次了解和观察文化所代替。

人们新的交际方式、生活习惯、价值取向和思维模式以及新的社会状况和民族特色都属于新文化特征范围，新来者要努力提高这些文化认识，必须了解这些文化特征，才能对文化差异有足够认识，最终接受和承认。因此，让文化意识更上一层楼是跨文化交际者必须要做的，如果有人对新的文化现象表示理解，愿意为适应新文化环境和交际对象做出相应改变，则意味着该人对文化水平有了初步的适应能力。

（二）培养大学生跨文化交际能力

大学生拥有的交际能力可以在跨文化环境中自如地运用就是跨文化交际能力。在交际过程中，可以对跨文化交际有足够意识，认知两国文化的差异性，并且在交流过程中减小差异，让交流变得更加简单，避免在跨文化交际中产生误会和冲突。

文化交际能力并不同于跨文化交际，跨文化交际能力主要指即使语言文化背景各不相同，但依然能够进行顺利地交流，并且突破在交流中产生的阻碍，让交流更加有效。母语和目的语国家之间存在的差异以及所有不同于母语文化背景的国家都可以归类为不同的文化背景。

跨文化交际能力的培养，要求大学生在意识方面不断提高自身的跨文化交际，对跨文化交际的语言和技巧进行不断学习，熟悉其特点，了解其要求，对英语国家的社会习惯、风俗文化和风土人情有足够认识。

交际能力和在语法中转换的语言能力同时拥有，才能被称为是跨文化交际能力。跨文化交际能力不只有一个方面，而是包括肢体语言这种非语言交际能力、理解异国文化能力、转换语言和交际规则能力以及交际时使用语言能力等方面。

在实际文化交际中，英语学生常常会有这样的感觉，语言能力不足带来的无法顺利沟通，只是跨文化交际中所遇困难的一部分，还有价值观和思维模式等方面会成为跨文化交际的阻碍。不同的价值观念也会在交际中引发各种误会和冲突，因此，跨文化交际并不是只具备语言表达能力即可，要保证跨文化交际的顺利进行，必须具备良好的跨文化交际能力，才是其核心。对此，需要不断培养和提高跨文化交际能力。

在跨文化交际教学中需要处理好以下三种关系：

（1）课堂教学与课外交际之间的关系，包括课本语言教学与课外应用指导之间的关系。

（2）英语教学与第二文化教学之间的关系。英语教师不仅要教授语言，还应有针对性地介绍所学语言国家的文化,更要注意文化对语言的影响和文化在语言中的体现。

(3)正确处理学生的语言交际能力和学生跨文化交际能力之间的关系。

与处在不同文化背景下的人交际就是跨文化交际能力。这里,交际的人不仅包括所学英语国家的人,还包括与各种母语文化的人进行交际,并且能够适应多种文化,这是"基本功",并不是指用具体的技巧解决具体文化中遇到的情况和问题。通常情况下,跨文化交际能力诞生于强烈的跨文化意识中。

四、英语跨文化交际英语教学创新的实施阶段

从认知图式上看,母语文化基本是自然形成的,无须特殊对待,而目的语文化是在特定条件下形成的,要充满意识。因此,在教学过程中,教师应发散思维,设计别出心裁的教学活动,提高学生的积极性,让学生进一步了解英语。

(1)准备阶段。首先,教师要对学生的知识水平有一定的了解;其次,教师通过词汇联想、问答、图片展示、问卷和教师讲解等形式,让学生了解接下来要学习的内容。

(2)讲解阶段。教师针对所学内容的特点采取不同的方法,使学生学习效率最大化。

第一,翻译法。有一个问题普遍存在于英语学生中:学生在进行翻译练习的过程中,并没有生词出现在目的语中,但英语和汉语有不同的句型结构、语法和词汇,这时翻译的语句与目的语习惯相悖。所以,翻译典型句子不仅会促进翻译水平的进步,还会让学生的文化意识更上一层楼。

第二,互动法。教师在提高英语学生水平,扩大英语教学效果时,可以采用互动交流的方式,让学生展开联想,发现中西方文化差异中存在的不同语言和词汇。

第三,对比法。涉及语言交际方面的内容,如汉语里"像老黄牛一样勤恳""力大如牛",在英语里要说"work as a horse""as strong as a horse"。中国人用牛耕地劳作,而英国人却是用马耕作。同样,汉语有"害群之马"的俗语,英语则翻译为"black sheep"。

（3）习得阶段。跨文化差异最终的目的是让学生充分了解文化差异性，使交际更加顺利。学习这些文化差异可以通过课内和课外的活动实现。例如，在教学时，英语教师可以结合国外原版教材，提高材料的真实性；在教学中使用各种不同的现代化教学手段；大学聘请外教教师；举行角色扮演活动；鼓励学生多与外籍人士沟通，实现跨文化交际；将优秀的外国文学和期刊推荐给学生，也可以让学生观看充满外国风情的影视作品；积极开展课外活动，如文化讲座、知识问答大赛等，充分调动学生学习的兴趣，让学生不自觉地学习不同的文化，潜移默化地影响学生。

五、英语跨文化教学应遵循的原则

在教学中，教师起到了主要执行者的作用。不过跨文化英语教学过程中，教师的地位产生了变化，学生成为学习主体，使得英语教学产生了新的特征，主要体现在以下四个方面：

（一）教师的地位转换

在教学过程中，学习者的主体地位是不容动摇的，围绕学习者这个主体编写教材、开展教学并设计教学方法。跨文化英语教学充分体现了学习者的主体地位，对学习者理解和认识本族文化和母语文化给予了极大的重视，在主题教学设计和教学活动开展中将学习者对目的语文化和其他文化的态度、个人综合素质条件以及人生态度等因素都进行了考虑。教师的主要任务就是在学生的自主学习上进行正确的引导和指正，教师只需要进行知识传授和规则讲解，将重心放在引导学生自主学习。

教师的地位转换对跨文化英语教学来说意义重大，因为当今社会是一个信息化的社会，知识更新换代快，学习者只有具备了自主学习的能力和意识，才能在庞大的信息中获取到对自己有用的信息并加以利用，从而养成独立学习的习惯和能力。再者，随着跨文化英语教学目标和内容的不断扩展和深化，要在有限的学习时间内完成这些任务，就需要充分调动起学习者的自主性，让其获得快速掌握知识的技能和方法，才能在教学时间不变的情况下完成更多的教学任务和教学目标。这也是整体教学体系要融合课后英语和文化学习的一个重要原因。这一原则也将在之后的原则中有所体现。

（二）语言教学与文化教学有机结合

在跨文化教学中，语言和文化互为目的，互为手段。随着跨文化交际活动的迅速发展，英语逐步成为国际通用的语言之一，全球经济一体化也促进了英语的发展，只有掌握这一全球通用的语言工具，才能顺利进行跨文化交际。英语语言学习在一定程度上也是一种文化学习，因此可以说学习英语语言是达成文化学习的一种手段，英语学习是为了达到跨文化交际和文化学习的目的。反之，英语语言学习可以在文化学习中获取到丰富的生活素材和资源，在英语教材和课堂学习中都引入了很多的文化资源，增强了英语学习的趣味性和实用性，有利于提升学习者的英语交际能力。综合言之，跨文化英语教学包括两个部分，一个是语言教学，另一个是文化教学，这两者的关系是相互促进，相互影响的，这两者构成跨文化英语教学的整体。

因此，将语言教学和文化教学进行有机结合才是进行科学合理的教学设计和课堂教学的关键所在。当然这种高度结合不能只在教学中的某一环节予以体现，而是要贯穿整个教学过程。尽管学习者不同认知水平和学习需要的影响会产生不同的语言和文化需求，但是只要把握好跨文化英语教学就是语言教学和文化教学的综合体这一重要原则，那么就一定可以将两者进行高度融合。

（三）从实用主题过渡到间接、抽象的意识形态领域

不同年龄层次的学习者在认知水平、情感发展和经历、经验上都有很大的差别，这些差别必然导致教学内容和教学方法的不同。一般情况下，对于年龄较小的学习者来说，与他们的生活和学习息息相关的、具有可比性的、具体的、直观的教学材料较为合适。随着学习者认知水平的发展，心理承受能力的增强和人生体验的增加，语言和文化教学内容的深度和广度逐渐扩大到一些间接的、复杂的、需要进行抽象思维的意识形态领域。就文化教学而言，这种相关性和适合性的原则更至关重要。

提升跨文化交际能力是一个长期的、循序渐进的过程，其建立在学习者具备一定的母语和本族文化基础上，这样才能促进学习者在跨文化学习过程中不断地进行自我反省、自我批评、自我完善，所以在设计教学内容和教学方法时一定要

考虑尽可能地接近学习者的经历和认知，促进学习者进行自我和他人的对比学习，提高跨文化交际能力。

（四）平衡教学内容和教学过程的挑战性

教学活动主要包括两个方面，一是教学内容，二是教学过程。在教学内容和教学过程的设计过程中，一定要根据学习者的实际情况出发，为学习者提供的挑战也好，支持也罢，都一定要适度，这样才能取得最好的教学效果。若是教学内容难度较大，复杂程度较高，则应该设计难度较低的教学活动；若是内容过于简单，难度系数较小，则可以安排具有一定挑战性的教学活动。如此才能确保教学效果的提升。如果面对难度较大的教学内容时还选择具有很大挑战性的教学活动，则会导致学习者产生恐惧和畏缩心理，影响其学习积极性。而如果针对比较简单的教学内容选用毫无挑战性的教学活动，会抑制学习者的潜力发挥，导致其缺乏学习兴趣。

跨文化教育的关键问题就是要用辩证的眼光来看待教学内容和教学过程的关系，当然跨文化英语教学也是如此。

六、大学英语跨文化教学的方法

（一）文化教学的常用方法

通过跨文化培训，专家经过大量实践和总结得出的文化教学方法很好地融合了文化学、教育学、心理学和社会学等领域的知识和理论。目前，最常用的教学方法包括以下三类：

1. 文化讲座

文化讲座是文化教学中经常采用的教学方法。学习者首先要对有关的文化知识进行了解和认知，才能进行跨文化交际能力的培养。而文化讲座可以让学习者了解不同文化的内容、范畴、本质特征和功能、习俗规范以及价值观念等，学习者还可以通过同一系列的文化知识讲座来对不同文化形成比较系统的认知。不过，文化讲座的特征在于将经验间接地传递给学习者，且讲座过程大都比较枯燥乏味，无法有效调动学习者的兴趣和热情，因此生动有趣、简明扼要也是好的讲座必须具备的优点。

2. 关键事件

将在跨文化交际中实际发生的比较典型的案例作为文化教学的素材也是经常采用的一种教学方法,它可以让学习者非常直观的了解不同文化之间的差异。具体是先列举一个跨文化交际中的案例,并对误解产生原因给出四个解释选项,让学习者自主理解后进行选择。一般来说,这些案例具有真实性和实用性,可以极大地激发学习者的兴趣和热情,再者案例的启发性和代表性都比较突出,能够促进学习者进行认真思考,有利于其跨文化敏感度的提升。

3. 模拟游戏

模拟游戏可以给学习者切身的体会,有利于学习者视野的扩展和能力的提高,将一些平常学习者接触不到的情境以游戏的方式呈现给学习者,让其获得亲身的感受和体验,这也是培养学习者跨文化交际能力非常有利的方法。

综上所述,教学方法都是为了提高学习者的跨文化交际能力,不过却可以将之运用于英语教学中,使其成为跨文化英语教学的手段。

(二)文化教学与语言教学的有机结合

以上各种教学方法都是针对文化教学的,不过也可以在英语教学改革中加以利用,使其发展成为文化教学和语言教学相结合的教学方法。

1. 通过对文学作品的分析进行教学

语言教学经常采用文学作品分析的方法,这也是中国很多大学普遍采用的一种语言教学方法。文学作品中的文化内容是非常丰富和具有深意的,文学作品很好地结合了文化内容和语言形式,因此,可以将其发展成为跨文化教育的一种重要方式。在教学过程中,并非特意将文化内容避开不谈,不过是教师对其的重视程度不够,教师通常将文化内容的讲解作为语言教学的一个辅助手段。若是想要促进跨文化教育的效率,就应该改革目前的教育现状,将文化内容上升到和语言教学同等重要的地位,这样才能有效提高跨文化教育的效果。

2. 词汇教学和文化教学的有机结合

任何一种语言的文化信息都蕴含在大量的词汇中,词汇包括的文化意义也仅仅限制于词典中的解释。例如早饭这个词,汉语、英语和法语的表达和发音都各有不同,其文化内涵侧重也有所不同。而且说话者的价值观念也会体现在语言词汇中。所以，在进行词汇教学时，需要将其深含的文化特征和内涵进行挖掘和分析，不能仅仅停留在词汇知识的传授上，特别是要结合实际语境来理解和认知词汇。

而从现在的英语教学实际情况来看，并没有充分挖掘词汇教学中的文化教学潜力，教师传授的词汇解释大都限制于词典解释，并没有将其蕴含的文化意义传递给学生。学生在进行词汇学习时往往比较被动，也没有对其蕴含的文化意义进行深入挖掘的热情和积极性，通常在实际交流中不能对其进行灵活运用。教师在进行词汇教学过程时不能仅仅将词义和文化内涵进行笼统的讲解，更要结合真实的文化语境，让学生可以产生切身的体会和感受，从而提高学生灵活运用的能力。比如在进行人物形容词的讲解时，不但可以将词义传授给学生，还应该结合本土文化中的真实事件和历史人物来综合讲解词汇，并让学生进行人物形容。如此才能让学生不但可以掌握词汇含义，还能了解更多有关的文化知识和历史故事。将词汇教学结合文化教学的方法既在很大程度上丰富了词汇学习的趣味性，又更好地将文化教学结合到日常教学体系中。

3. 听说教学和文化教学的有机结合

过阅读理解可以帮助学生掌握更多的文化知识，并为其带来切身的体会，有利于提高其灵活运用等能力。内容是阅读材料的重要因素，对其进行合理的选择也是非常有必要的，需要采用以下原则予以选择，一是提供的阅读材料或者素材具有真实性和代表性，可以从不同侧面来体现文化的内涵。二是语言教学和文化教学在跨文化英语教学中有着同等重要的作用，因此教材编写就要给予两种教学同等的重视程度，要让文化内容具备一定的系统性，这样才能提高学生的文化知识水平，有利于其跨文化交际能力的培养。目前的英语听说材料在真实性上已经基本符合要求，在文化教学上的价值也有所体现，但其没有经过系统化的选择和组织，所选材料的系统性差强人意，这在很大程度上制约了文化教学功能的发挥。

尽可能地发挥多媒体教学手段的作用和价值，也是促进跨文化英语听说教学的重要手段，它不但能够调动学生语言学习的积极性，还可以提高学生跨文化交际能力。多媒体技术的不断发展不但为英语教学创造了新的方法和手段，实现了跨文化交际情景的真实模拟，带给学生更加直观的感受；还能多方位的调动学生的感觉器官，满足学生的情感需求和行为需求，为跨文化交际能力的培养提供了便利条件。

4. 阅读教学和文化教学的有机结合

在文化教学中，阅读教学的作用是非常关键的，通过阅读材料的选择，很好地将语言教学和文化教学结合起来。但是现在一个实际问题是教师并没有很好地利用阅读材料来促进文化教学，加上受传统教学观念的影响，在阅读教学中不自主的将语言教学放在了首位，将学生对语音、词汇、语法、句型和翻译等有关的语言学习内容的掌握作为主要的教学目标，而全篇材料中所包含的文化信息却往往被忽视，就算对文化内容进行了一定的讲解，也只是为了辅助学生进行语言学习，并没有立足于文化理解的基础之上。因此，现在国内很多大学开展的英语阅读教学还是将目标放在了语言教学上，对文化教学的关注非常有限，也没有从本质上对文化教学的意义进行认可。

需要从教学目标与教学内容上进行有效的改革，才能真正地让阅读教学成为促进文化教学的重要方法，在阅读时还需要将文化教学放在与语言教学同等重要的地位，针对有关的文化知识进行系统的讲解。比如在进行一篇美国饮食文化的材料阅读前，就必须先对有关的饮食文化进行了解，也就是阅读的热身训练，之后在阅读材料时，还可以要求学生对饮食文化的异同进行对比和分析，阅读材料后，还需要学生能够正确的回答有关的饮食问题。在讨论过程中或者文化教学之后，再进行语言知识点的讲解。

当然，以上种种教学方式只是语言教学和文化教学进行结合的教学方法中的一小部分，跨文化英语教学思想和观念的不断完善和变化，也会开发出更多有效且适用的教学方法。不过在教学方法的研发中一定要遵守一个原则，那就是要改变学生和教师的观念和想法，这样才能将文化教学和语言教学相提并论，两者共同促进，共同发展。同时教师还应该意识到，不但要将学生的英语交际能力培养作为自己的教学目标，还要注意学生人文素质的整体提升，使其具备多维度的思维模式，为学生跨文化交际能力的提升打下基础。如此才能在英语教学活动中始终贯彻和执行跨文化英语教学思想，有利于培养学生的跨文化交际能力。

第五章　大学英语教学与思辨能力培养

思辨能力培养是衡量大学人才培养质量的一个重要指标。本章对大学英语教学中师生思辨能力现状与培养模式构建、大学英语听说读写教学融合思辨能力培养的方法探究、基于大学英语 ESP 教学的思辨能力培养进行论述。

第一节　大学英语教学中师生思辨能力现状与培养模式构建

一、思辨能力的发展

思辨能力包括两方面：①思辨的技能。思辨的技能是指人的认知能力；②思辨的倾向。思辨的倾向是指人的精神气质。两者的关系是相互联系、密不可分的。

第一，萌芽阶段（1910 年—1939 年）。该阶段在"批判性思维"的影响下，教育的目的是教会学生学会反省思维方式。当时的学者认为将批判性思维称为"反省思维"，认为需要将反省思维纳入教育的体系中，作为教育的重要目的之一来实践，在学校中展开反省思维教育。

第二，发展阶段（1940 年—1970 年）。在此期间，"批判性思维"依然影响着学者的思维，并详细阐释了批判性思维技能的内容，在一定程度上预示着批判性思维技能的发展研究进入了一个新的阶段。

第三，繁荣阶段（1970 年—1990 年）。该阶段众多学者开始研究思辨教学的相关内容,在多种学科领域都展开了思辨教学的实践活动。例如,当时的哈佛所设置的很多课程都强调了学生应该具有独特的思维习惯,教师的教学理念与思辨能力不谋而合。

第四,空前繁荣阶段(1990年以后至今)。从20世纪开始,人们对思辨能力的研究也逐步多样化,从教学研究到测量研究都涉及了思辨能力的内容。随着思辨课程设置的逐渐系统化,培养学生的思辨态度,革新教育方式,倡议大学重视大学生的批判性思维能力以及分析问题的能力。越来越多的学者开始研究与思辨教学相关的教学方法。

二、大学英语教师思辨能力现状及其影响因素

(一)大学英语教师思辨能力的现状

教师思辨意识能力有待提高。思维是思辨的基础,只有具备高级思维,才能在教学中运用思辨能力,完善教学内容。从思维能力的角度来说,可以分为:①低级思维。小学生,中学生处于低级思维阶段。②高级思维。大学生处于高级思维阶段,大学英语教师只有具备高级思维,才能完成英语教学。中国传统的教育理念和应试教育忽略了对大学生思辨能力的培养,教师缺少教师和学生,学生和学生之间的互动。一直采用这类单一的教学方法,会让学生变得被动,导致其没有办法发挥自身的思考能力以及创新能力。大学的英语教师大多数也是曾经受过大学教育的学生,因此教师通常会被传统的教育背景限制,在进行教学工作时,忽略自己的思辨能力,导致教师自己缺乏思考能力、辨析能力,仅是为了教学而教学。

另外,教师忽视学生的思辨能力培养。英语教师只是对学生进行语言知识的传授,忽略了对学生思辨能力的培养,使学生具有较强应对考试能力,却无法解决开放式和探究式的问题。在进行英语写作时,学生仅表达出浅显、表面的意思,对现象本质没有透彻的参悟。长此以往,会对学生的思维产生影响,束缚其思维发展,同时也限制思辨能力的进一步发展。

(二)影响大学英语教师思辨能力的因素

1. 教师传统思维模式与教育理念

由于中国传统文化自古较为推崇尊师重道,导致小辈对长辈言听计从,因此,

大部分大学对学生独立思考和质疑教师等做法都不提倡。长期如此，大学教师逐渐忽略自身思辨能力的锻炼和提高，而采用单一的教学方法，使得英语课堂气氛陷入沉闷状态，学生的学习态度也不够积极。因此，这样所培养出的学生进入大学后，还是存在思辨能力低下、思辨意识欠缺的情况，更有甚者毫无思辨性可言。

2. 教师教学素质、方法与课程设置有待提升

由于信息化发展，大学生对学习的需求越来越高，许多大学英语教师素质、方法与课程设置，无法适应现代化教学方法，存在语言传授较多，对思辨能力提高的课程安排较少的情况，而且大学英语教师对思辨能力了解不多，更没有真正树立提高思辨能力的意识，严重影响了自身思辨能力的提高和对大学生思辨能力的培养。

三、大学英语学生思辨能力分析与培养策略

思辨能力是我国 21 世纪人才培养的重要目标，同时它也是我国素质教育的本质所在。我国对于思辨能力的研究起步较晚，主要研究对象还集中在对思辨能力的内涵、意义以及测度等的研究。

随着我国综合国力的不断提升，为了满足社会发展的需要，培养学生思辨能力是十分重要，也是势在必行的事情。培养学生的思辨能力，不仅能够帮助学生提高英语成绩，还能够增强学生在分析问题、解决问题等方面的能力，是一举多得的事情。然而，培养学生思辨能力是长期积累教育的过程，需要每一位教育工作者的努力。

（一）大学英语学生思辨能力缺失的原因

1. 教师方面的原因

很多大学教师认为英语是一门工具课程，属于人文学科。只要对英语文史常识、单词、句型以及语法等进行掌握，就可以学好英语，不需要思辨能力。而且在传统课堂的教学中，教师是中心。但是以教师为中心的课堂教学模式，会使学生缺乏上课的兴趣，出现学习态度散漫的现象，导致在上课时学生对知识思考过少、提问过少，进一步导致课堂学习效率低下，最终对学生思辨能力的发展产生负面影响。

另外，部分英语教师认为英语教学工作的重点是培养学生听说读写的能力，不关注对学生思辨能力的培养，导致学生们的思辨能力普遍低下。

2. 学生方面的原因

如今，我国大多数大学的学生没有明确的学习目标，对学习的主动性较弱，并且多数学生在学习时存在着依赖性及被动性。思辨能力缺失在学生方面具有如下表现：

（1）学习方法不当。学生在学习过程中采用的方法不当。大部分学生都是对词汇的记忆及背诵较为重视，对其他方面有所忽视。

（2）学习习惯不当。大学中多数学生都是注重语法学习，并且过于痴迷和执着考试技巧的练习，而不将思辨能力用于英语知识的学习以及实际的考试中去。

学生当进行英文写作时，在草稿纸上列出汉语的写作思路，并进行逐句翻译。这种运用汉语转换语言的学习方法，对学生的英语水平会产生不利影响，并且对培养思辨能力也有不良影响。在英语学习的过程中，学生还是要注重思维能力的培养，积极训练自身的英语思辨能力，使自己在学习英语时更加的直接化、专业化、本土化。

（二）大学英语学生思辨能力的提高策略

1. 大学英语教师的教学观念更新

"以学生为主"的新教学理念，需要大学教师摆脱传统教学方法，探索适合本校学生的新的教学方法。在对学生进行思辨能力训练的过程中，教师需要对教学内容、教学模式进行选择，同时需要将关于教学能力方面的训练逐渐渗透到各个环节的教学中。教师不仅要思考如何进行教学，还需要考虑怎么引导学生自主进行思考。另外，在设计教案时，教师需要减少一些有关展示性的问题，多引入一些具有参考性的问题，还有在授课过程中适量增加案例式的分析，相对减少一些规范答案的题目。教师在课堂教学的过程中，可以通过小组活动和小组讨论等方式进行学习，缓解枯燥的课堂环境，拓展学生的思辨能力。

2. 大学英语学生的考核机制改革

教师对学生的信任会对学生的思辨能力起到影响和鼓励的作用。现代教育评价一个学生的方式，不再是单一的将成绩好坏作为参考依据。教师在教育过程中需要注意课堂氛围，保证课堂氛围的轻松、愉快。并且教师要善于发现学生的优点，发掘学生的潜能，帮助学生能够正确认识自我，引导其努力学习，并帮助其树立正确的学习信心。

3. 大学英语范文讲评形式的改变

教师在进行英语作文讲解时所选择的模式，会直接影响学生思辨能力提高的程度。如果教师长期只对优秀的范文进行讲解，而忽视文章整体的分析，导致学生将多数精力用于句子、词语的积累方面，而忽略文章行文线索这一关键点。

教师在进行英语文章讲解之前，应该让学生先进行预习，然后再将学生分成小组，以这样的形式鼓励学生在课堂上发言。其中对于文章脉络把握清晰且完整的小组，教师要给予奖励。这种做法不仅会让学生逐渐意识到文章整体的行文脉络非常重要，同时还提高学生学习的兴趣，是一举两得的好方法。[①]

第二节 大学英语听说读写教学融合思辨能力培养的方法探究

一、大学英语听力教学问题与思辨能力培养

（一）大学英语听力教学的内容

英语听力教学的内容通常包括四个方面：听力知识、听力技能、听力理解和语感。

1. 英语听力知识

能力其实是知识一点一滴的积累，英语听力也如此。听力知识是英语听力学习的基础，可以将听力知识分为语音、语用、文化以及策略四类，下面将一一进行阐述：

---

① 张坤媛，初胜华. 以教师合作反思教学促进高校英语教师思辨能力的发展[J]. 科教文汇（中旬刊），2014（04）：67-69.

（1）文化知识是听力知识学习的背景，听力知识中蕴含丰富的风土人情以及地域文化，因此学生必须掌握一定的文化常识并在了解文化背景的情况下进行英语听力的学习。

（2）语音知识是听力学习理解的基础，只有熟练掌握语音知识，才能够对英语听力内容有很好的把控，并且促进对于文章的理解，因此语音知识对英语水平的提升起着关键性的决定作用。

（3）语用知识可以更好把握英语听力的语境，在听力材料或者交流互通中均会有一些相对固定的语言环境及用语，在听力学习中对于文章的理解也需要用到语用知识，因此学好语用知识势在必行。

（4）听力的策略分析。知识是学习的根基，虽然策略不能够雪中送炭，但是可以锦上添花，因此掌握一定的听力策略非常有必要，它可以帮助学生能够快速地分析与理解。

2. 英语听力技能

运用一定的听力技能可以使学生的听力学习更加高效快捷，也能明显提升教学效果。当然，听力技巧多种多样，学生需要根据自身情况，掌握适合自己的方式。听力技能较为有效的有以下十种：

（1）词义猜测，当遇到陌生的单词，需要先跳过，因为暂时不能影响后续的听力内容，然后听完一段后学会分析上下文，分析语言环境，整体感悟猜测词汇可能的意思，即是所谓的词义猜测。如果能够掌握此技能，对材料的整体把握能力以及听力能力均会有所提升。

（2）学会辨音，听力与阅读不同之处在于，听力是通过声音传递信息，因此需要对英文的发音、语调都很敏感。

（3）材料理解，主要是学会领悟材料大体含义、情感价值、中心思想所表达的内外含义。

（4）交际信息辨别能力，在实际听力过程中，语言与表达均存在有交际性，想要更好的理解听力，必须具备交际信息辨别能力。

（5）细节把控，听力题目在设计中除了需要考察对材料的大体理解，也会对文章细节进行一定的考察。细节也是更好理解材料的关键所在，因此听力过程中，需要进行处理和记录，协助学生对细节进行把控。

（6）预测能力，要求学生能够根据具体的情况和运用自己所积累的经验预测下文的内容、情感转变或者事件转折。预测能力可以一定程度辅助学生完成材料理解与信息把握，不断提高听力效率。

（7）逻辑思维能力，所有听力材料都是按照一定思维方式展开，如果具有缜密的逻辑思维，能够增强对材料的分析。

（8）推理判断，听力包括新闻类、对话类、时间类等，都少不了人与人之间的交际。为了保证正常的交际信息传递，听者需要具有一定的推理判断能力，只有揣摩到他人的意思，才能够顺利交流。

（9）知识整理能力，人对于声音的记忆远不及对文字的记忆，因此在听力过程中，需要养成记笔记的好习惯，挑选重要信息进行记录。这样可以避免信息的遗漏，增强对细节的捕捉和对信息有相对整体的把握。

（10）判断重要信息，这也是听力技能之一，学生并不需要句句必究，而要学会分清消息的重要程度。对于重要的消息，学生要多留心留意，对于有些可有可无的话不必太在意。因此学生需要锻炼自己的能力，在哪些时候会比较容易出现重要信息，都得做到心中有数。

3. 英语听力理解

真正正确的听力理解不是单纯的选出答案和判断字词的表面含义，而是要做到听文知译，并且深层次的理解听力所表达的思想。因此，在日常的听力训练中，教师应加强对学生听力能力的训练和相关知识的传授，以此来提升学生的听力能力。

（1）辨认。正确的辨认，是做好听力最基础的前提。辨认分为很多内容，包括播音语音上的辨认、所讲述听力内容上的辨认以及听力所表达的思想内容方面的辨认。在这些里面，语音词汇上的辨识最为简单，这只要求学生能够对英语词汇有很好的掌握和记忆。而想要辨认出听力内容的思想意图则十分不容易，因为这不单要求学生对英语词汇掌握得非常好，还需要学生根据实际听到的语音内容进行思维的延伸。因此这需要在平时生活中进行一些训练。可以将听力材料打乱顺序来播放，并让学生将其重新排序，并讲出每一部分排序的原因，可以很大程度上提升学生的辨认能力。

（2）转化。转换是指将听力材料中所听到的内容转化为自己的理解，这种转化可以是文字，也可以是图表。这要求学生不仅能够听清材料中的单词、语句，还要能够用自己的能力将这些句型短句进行适当的转化，从中提炼出自己想要的信息。这相比于单纯的辨认更加上一个层次。

（3）重组和再现。相比于转化更高的层次便是重组和再现。想要达到这一层次，同学们的口、笔能力还要进行再一次的拔高。

（4）社会含义。听力材料一般源于生活，亦属于日常交际的范围，因此在个别时候会有生活中的一些细节特征。因此学生在听听力原文的时候，要注意仔细把握这些细节，并对其背后的社会意义进行分析。虽然听力材料源于生活，但是会涉及很多不同的领域和话题。这要求教师在训练学生们时，要教会他们分析不同环境中的社会含义，在这个过程中进一步加强学生对文章背后的社会含义的深刻理解，以此来提升学生的听力能力。

（5）评价和应用。听力的最高层次，是将听到的内容进行自己的判断，并对其进行重组、评价和应用，这自然也是最困难的部分。听力通常带有很强的目的性和交际性，学生需要清楚地知道听力内容中的自然环境和交谈意图。因此在日常的训练中，教师应当引导学生在不同的交谈环境和交谈背景下拥有发散思维和灵活思维。除去这些，如果还想继续增强学生的评价、理解和应用的能力，可以在平常练习中加入更多的讨论、竞赛、交际和讲解等方式。

（二）大学英语听力理解的影响因素

1. 母语干扰和不良的听力习惯

很多学生都有一个通病，即汉语式的翻译英语。这是因为没有形成固定的英语思维，对于英语中的语感把控不是很好，因此会出现声音到汉字的直接转化，不能达到听力的最佳效果

学生习惯先看听力原稿材料再听录音，或边看原文材料边听录音，或一遇到听不懂的语句就翻看原文，觉得这样听得清楚明白，省时省力。但是这是一种不好的习惯，英语听力能力根本达不到预期效果，听力和阅读还是存在很大差异。只有当学生真的达到听觉敏感，对英语听力信息单纯依靠听觉进行捕捉，才能有

所提升英语听力。如果借助阅读完成听力，视觉的判断会干扰听觉，因此一定要养成好的听力习惯。

2. 文化背景的缺失和消极因素

语言离不开文化的熏陶。文化作为一种软实力，它时时刻刻都在影响人们的语言学习。因此了解一定的风土人情、地域文化必不可少，但是文化背景缺失而导致听力效果下降也成为一种比较严重的问题。

一些消极因素也会影响听力理解。当人情绪低落和急躁的时候，听觉接收信息质量会大幅下降，听力的效果和理解会受到严重影响。

（三）大学英语听力教学中思辨能力培养

在大学英语听力中大多数学生存在一种普遍现象，即学生阅读听力原文时发现词汇基本都认识，可是在听的过程中并不能及时在大脑中呈现此词汇。引起这种的原因是学生的语感不强，词汇发音与内容不能做到一一对应。还有很多同学只注重单词的拼写和词汇的内容，对于发音的重视程度还不够。除此之外，大学生的思辨能力有所欠缺，对于听力的分类、识别程度等技能的掌握程度不够。因此，大学应该对英语教学作出相应调整，借助互联网和多媒体等，运用教师资源，与学生完成课堂互动，以培养学生思辨能力，进一步提升其英语听力能力。

1. 互动听力教学法

互动听力教学法主要包括：

（1）听人说话时的互动，即学生与学生之间分组协作，相互沟通练习。这不仅能够锻炼学生的口语能力，还能强化其他聆听学生的英语听力能力，理解其他学生所表达的意图。

（2）听录音时的互动。在这个互动中教师充当非常重要的角色，教师需要将学生与录音材料紧密联系起来，可以通过材料中角色扮演以及你问我答的方式进行师生间的互动，达到对录音材料理解的目的。

2. 多媒体教学法

随着多媒体设备的普及，为外语学习开辟新环境。多媒体设备呈现形式多样，可以通过视频播放、语音播放、图片显示等途径，为英语听力学习构建有利条件，更多的则是提供相对优越的英语学习环境。只有在良好环境的熏陶下，学生才能感受到纯正英语的魅力，真正做到了解语言和感受语言，使学生通过切身感受，更好融入一门语言的学习。因此，多媒体教学不可或缺，主要的教学形式有以下两种：

（1）提供听力练习平台。传统听力主要通过广播、录音机等方式，有声音且杂音很大，而多媒体教学则为英语听力练习提供好的平台。多媒体资源丰富，练习形式多样，图像与音频的完美结合，使学生能够更好地了解听力文化背景，拓宽视野，提高听力练习的效果。

（2）仿真教学指的是由教师或者地道的国外交流者与学生通过模拟对话的方式进行教学。模拟对话的方式可以不断增强学生英语听力的直观感受。面对面式的对话训练，可以让学生更好地融入情境中，通过回答问题的方式，达到仿真练习的效果。

3. 预测推断教学法

预测推断教学法主要分为预测和推断两部分。

（1）在预测方面的教学目标是预测即将出现或未捕捉到的词汇。可以通过上下文的语言情景、功能词的出现，根据自己的经验以及思维分析、预测到即将出现的词汇。在日常英语学习中存在很多的固定搭配、固定语法以及固定连接，因此可以通过这些进行预测。如果是未捕捉到的词汇也可以采用上述方式进行材料的填补。

（2）在推断方面的教学目标是让学生具有一定的推理能力，对漏听的词汇进行推理。如果在听力练习中，错听或遗漏词汇，都可以从大的语句环境中进行推理，这种能力对英语听力学习有些极强的提升效果。

二、大学英语口语教学设计与思辨能力培养

（一）大学英语口语能力分析

在课堂教学过程中难免出现口语教学的目标和其他教学目标相重合的现象，这种时候教师应该尽量将一些口语教学的有关技能和会话技能传授给学生。英语口语在发音和功能上组成了一个有机整体，即当掌握了一门语言的时候，不仅对发音的意思进行把握，也可以了解其他的如文化、社交方式以及礼仪规则等方面。

对一门语言交际能力的掌握需要对这些方面都进行很好地了解和认识。①

但是在实际教学过程中还是要区别教学口语和利用口语进行教学，虽然在教学中需要利用到口语，但不能将所有运用到口语的教学都当成口语教学。

更好地理解口语能力，有助于口语教学效果的提升。

（1）社会语言能力。用词恰当与否、语体变换策略以及语域等环境的不同，都会对使用者的语言能力造成一定的影响。根据实际情况的需要进行恰当的语言形式的选择即是语体变换。

（2）策略能力。它是指说话人在进行口语表达时，为了扬长避短而采取各种策略和方法的一种能力。

（3）语篇能力。它是指说话人在进行表达时，对口语的内容链接和连贯性的把握程度，通常而言，根据实际情况利用不同的手段如指代、运用同义词等来进行清晰的表达。

连贯是指语篇层面话语意义或语段中句子意义的关系。通常情况下，若是每一句话或者是每一段话都是根据中心思想进行表述，则说明这段话具有一定的连贯性。具有连贯性的表达能够让听话人清楚地理解其表达意愿。在人们日常生活交流中，也经常会出现说话人进行一番长篇大论，但是听话人却不知所云，感觉莫名其妙。这并非是听话人的理解不到位，而是说话人的表达没有满足连贯性要求。

连贯性要求整篇话中的每一句都可以前后衔接，针对中心思想进行表达，这需要听话人和说话人之间相似的背景知识支持。虽然有些话似乎很跳跃，但都是围绕着中心意思来展开。

社会语言是指恰当得体的表达需要根据场合和对象的不同要有所区别，从而更好进行人际关系的维护。策略能力则是采用一定的技巧和方法，结合一定的肢体动作等将想要表达的意思进行清楚的阐述。语篇能力则是对表达的总体要求，要将想要表达的中心意思进行清楚明了的传达，并要让听话者能够准确理解，即要让听话人能够听明白。

---

① 朱晓燕．英语课堂教学策略——如何有效选择和运用[M]．上海：上海外语教育出版社，2010．

（二）大学英语口语教学的交际策略内容

交际策略是指当某语言使用者在话语计划阶段由于自身语言方面的不足而无法表达其想要表达思想时所采取的策略。在交际过程中，为克服因语言能力不足而导致的交际困难，交际者使用语言或非语言手段的能力即为交际策略能力。交际策略也是口语教学的重要内容。

不可预测性是口语交际的最大特征，这也无法避免尴尬情况的发生。若是要有效减少状况的发生，需要交流双方的交际策略能力达到一定的水平，才能提高口语交际的水平，以确保交流的顺利进行。一般而言，策略能力有两个方面的体现：首先是补偿能力，是指若是出现困难，要具备清楚表达自己的能力；其次是协商能力，是指当发生困难时，需要具备能够清楚了解对方所表达的主要内容的能力。补偿能力有以下三种表现：

（1）使用会话填补词。人们在日常的交流中可能会遇到突然不知道如何表达的情况，这种时候需要进行一定的填补词的替代，并放慢说话速度，以便能够更好地思考如何清楚地进行表达，确保整个语篇的连贯性。

（2）使用同义词或类别词。在日常交流中，若是出现某一个话题无法进行准确表达时，则可以利用较为熟悉的同义词进行替换。

（3）使用肢体语言。说话者可以充分利用自己的肢体语言，使得自己的表达更加清楚和直观，促进交流活动的完成。这也是一种日常交际必须的交际策略，可以帮助说话者进行中心内容的表述，有利于交际活动的顺利进行。

教师在进行英语口语教学时要注重传授一些英语国家的交际策略，帮助学生了解英语国家交流规则和语言规则。这对学生的口语交际能力有很大的帮助作用，有利于他们对交流内容进行理解，促进其跨文化交际能力的提升。

（三）大学英语口语教学中的思辨能力培养

培养学生的思辨能力是大学英语口语教学的一个重要任务，当然这是漫长且复杂的过程。只有广大教师积极进行各种有关策略和方法的研究和探索，才能有效促进其获得更好的教学效果。目前普遍使用的方法包括以下四种：

1. 合作学习法

合作学习法是将学生分成小组的形式，然后以小组为单位组织学习，并以共同进步为教学目标而采用的一种方法。这种方法有利于学生积极性和自主性的激发,对学生学习进度的控制、参考资料的选择、学习任务的分配、学习计划的制订等方面有较大的促进作用。

合作学习方法可以促进学生和其他成员之间的沟通和交流,及时发现自己的劣势并加以改进,能有效促进学生的责任感和责任心。通过合作学习,还能在一定程度上提升学生的自我管理能力,并以完成小组学习任务为目标进行努力学习。这有利于学生对学习计划的检验和监督,积极参与到各种口语练习机会中,并在这个过程中不断积累自己的口语基础知识以及提升自己的口语交际能力,同时还能促进学生之间的情感交流。此外,在合作学习中,教师要积极履行自己的指引者和解惑者的职责,让学生更清楚地认识到自己的学习风格和学习情况,扬长避短,以便在合作学习中更好的发挥自己的长处。

2. 情境教学法

想要脱离语言环境来掌握一门外语是不可能完成的任务,因此为学生提供必要的口语训练语境应该引起教师足够重视。只有让学生处于相对轻松、愉快以及真实的语言情境中,才能激发其学习的兴趣和热情,并拓展其思维能力的发展,如此才能取得更好的学习效果。为了达到这一目标,需要教师进行真实语言场景的预设,将抽象化的概念进行具体化。这样有利于提升学生的学习积极性和主动性,让他们获得更好的交际能力以及思辨能力。

(1)通过配音教学。在情境教学中,配音也是一种广泛采用的方法。这对激发学生的英语学习兴趣有较大的促进作用,有利于学生自信心和成就感的形成。通过配音,学生能够更加直观形象的认识英语的语音和语调,并在一定程度上有利于其积极性和主动性的发挥。具体的操作是教师可以通过消除视频资料中的声音,让学生在观看画面和图案后进行相应的配音;或者是先进行视频材料的播放,然后再针对重难点进行讲解,之后让学生再观看两至三遍,并对对话内容进行背诵,最后教师消除该视频资料中的声音,让学生通过之前的记忆和理解进行配音训练。

(2)通过角色表演教学。在英语口语教学过程中,角色表演教学法也得到非常普遍的使用,并获得师生的一致认可,这也是情境教学法中的一个重要组成部分。角色表演教学使学生跳出单调、重复和机械的语言练习方法，为学生的口语交流提供更为真实和立体的场景。角色表演通过学生进行角色分工并进行演练后，在课堂上进行角色对话，然后让教师和同学进行点评。这个过程中，教师一定要发挥好引导作用，并给予学生足够的自由度和发挥空间。之后让其他学生进行自我点评，教师则根据学生的表演进行指正和引导。这有利于激发学生参与对话的兴趣，也有利于学生发现自己的问题。

3. 问题引导法

教师可以通过以下三个方面进行问题引导法：

（1）启发学生采用发散式思维，对简单的问题展开立体化的回答，多采用why、how等词展开阐释，对自己的观点进行论证。

（2）教师应该结合课堂内容，设计不同类型的问题，培养学生的思辨习惯，提高他们的思维水平。

（3）教师还应该鼓励学生从不同的角度对问题进行思考从而培养学生转换思考的能力，灵活提升自己的思辨能力。

4. 演讲辩论法

在所有的语言交际活动中，对演讲和辩论的要求非常高，也是对辩证思维能力的一种挑战。该活动的进行需要严密的逻辑推理思维以及高度的分析综合能力。因此，大学英语口语教学过程中也经常也采用这一教学方法，由教师进行辩论演讲、即兴演讲以及命题演讲等活动的组织和安排，从而有效培养学生的思辨能力。当然，教师要充分利用学生的课余时间进行辩论演讲和命题演讲活动的安排，让学生展开资料收集、分析资料以及形成自己观点等活动。当然，在整个教学过程中，教师要进行积极的引导，帮助学生形成严密、清晰的辩论思路。而且在进行辩论演讲前，学生要对有可能面对的论据进行假设，做好充分的辩论准备工作。在整个过程中都体现出学生的推理、判断、思考以及归类能力的强弱等。

除此以外，学生只有具备准确、流利的语言组织能力，才能将辩论进行下去，同时确保自己论点的正确性和逻辑性。经过长期的训练，学生的口语交际能力会获得较高的提升，对学生思辨能力的培养也非常有益。

三、大学英语阅读教学与思辨能力培养

(一) 大学英语阅读教学的基本认知

1. 大学英语阅读教学的单位

阅读教学想要达到一定的效果,其中一个前提是学生需要阅读的基本单位是段落和文本这一类型。原因如下:

(1)学生在阅读时遇到的都是以段落和文章为单位的文本,这样遇到不认识的词语或者句子时也不会畏怯,有一定的阅读信心。学生在宏观的角度阅读时会带有目的性,不会盲目猜测文章的大意。假如在测试中遇到一道关于文章主旨大意类型的题,学生会根据以往掌握的方法从四个答案中找到这篇文章对应的主旨内容,这样学生在处理一些文本信息时就会有把握,不会紧张畏惧。

(2)学生按照一定的文章模式分析文章结构,更有利于理解。比如可以先总结中心内容,再分别阐述具体内容,或者根据文章讲述内容的时间顺序阐述文章,这样学生在获取有效信息时更加快捷。

(3)想要提高学生的逻辑推理和演绎能力,那么阅读一些篇幅更长的,可以插入图片或者表格类的文本会更有帮助。这样的文本让学生对需要插入的内容进行思考,为其找到合适的插入位置,并且还会引起学生的阅读兴趣,进而提升学生的推理预测等能力。

2. 大学英语阅读教学的基本材料

训练学生的阅读能力时,我们尽量选择原有文本,也就是没有被简化的文本。因为这样的文本相对于简化文本内容更丰富、层次更详细、词汇以及句子结构等方面更为复杂和困难,从某一方面来说,虽然提升了学生阅读的难度,但同时也可以提升学生的阅读能力。另外,简化后的文本相对于与原文本可能失去了文章本来想要传达的意思,失去原有的风貌。好比我们在看一篇新闻时,这篇新闻一定会采取与整篇报纸一样的版式以及相对应的标题和插图。所以原有文本内容对于提升学生的阅读能力更有帮助。

3. 大学英语阅读教学中的影响因素

想要在阅读中得到比较好的分数,需要阅读者增强自己的阅读量,并且有效吸收教师讲解的阅读方法。阅读时需要我们去理解,去思考作者传递的思想,我

们自身拥有的阅读知识比文本信息更重要。

背景知识主要有五种构成，它们都对文本阅读起到重要作用：①句法知识。不定冠词 a 或者 an 如果放置在 book 这个英文单词前面，表明 book 的词性为名词；②一般知识。比如 box 和 desk 这两个单词，我们了解这两个单词的意思后，就知道 box 更适合放置珠宝；③语形学知识，这一知识会帮助我们区分 bakery 和 baker 之间的关系；④专业知识。我们积累一些关于天文地理或者化学生物方面的常识会帮助我们阅读这一类型的文章；⑤主题性知识。获取有关农业信息方面的知识会帮助我们了解农民生活来源或者从事职业等信息。

4. 大学英语阅读教学的作用价值

在英语学习中，阅读占有非常重要的地位。明确阅读教学的重要性，理解它在英语教学中的地位，准确分析其内在含义和策略，我们的阅读教学在实施中才能够发挥出它最大的价值。阅读教学的作用价值有以下三点：

第一，学生能够了解不同文化，获取更多信息。学习英语对于我们中国学生而言，满足日常的口头语言交际只是其中一个方面，并不是学习英语的主要目的。因为对于中国学生来说，日常的交际并不完全依靠他们所学习的英语口语。中国学生学习英语更重点的一点原因是学生需要通过英语的学习来了解外国的文化、风俗，还要通过英语的学习来读懂日常生活中看到的说明书、广告、通知或者商品的简要介绍等。培养学生形成阅读的习惯，才会在面临以上问题时迎刃而解。不仅如此，阅读教学还可以帮助学生更多地了解与本国不同的文化。

第二，学生可以通过阅读提升处理问题的能力。阅读可以帮助学生积累知识，提升文学素养，还会提升学生分析和解决问题的能力，这是一个由量变到质变的积累过程。在英语阅读中学生的思维会跟随阅读的文章进行思考和猜测，会跟随这个对话的过程进行思考。换言之，学生在阅读中会遇到大大小小的问题，比如生单词，这个时候他们会根据上下句来揣测这个单词在文章的含义，还会根据现有积累的词汇和语法知识分析这个词的含义，这些都是在阅读中积累的能力。除此之外，学生还会在阅读中学会总结文章大意，体会作者的意图，找出关键句等。以上内容都在间接地培养学生的判断、分析、推理等能力。

第三，在阅读中可以积累单词，提升语感。阅读可以起到温故知新的作用，在阅读中可以再次温习旧单词，还可能解锁旧单词的新含义，与此同时还会学习到新单词，填充自己的词库，提高学习的积极性。除了积累单词，在阅读中学生了解更多异域文化，会提升本人的文学素养，长期坚持阅读还会养成良好的阅读习惯，养成终身学习的好习惯。

5. 大学英语阅读理解和语言能力的关系

阅读中面临的三大关系，有利于语言能力的提升。第一是读和写的关系，学生在阅读中对于经典语句或者不理解的句子都要做摘要；第二是读和听的关系，对于一些新闻报道类的文章或者做比较做选择类的文章，在听的过程中可以解决问题；第三是读和说的关系，比如在阅读中学生可以采取讨论、交谈或者座谈会的形式展开阅读。

（二）大学英语阅读课程教学模式

1. 自上而下阅读模式

读者在阅读材料时，应该对阅读内容提出论点和问题，同时进行论证和解决，在此期间内，相比于新的单词和语句而言，读者所掌握的知识和经验是最重要的。

关于英语内容的阅读，读者拥有自己的发挥空间，通过自身所具备的知识经验不断推测阅读内容，与文本内容相比，读者所储备的知识要更加的多样和精彩。但是，若读者对阅读内容的了解不够充分，甚至是非常陌生，则阅读理解很难顺利完成。

如果学生在阅读材料的过程中遇到一些陌生词汇，只要对文中话题非常了解，就完全能够准确猜测词汇的含义，有效完成阅读内容的语篇理解。实际上，这种阅读模式是一项以心理语言学为基础的猜谜游戏。重视学生阅读兴趣的激发以及背景知识的提取，促使学生能够独自完成猜谜游戏。

2. 自下而上阅读模式

自下而上的阅读模式强调读者在了解和掌握单词、句型的含义以及特点之后，再理解阅读内容的语篇意义。也就是说，阅读的顺序是从下至上，即从最简单的单词渐渐上升至整个语篇。主要原因在于人们对文字的辨认是最先发生的，之后才会出现认知上的理解，作者所要传达的信息、含义以及思想情感远远多于读者所理解的内容，人们对内容的阅读具有一定的顺序，即按照从单词至词组、句子至语篇的顺序。此过程也是以最小单位为出发点，从而理解文本的意义。因此，在教学的过程中，教师首先讲授词汇和句子语法等基本知识，学生随着教师反复阅读，不断地记忆和理解。无论是对文字的快速辨认，还是对知识的准确理解，都是教学中的重中之重，在训练学生阅读能力过程中，教师着重培养学生快速辨认单词且准确理解其含义的能力。

3. 交互式阅读模式

现如今，对于阅读效果而言，最佳的阅读模式就是交互式，主要原因在于交互式阅读模式融合了前两种阅读模式的优点，并且将这两种阅读模式有效结合，有利于读者对阅读内容的理解。交互式阅读模式的理论观点为：读者在阅读内容的同时要分析和理解文中蕴含的意义，要求读者既应该掌握扎实的语言基础，还应该储备丰富的理论知识，并且通过知识的积累加强对阅读内容的理解。实际上，阅读过程的本质就是读者和文本不断地交流和互动，读者将文本中的新知识与自身储存的旧知识联系起来，形成一种新的知识体系。此阅读过程除了包括人们对词汇和语句的理解之外，还包括人们根据自身积累的知识和经验对内容的理解。将这三种阅读模式进行比较可以得知，交互式阅读模式与阅读理解的特点更贴切和相符，尽管缺少科学依据和实证研究，但从理论层面分析，交互式阅读模式是最佳的选择。

根据对自上而下阅读模式、自下而上阅读模式、交互式阅读模式的总结和归纳，可以得知阅读过程的三种途径：①在掌握词汇含义的基础上读懂文本内容；②在不了解单词含义的情况下，凭借着自身经验进行猜测；③前两者的充分融合。基于三种途径产生了相应的教学模式。在教学的准备阶段，教师可以先展开预教，即确定一个与阅读内容无关且只能凭借自身知识经验进行推理和猜测的单词，由学生们独自完成单词的理解。而在学生理解全篇内容的情况下，其他能够推测词义的单词就迎刃而解，从而促进学生有效且准确地理解阅读内容。

关于教学模式的阐述，不仅包含以上基于阅读过程的三种教学模式，还有其他常见的教学模式，比如，基于阅读策略的教学模式和基于阅读内容的教学模式。

4. 基于阅读策略的教学模式

基于阅读策略的教学模式，顾名思义，就是专注于阅读策略训练的教学模式。

学生在选择阅读策略时，教师会给予正确的指导，即选择与阅读内容相符的阅读策略，从而加强学生对阅读内容的理解，如预测、推断以及记笔记等策略。以策略训练为出发点，主要是因为人们具备认知能力和思维能力。大多数学者指出，当遇到问题时，人们会采取一系列策略推理出能够解决问题的方式方法，并有效完成文本的阅读理解。作为学生，一定要意识到阅读策略的价值、意义以及功能。因此，在学生阅读理解出现困难时，教师应该给予指导，指导学生通过策略解决困难。此外，教师可以采取解释与示范的方式，帮助学生选择恰当的阅读策略，从而增强学生的阅读理解能力。

5. 基于阅读内容的教学模式

基于阅读内容的教学模式强调的是阅读内容，阅读理解的前提条件是文本内容的研究和讨论。此教学模式的理论观点为，阅读理解是人类大脑对文本内容的准确解读，同时也是对信息的有效整合。在阅读理解时，若出现新的内容，人们不仅会分析新知识和前文内容之间的联系，而且还会思考新知识和自身所储备知识经验之间的联系，同时将这些信息充分结合起来，形成一种全新的知识体系。在这种教学模式中，教师提出某个主题或问题，让学生们展开自由的讨论和探究，充分发挥自身的分析能力和思维能力，常见的讨论主题有人物性格、情绪变化等。

从教师的角度分析，以上两种教学模式都是至关重要的，值得教师采纳和借鉴。基于阅读策略的教学重点是培养学生的综合能力，尤其是学生的学习能力。在教师的指导和帮助下，学生能够按照阅读内容以及出现的难题选择与之相适合的阅读策略。而对学生来说，除了有效理解阅读内容之外，还学会了相关策略的应用以及解决问题的技巧和办法，因此，在阅读新内容的过程中，学生具备足够的能力解决出现的难题，并能从中享受阅读所带来的乐趣。基于阅读内容的教学模式强调教师应该具备较高的知识水平和专业素养，教师既可以挖掘阅读内容的潜在含义，还能够根据遇到的难题，组织学生展开积极的讨论和分析，实现对阅读内容的正确理解。

基于阅读内容的教学模式提倡人们和文本内容的交流，还有解读能力和思考能力，这是教学模式的优势所在。当然，这两种教学模式还具有明显的缺点，基于阅读策略的教学模式容易显得机械化，人们阅读内容的目的是掌握相关阅读策略,使用不同的技巧和方式分析文本内容,导致教学过程过于沉闷、乏味,无法感受到文字多带来的乐趣。而基于阅读内容的教学模式则过于强调在教师的引导下对文本的解读,学生缺乏主观能动性,若没有教师的指导和帮助,甚至是提示,则学生无法独自完成对阅读内容的深度理解。从而导致学生对教师产生强烈的依赖感。因此,教师需要将这两种教学模式充分融合起来,在训练学生理解和分析能力的同时加强阅读策略的培养,既能够使学生感受到阅读所带来的乐趣、意义以及价值,还能够增强学生的阅读能力,掌握研究的技巧和方式等。

(三)大学英语阅读教学中思辨能力培养

大部分学生没有找到恰当、有效的方法来进行英语阅读理解,导致阅读理解能力提升非常缓慢。学生选择的阅读材料不合理、缺乏必要的阅读文化背景,导致学生思辨能力的薄弱以及无法充分调动学生的阅读兴趣等问题,使得学生不能准确的把握文章中的有利信息以及进行灵活运用。因此,在培养学生的阅读理解能力时应该首先考虑培养其思辨能力,而且还应该充分结合网络多媒体教学的优势。

1. 互联网多媒体教学法

通过网络多媒体教学法促进大学英语阅读教学的效率和效果,提升学生的阅读兴趣和培养思辨能力,教师主要可以采取以下三种方式进行:

(1)发挥网络互动优势,激发学生的学习兴趣。大学英语阅读教学在网络多媒体的推动下有了很大的发展空间,并为学生的积极参与创造条件。教师和学生可以利用网络多媒体进行学习资源的上传和共享。在实际的教学过程中,教师可以利用网络,并以教材大纲为基础来进行网络阅读资料库的构建,将教学大纲中的重难点以及一些课外知识都融入这个资料库中,从而为学生提供更加便利的阅读条件,以提升学生的理解能力。而且教师还可以利用网络多媒体的便捷性和趣味性,提升学生的学习兴趣。例如,教师应该多利用一些漫画、视频和图片等让学习资料更加丰富和立体,并可以采取一些特殊化的字体以及排版等突显学习材料的趣味性,从而更好地激发学生的积极性和主动性。

(2)科学合理地选择阅读材料。学生英语阅读能力的提升需要经过大量的训练以及选择正确的训练技巧来获得。因此,在进行阅读时最主要的是先选择合适的阅读材料。教师利用网络多媒体进行教学时，要尽量选择和课堂接近的材料。进行阅读教学之前，可以先让学生自己选择一些阅读材料，这样能够有效提升学生搜寻资料和信息获取能力；然后教师要对学生搜寻到的资料进行筛选和阅读，并让学生分成小组进行交流和谈论；最后可以让学生针对材料进行总结，教师对学生的总结予以一定的指导和评价。

（3）积极地开展课后拓展阅读。教师不仅要做好课堂阅读的教学，还要为学生提供更多的课后拓展阅读机会，充分发挥学生的阅读和动笔练习能力的优势。长期下去，能够帮助学生更好地集中注意力。教师积极引导学生进行阅读时，要将教材中的单元内容进行梳理，找到学生感兴趣的材料和内容，让学生进行书面报告的整理，然后开展演讲。

2. 文化教学法

语言和文化是密不可分的关系。大学生由于受文化背景条件的限制，因此在阅读中体现出思辨能力不足等缺陷。这也需要教师充分发挥文化教学法的优势，让学生对英语文化背景有更深刻的认识和理解。

（1）强化文化意识。教师在展开阅读教学中要充分进行文化的渗透，这样有利于培养学生的文化意识。阅读理解不仅要理解不同的文字含义，还要结合文化因素进行考虑和分析。若是忽视文化因素的影响和客观存在，会引起理解上的误差等。教师在阅读理解的教学中要注意文化知识和文化背景的渗透教学，对传统的教学模式进行改革，创新教学思维，将文化知识的教学提升到基础知识的层面上。

（2）开发文化载体。大学英语阅读教材从现状来看，其更新速度还有待提高，而且教材中还保留大量的、没有意义的、过时的话题和资讯。这要求教师充分发挥自己的引导和筛选职责，对阅读材料进行把握，挑选出学生感兴趣的、有现实意义的阅读材料，激发学生的学习积极性和热情；并可以加强开发各种有价值的文化载体，从而不断和现代技术融合，有利于阅读材料的与时俱进，与学生的实际生活关系更为密切，如此才能更好地获得学生的关注和喜爱。

（3）文化导入。在大学英语阅读教学过程中，可以采用文化导入等方式加强学生的文化敏感度。学生对英语文化的掌握需要充分发挥课堂教学的作用，需要教师做好相应的文化渗透工作。

（4）文化解答。传统的阅读教学过程中，教师更加注重解决知识跨度和难点问题，通常是以教师的课堂讲解为主，学生只能被动接受。一般会采取教师先将语法和句法等进行讲解，之后学生再进行阅读的方法。当然这种方法沿用了多年，肯定有其存在的必然性，它有利于教师将有关的文化背景如政治、经济、文学以及文化等内容进行渗透，帮助学生掌握一定的英语文化知识，有利于学生冲破文化差异的影响，从而能够更好地进行理解和掌握。但是在进行文化渗透的时候，应该不断加强创新，使其渗透方法更加合理和科学。在多年的教学研究中发现，进行文化渗透的一个重要途径是文化解答的方式。

四、大学英语写作教学设计与思辨能力培养

（一）大学英语写作教学目标

大学英语写作技能可分为一般、较高和更高三个层次的要求。

一般要求主要有：①能够独自完成一般性写作任务；②将个人思想情感和事件经历阐述出来；③能够完成一般性的应用文章；④能够在一定的时间内完成等于或多于120词的短文，并达到基本写作要求，如内容完整、条理清晰等；⑤具备基本的写作能力。

较高要求主要有：①能够围绕着主题表达自己的观点和想法；②能够独自完成学科论文中的英文摘要部分；③可以完成学科要求的英语小论文；④能够描述多种不同的图表；⑤可以在一定的时间内，写出等于或多于160词的短文，并满足写作要求，如观点明确、语句通顺等。

（二）大学英语写作教学方法

1. 大学写作输入和输出的互补

在英语语言学习中，通常包括两种形式，即输入和输出。输入的基本方式为"读"，而输出的基本方式为"写"。由于输入是输出的前提条件，因此，在英语写作教学中，教师应该高度重视二者之间的互补，将两者的优势都彰显出来。

学生在阅读的过程中既积累了大量的语言素材，又为之后的写作提供了灵感和启发，也就是说，"读"能够为"写"提供基本的写作素材。学生只有在大脑

中存储丰富的语言素材,才能顺利地展开写作。各种类别的阅读材料存在着作用不同的句子结构,如果学生能够掌握这些功能各异的语言素材,一定能增强自身的写作能力,并提高语言输出的速度和质量。此外,语言输入与语言输出具有正相关关系,语言输入越多,则语言输出的效果越明显,因此,学生要想提高自身的英语语言水平,必须要不断地阅读和积累,养成良好的英语思维习惯。在写作过程中,部分学生已经找到适合自己的表达方式,并认为这种表达方式舒服自然,然而,却说不清其中缘由,这就是英语语言中常常提及的效应,即语感效应。

2. 大学英语写作技巧的改善

英语写作技巧始终都是英语语言中的热点话题,大学英语教师要着重培养学生的写作技巧。可以针对以下四个方面进行培养:

(1)写作构思。写作构思是创作者有效把握文章整体结构和思路的基本前提,也就是说,文章写作的整个过程都离不开构思。写作构思的方式主要有三种:第一是思绪成串式。学生通过画圆圈的方式,将写作主题画在纸上,再依次写出与主题相关的词汇,经过归纳和总结之后,将写作思路表达出来;第二是自由写作式。面对作文题目,学生自由地进行想象和创作,同时将一些创新想法记录下来,并根据这些信息展开写作;第三是五官启发式。学生具有一定的感知能力,能够接收并整合大量信息,最后提取有利于写作的信息。

(2)文章开篇。良好的开端是成功的一半。文章的开头带给读者的印象是最深刻的,并且还将影响读者对文章的整体评价。因此,若文章开篇写得足够优秀,就能够吸引读者的目光,增强读者的阅读动力。文章开篇的方法主要有六种:第一,名言名句导入式。文章开头引入富含哲理的谚语或格言,就能够引人入胜;第二,故事导入式。在文章的开篇中,讲述一个精彩的小故事,明显吸引了读者的注意力;第三,比较、对比导入式。根据人们与生俱来的比较心理,在文章开篇采取对比的方式,可以激发读者的好奇心,主要起到了强调和突出的作用;第四,开门见山式。在国外的文章中经常出现此方法,由于国外人们基本上都是直线型思维,相对直接和爽快,因而能够赢得读者的认可和喜欢;第五,问答导入式。在文章的开篇提出问题,从而激起读者解决问题的动力,这种开篇方法等同于自问自答。这种方法也存在很多技巧,比如,所提出的问题能够激发人们的求知欲望；第六，定义导入式。若文章引入了新的概念或事物，则需要在开篇就明确其含义，这样有利于读者对之后内容的阅读和理解。定义导入式方法经常应用于说明文或科普类文章。

（3）文章段落发展。在明确写作思路和文章结构之后，就应该开始着手架构段落。主要采用四种方式展开段落：第一，根据过程展开。按照事情的发展过程进行写作；第二，根据时间展开。在记叙文的写作过程中，经常使用这种方式，按照事情发生时间的先后顺序进行写作；第三，根据逻辑展开。文章逻辑具体指思路的流畅性、段落的衔接性以及句子的连贯性等。对于文章的逻辑性而言，关联词是一种重要的衔接方式，不仅能够使文章更加流畅，还能引导读者正确思考；第四，根据空间展开。若想要描写某个地方的景物时，就可以采用这种方式，其原因在于能够为读者带来错落感和整体感。以上四种方式既能够单独使用，又能够综合使用。其中，具体的文章段落展开方法多种多样，比如，类比法、拆开分析法、叙述法、反驳法、重复法以及列举法等。

（4）文章结尾。善始善终指的是开头和结尾都是文章不可或缺的重要组成部分，对于写作成果而言，具有显著的影响。结尾的用途除了表达结果之外，还用于总结前文。常见的结尾方式包括：第一，重申主题式结尾。在文章的结尾部分，总结和强调内容主旨，加深读者对文章的理解和记忆；第二，总结式结尾。通过对全文内容的总结，从而达到揭示主题的目的；第三，反问式结尾。此结尾方式不仅具有突出主题的作用，还具有增强语气的作用；第四，建议式结尾。针对文章中具有争议性的问题，提出自己的想法观点以及解决意见等；第五，展望式结尾。在文章结尾处蕴含着期望，具有鼓舞和激励的作用。

3. 模仿写作

由于中国学生已经形成难以改变的汉语思维方式，通常采取翻译式写作方式，也就是说，首先用汉语思考，其次再将汉语转换成英语，导致写作效率明显不高。针对此问题，主要有两种解决方式，一种是仿写，在模仿写作的过程中，学生能够积累素材，掌握写作模式。另一种解决方式就是通过语块的应用展开写作教学。人们在学习语言的过程中就已经存储了不同情境下相应的语块。若需要运用语块，就可以直接从大脑中提取出来，省略了处理和组合大量单词的过程，这样就明显优化了语言输出的效果。基于语块的写作教学包括两种层次，一种是较低的层次，即运用语块将课文内容复述下来，比如，汉英互译、语块造句等。另一种是较高的层次，即学生以小组的形式围绕着课文内容展开讨论，在此过程中，教师给予正确的指导，指导学生识别和掌握具有不同作用的预制语块，再展开写作。节省了对单词的认知和组织环节，大幅度提高了语言输出的速度和质量，而教学层面主要集中在语言单位和语篇结构上。

（三）大学英语写作教学中思辨能力培养

写作是具有一定步骤和思路的一种技巧。只有对写作要领和方法进行领会和掌握，才能确保文章具有可读性。因此，教师应该将基本的写作步骤和写作要领传授给学生，与此同时还应该加强培养学生的思辨能力，从而帮助学生的写作更加有理有据、层次分明且具有可读性。

1. 互联网多媒体教学法

利用网络多媒体的优势，能够更好地发挥学生写作的积极性和主动性，从而有利于学生写作能力的培养，并加强学生的自我审查意识，也有利于其思辨能力的提升。

（1）大学的英语写作课堂可以充分利用计算机文字处理的便捷性，这比原有写作形式更加快捷、有效。通过计算机文字处理程序，能够帮助学生进行大小写、拼写、标点等的自动检测，有利于提高学生的写作效率。学生可以利用计算机文字处理程序中的拼写和语法功能对拼写错误进行识别，也可以通过计算机进自动识别语法中的一些简单错误。学生可以通过编辑功能完成写作中的句子组织、转移和段落链接，还可以通过剪切和添加手段进行文章的修改。

（2）大学英语写作教师中可以充分利用 E-mail 的快捷性加强师生之间的交流和合作。通过 E-mail 有利于学生和教师、同学以及网友之间进行沟通。学生可以利用 E-mail 发送自己的文章，供教师与同学指导和修改，并获得教师的指导意见和修改要求，从而进行文章修改和整理。而且教师还可以帮助学生和国外的学生通过 E-mail 加强沟通和交流，让学生可以更好地了解外国文化背景和国外的学习、毕业动向、家庭以及旅游等方面的情况，从而找到兴趣共同点，有利于激发学生写作热情，对学生的写作水平有较好的提升作用。

（3）教师应该鼓励学生采用网络多媒体进行英文写作。网络多媒体技术更加有利于资源的共享，而且不受时间和空间的限制，对英语教学资源的完善非常有利。在大学英语写作中引入网络多媒体技术，可以让学生更快捷地找到有价值的信息，并可以对检索到的信息进行深入的分析和讨论，从而更好地表达自己的意见和看法，使得写作更加顺畅。大学生大部分热衷于网上冲浪等，教师应该积极的把握好学生这个特征，加强学生对网络资源的利用和共享，这对激发学生的写作意愿非常有利。当然教师也要进行及时的指引和监督，创造更为有利的写作氛围。

2. 读写结合法

"读"是一种语言输入方式，而"写"是一种语言输出方式。"读"能够为"写"积累语言材料，不仅能够使学生知道写什么，还能使他们知道如何去写。

英语的表达逻辑和汉语语言还是有较大差别。详细来看，西方国家的表达更加直白和直接，之后再进行具体理由的描述。有所区别的是，中国人的表达更加委婉，措辞更加谨慎，会先阐释具体的理由之后再谈到中心思想，最后表明自己的看法和结论。以上的写作虽然没有明显的语法错误，但是和日常的英语表达逻辑有所差异。

以上学生所犯的错误是由于阅读量的严重缺乏所造成，还远达不到支持写作要求的量，但这并不代表学生的英语基础知识不够。若是学生之前有进行过请假条的阅读，则会更加清楚请假条的写作方式和表达方法，才能在写作中能够有效地把握写作技巧和要领。因此教师在学生的阅读中要发挥积极的引导作用，帮助学生进行更多的阅读。

第三节 基于大学英语 ESP 教学的思辨能力培养

目前，以网络技术为主的教育信息技术得到了快速的发展。信息技术在外语教学中的应用给传统的大学英语教学带来一场新的变革。以教育信息技术为平台的 ESP 教学将是大学外语教学的发展趋势。

一、大学英语 ESP 教学可行性

ESP 是"English for Specific Purposes"的缩写,即"专门用途英语"或"特殊用途英语",如旅游英语、外贸英语、财经英语、商务英语、工程英语等。

专门用途英语是一种多元化的教学理念。不同的学生有着不同的学习需求和目的,因此,英语专业的教学内容和方式方法也十分多样化。现如今具有专业用途的英语和相关的企业、学科领域等联系十分密切。因此,现在的英语教育必须要涉及足够多的知识面。不同学生在不同国家和地区,英语的用途、习惯以及相关的政策支持存在着天壤之别。这也是造成现如今专业英语教学的内容、方法等多样化的重要原因之一。

对于中国当今的英语教育形式,国内的一些研究者认为 ESP 是符合我国英语教育发展方向,但更多的研究者认为现在还不能给出确切的定论。他们觉得现在大学英语的学习需要进行阶段性的划分,首先学习所有人都要学习的通用英语,然后再根据学生的需求进行专业英语的教学和划分。但是我国的实际情况不允许这么做,因为我国大部分普通大学的英语教学只有英语公共课程。本身英语学习的时间相对较少,如果再进行分阶段教学,则学习英语的时间将得不到保证。这样一来不但不能起到好的效果,甚至会起到反作用。大多数大学应该用学术英语代替综合英语,以此让大学进行 ESP 课程教学。

让学生逐步从学习语言向使用语言转换,才是英语教学的终极目标,使学生具备在特定职业范围内灵活使用这门语言的能力。

ESP 教学重点将语言学习融进专业学习,使学生可以迅速地直接了解在实际工作中各个专业领域的最新行业动态,使学习与实践两者共同进步。在专业英语教学中引入 ESP 教学模式,为社会培养出既擅长专业,外语能力又强的综合型人才。

ESP 教学模式是从社会语言学角度,为语言教育制定一个高标准,也是社会实践发展提出的基本要求。因此,采用和专业领域英语理论指导大学英语教学课程具有必要的可行性。

（一）ESP 教学理念与大学英语培养目标一致

现在的英语教学不单要求学生能够听、说、读、写、译，更重要的是活学活用，将所学的专业英语知识融会贯通到自己的能力当中，在遇到不同的环境和情况时学以致用。而 ESP 刚好能够满足这些要求。除此以外，现在全国的各大学校都希望用正确的教学方式培养出一批能够活学活用、具有很强交际能力的专业人才，而 ESP 是很好的选择。

ESP 立足于"目标情景"分析或职业需求分析作为英语教学的基础，筛选出与职业需要或学术领域相适应的英语实践应用技能，然后结合单词、语法、教法等教学因素，塑造出一个高针对性、突出实用能力训练为目标的教学路径。因此，ESP 为大学英语实现教学目标提供了可借鉴的观念和教学工具。

（二）ESP 教学原则符合大学英语教学要求

ESP 遵循以学生为主体、真实性、需求分析三大教学原则，这三大教学原则也充分满足了大学英语教学的基本要求。

1. "以学生为中心"原则

ESP 教学模式以培养学生的英语交际能力为教学目标。根据学生学习英语的目的和原因确定教学目、选择内容和教学方法，满足学生用英语进行工作的需要和学习需要。虽然注重语言运用能力有助于陈述教学目的，但在 ESP 教学中关注的是语言学习并非是语言运用，切实有效和可行的 ESP 教学模式必须以深入了解语言学习过程为基础。

ESP 教学中的"语言学习"指通过一定的学习策略和教学方法，能够使学生理解和说出规范语言。突出"语言学习"，本质上是注重围绕学生为中心开展各种教学活动。

在教学大纲和课堂教学设计等方面，大学英语教学要由原来传统的以教师为中心的方式逐步向以学生为中心进行转变，丰富课堂教学活动，根据各种课程需求、考虑学生的语言水平差异，布置丰富多彩的课堂学习任务，让学生"在做中学"，充分发挥学生的自主学习能力和活动参与能力，提高学生的积极性，带动学生的主观能动性，在课堂活动中着力培养学生的语言应用能力和跨文化交流能力。

2. "真实性"原则

ESP教学真实性原则的重要体现是真实的学习任务。通过训练阅读技能、听说写等语言交际能力训练以及学习策略和交际策略的培养展现出真实性。为了提高针对性和目的性，大学英语教学要尽量采用与专业相关的真实材料，使学生毕业后能够尽快适应岗位工作环境，突出大学教学的实用性。就大学生本身来说，他们更倾向于目标岗位的真实任务和真实材料，关注度也大幅提高。

3. "需求分析"原则

经过大量的分析之后，人们得出两方面的需求：一是学生对于学习对象方面的需求。从学生的理想工作方式入手，了解分析他的交涉情况、工作情况以及会遇到的社会文化情况，并且分析它们会给学生带来的心理状况；二是分析学习对象的学术需求，即了解学生所希望获得哪些方面的知识、想要掌握哪些学习技巧以及有哪些学习方面的困难需要解决，还有学生所青睐的学习方法等。

ESP教学立足于需求分析，考虑各种学生的不同需要。通过"用中学，学中用，学用结合"的教学模式，为大学生提供一种有效获取职业或专业所需的语言交流形式途径，符合大学生的客观要求。

综上所述，ESP教学模式下语言教学和学习策略有助于行业发展、提高岗位技能，这些特点都极大地激发了学生的学习热情。ESP的教学原则立足于学生的真实需求，符合大学英语教学所倡导尊重学生的学习个性和特点，因此，专门用途英语理论指导大学英语展开教学，具有极高的可行性。

（三）学生具备接受 ESP 训练的能力

ESP学习群体基本上是成年人，英语对于他们来说更像是一种手段或工具，为今后专业学习服务，或者把英语看作完成工作的手段或工具学习，以便提高工作效率。

通过高中阶段的学习，大学生已打好了一定的英语语言基础，掌握了一定程度的语言共核部分，即在可以适合任何工作环境下的语言知识。学生现有的词汇量、语法知识、文化背景知识和交际技能已经可以帮助其进行常规的交际活动，学生群体已具有接受ESP训练的基础。在此基础上进行ESP教学，传授的知识会高于其现有知识，以帮助他们在某一专业领域或职业范围内达到英语知识和技能专门化，根据他们毕业后可能从事的专业领域，有意识地让学生转入营销英语、金融英语、机电英语、物流英语等各种专业英语，激发学生的学习兴趣。

二、基于ESP理论的大学英语教学改革

大学英语教学改革是建立在专门用途英语理论基础上，其核心目标是为了对大学英语教学中存在的不足之处进行完善和改进，主要从大学英语教学目标、课堂教学、考核方式、师资提高以及英语教材等方面入手。因此，大学英语教学改革具体从以下方层面进行：

（一）分析需求和确定英语教学目标

ESP强调的是学习中心论，所有大学英语课程的设立和教学都需要首先考虑是否满足目标需求和学习需求两个要素，并以此为基础进行大学英语教学目标和教学内容的确定，为学生创造目标情景学习空间，培养其就职能力水平。满足目标情境需求，是将学生对目标情境的不同态度予以挖掘和了解，具体可以从以下层面进行：

（1）目标情境中必需的知识与技能。对学生以后将要运用英语进行交流或参加活动时所要具备的知识和技能的一种目标情景需求。

（2）学生自身的需要。注重学生自身需求的满足，在英语课程设计时，还需要重点考虑学生学习的目标、对英语的看法、文化信息以及学习经历等因素。以学生为中心是课程设计的核心问题，这样才能满足学生的自身需求，让学生可以更加积极主动地参与学习。

（3）学生在目标情境中用语言工作存在的差距。找出学生目前所具备的语言知识、技能和目标情境中需要的语言知识、技能之间差距，并将其列为目标情境中的主要学习内容。在课程设计方面要从学生的实际水平和已有课程出发，才能让学习材料的难易程度符合学生需求，教材才能更加适用于学生。

学生的自身需求是大学英语教学必须把握的重要前提，对学生的语言基础和知识水平进行了解，对学生的兴趣和爱好进行掌握，并对市场需求进行分析，才能更加有效地掌握学生将会面对的岗位需求和交际情景，从而将必要的知识和技能传授给学生。因此，大学英语的教学要以实用性为核心。对学生的基础较弱情

况也要予以高度重视,从而将基础语言、基础知识传授给学生,将教学目标予以具体化。

基本上来说,教学目标应该以岗位需求为前提和基础,在此基础上提高学生的英语听、说、写和翻译等综合能力,确保学生能够适应岗位要求。

(二)根据实际情况自主研发英语教材

教材要和教学原则、教学方法、学习理论、教学实践以及教学目标相一致,是体现教学理论和教学方法的重要载体,是反映教和学之间关系的一种中介,在教学中有着重要作用。

现代技术的不断发展和普及,学习材料呈现出多样化的发展趋势,极大地丰富了职业教育教材的发展。学生的自身需求也呈现出多元化的发展,为了有效调动学生的学习兴趣和积极性,职业教育的教材应该和岗位需要的知识和技能保持一致性,加强学生的听力训练和口语训练,发挥英语作为一种交流工具的实际用途。

基础英语教材和专业英语教材在内容上也要有一定对应性,将英语的五大技能和实际交流作用予以重点关注,让英语的实用性价值充分发挥出来,并且可以依此进行教材的自主开发。

大学英语教材编排的第一原则要讲求实用性,要结合岗位需求进行知识和技能的传授,让学生真正具备工作能力。

1. 按照学生专业研发英语教材

在进行学习输入时,最重要的信息源就是教材,教材能够对 ESP 教学效果起到至关重要的影响。对教材的选择可以遵循需求分析原则,有利于教材选择的规律性和有效性。之后,要对符合需求的教材进行真实性地筛选,以确保教材能够满足实用性要求,可以对学生的交际需求起到一定帮助,并具备真实的交际内容和交际环境。

在需求分析理论和真实性原则指导下,对不同专业的教学目标和教学要进行确认,所有教学活动都应该以培养学生的实际岗位能力为前提和基础,教材的选择也要根据专业要求进行,要针对专业的特色和岗位特点进行教材选择,从而确定主要的教学内容和教学方法。

2. 按照岗位能力研发教材

大学英语专业应该以英语实际应用能力的培养为原则，从而选择实用性更强的教材，让学生的英语职业技能得到不断提升。

课程内容的整合和开发和社会经济技术的发展紧密相连，而且根据不同的教学目标和教学对象展开。课程结构是反映课程的组织和进程。

旅游是一种比较有代表性的跨文化交流行为，可以培养学生利用英语进行中国传统文化和自然风情介绍的能力，从而提高学生的英语交际能力和综合运用能力，有利于学生知识面的拓展，让学生的创新能力、实践能力和应用能力都得到较大提升，体现人才培养的时代性、即时性和实用性特征，并逐步推进和国际接轨的进度。

3. 师生、企业专业人才共同制定教材

大学教育人才培养的重要特征在于实用性和针对性，所以在专业课程设计过程中，要注重突出这两个特征，采用职业岗位分析和社会调查等方式，从而使得专业设置更加符合岗位技能需要，让英语教材和配套辅助教材的编排更加符合需要和更加具有特色，才能真正提高学生的英语综合能力。

对有关英语的深度、范围和内容的确定，需要结合专业课教师、毕业学生和资深行业从业人员的建议，还要将职场需要作为考虑的重要因素，并将教学知识拓展到课外。

（1）教师根据专业课程的特点编写教材。教师要阅读一些普及性的专业书籍，还可以从学生的专业教材和笔记中了解学生的掌握情况和知识框架结构，借鉴相关专家和同行教师的经验和方法，从而不断完善自己的专业技能和教学水平，虚心接受同行或者专家对学生 ESP 学习目标和内容的建议。从和已毕业的学生沟通中了解什么样的知识才是岗位需求、实用性最大的。对职场信息也要进行重点关注，对 ESP 教学内容和教学方向的确定可以借鉴人才招聘的要求。专业的设置要符合市场发展需求，教师要加强自身实践活动，了解市场需求，才能确保自己的讲义和教学内容满足市场实际需要。目前，大学逐步加大和企业的合作，对教学内容的完善和教材的发展都有着非常显著的作用。

（2）学生参与校本教材的开发与应用。在 ESP 校本素材的开发时，可以积极吸引学生参与，有利于充分发挥学生的主观能动性，调动学生的责任心，使ESP学习的针对性和实用性更为突出。

教师应该积极地引导学生参与职业岗位调研和社会需求调查，对岗位所需的知识和技能进行分析和了解。在进行ESP校本教材大纲的确认和内容选择时，要发挥学生的主体性作用，使其主动参与；将教师、学生、学校和校外企业等各方面的资源进行高度整合。学生收集ESP方面的资源还可以业余兼职、专业课程学习和网络媒体等途径获得，而已经参加工作的学生则可以通过实际工作获得技术和产品方面的英语材料。之后，师生之间应该加强交流和沟通，在收集到的学习资源上进行教材内容范围的确定，理清内容章节。与此同时，发挥现代信息技术的强大功能，设置公共网页平台，增设电子公告栏，作为其他专业教师、学生以及专家的教材编写素材。

教师通过引导学生进行ESP教材的搜集、整理和编辑，能够有效提高自己的专业业务能力。通过ESP教材的试用，才能够不断发现问题、解决问题，使其更加完善和系统。当然，随着时代和技术发展，应该让教材具备一定扩展性，才能随时补充最新的素材，将不适用的内容予以剔除。

（3）企业专业人才参与编写教材。专家和专业领域人士的参与，能够有效提高教材编制的效率和质量，所以在英语教材编制过程中，要尽可能地聘请资深人士和专家，对题材的选择也要考虑专业性和实用性，像目标岗位需要用到的技术合同、技术图纸、说明书或者专业词汇表等，都可以纳入教材范围。教学内容也要依据企业实际情况、产业结构的重建等变化进行及时调整和改进，对于和学生切实相关的，有利于提高学生综合能力的知识应该予以适当增补，而落后的、不符合实际的知识也应该予以剔除和淘汰，才能让教育内容和教学方法跟上实际岗位需求和市场发展需要，让学生掌握实用性强的知识和技能，从而适应职业发展需要和岗位需求。

（三）强化英语师资队伍建设

大学英语教师在课堂上不但要将英语有关的基础知识点、重难点以及关键点传授给学生，还需要适当地讲授专业知识，才能跟上英语课程改革的步伐。要使教育出来的学生综合能力得到不断提高，前提条件是要求教师多样化发展，从而不断提高教学质量和教学效率。但从现状来看，真正的双师型英语专业教师发展还只处于起步阶段，真正有学历、有职称、知识渊博的人才通常不愿意放弃自己的专业从事教育行业，这也是双师型教师严重缺乏的一个重要原因。因此，为了增加双师型教师师资力量，可以从以下两个方面入手：

1. 培养双师型教师

大学英语教师在从事教育工作过程中，要注重自身综合素质的提高，不断学习，不断提升。所以，教师要真正参与生产实践，对国际贸易、数控、机械等有关专业的生产流程进行了解，让自己的实践技能得到不断提升，才能在教学中真正把握实用性原则。外语系也应充分发挥自身优势，多方面利用他方资源，让师资队伍的建设和发展朝着复合型人才方向前进，因地制宜，争取一切可以利用的资源对教师展开培训活动，让教师在教学过程中不断提升自己的专业技能和综合能力；提倡教师参与进修、跟班听课等活动，促进教师双师化发展。

经过各种层次的培训活动，让教师的专业知识、理论水平、业务能力和学历得到不断提升，如经贸专业的教师承担着外经贸应用文写作、外经贸业务洽谈、外经贸英语函电等课程的讲授任务，为此可以充分利用网络资源的共享优势，对有关专业课程的最新资讯、信息进行收集和归纳，用于指导自己的讲义和教学内容，还可以加强和企业的合作和交流，将企业作为实习基地，将实践教学落实到位，并积极引导教师到生产第一线参观和实践，让教师到企业进行实习或者挂职锻炼，参与企业的科研项目，进行技术创新和技能提升等，对教师的发展都是非常有利的，而且让教师的教学水平和教学理念都能得到较快提升。教师通过参与生产实践，还能更加客观地认识到教学中存在的问题和不足之处，从岗位需求层面对教学内容和教学方法进行不断完善和改进。教师还应该积极地和企业人员进行交流和沟通，发现自己在实践中的不足，并找出问题症结所在，利用各种手段进行改进和完善，从而为实践教学提高依据。

2. 引进企业人才

聘请专业的英语教师，或者从企业和涉外行业中聘请资深人士作为兼职教师，能够极大地扩展大学的师资队伍建设，不论是专业教师的聘请，还是专家、学者以及高级商务人才的客串讲座，都能有效缓解大学教育师资队伍严重缺乏的问题。

随着市场竞争的加剧，一些企业的资深人士和高级管理人才也在不断调整和变动，而选择到大学就职也是一种选择，对于解决大学师资缺乏问题大有益处。此外，在大学英语教师队伍建设中吸引英语水平较高、具有工作经验的高级人才，能够帮助大学建设一支学历结构、知识结构都较高的师资队伍。

（四）建立科学的大学英语考核体系

1. 对英语基础知识与应用能力进行考核

现在，期末闭卷考试还是作为大学最主要的英语学科考核方法，而学生日常的出勤率、单词听写情况、作业完成情况、学生语言能力评价以及课堂表现情况等都作为平时成绩考核的依据。素质教育评价不应该局限于期末成绩考核，而是要包括语言技能、学习态度、学习策略、语言知识等各个层面，这样才能防止单纯的知识性考核。对此，大学英语的考核应该更加全面化，不但要在期末进行卷面考核，还需要将学生的日常表现进行综合考核。当然，大学英语学科考核不但要对基础知识进行考核，其应用能力的考核也非常重要。对学生的英语综合应用能力考核可以采用不定期的专项能力考试完成，利用对话、表演、讨论、竞赛、口译以及朗读等形式，全方位考核学生的各项能力掌握情况，这些考核不需要刻意进行，只要在平常的课堂中进行灵活贯穿即可。

课堂参与和期末口试是大学英语口语考核方式，如回答问题、参与课堂讨论、表达自己的观点、朗诵文章段落等方式的考核，都属于课堂参与考核方式。教师除了可以让学生朗读或者背诵教材上的内容外，还应该选取多种题材、具有一定实用知识的文章供学生朗诵。写作考核是通过日常的课后作业方式完成，教师需要根据课堂内容进行主题确定，然后让学生自由发挥，才能够促进学生写作兴趣，提高学生的写作水平，或者让学生练习英语海报、便条、个人简历、广告制作和通知等各种题材的写作，教师进行批改并给予相应分数，为每一个学生建立日常考核档案，教师要做好记录和归档工作，并将此作为课程考核的重要依据。除此以外，将学生参与的各种英语活动等表现进行记录，作为教学考评依据，并根据比例进行评分等。

2. 结合专业特色与岗位需求进行考核

英语听、说、读、写、译能力培养的侧重应该有所不同，主要是由不同的学生专业所决定，所以对考核标准也应该有所不同，而对于岗位需求的技能和知识要予以高度重视。对此，教师应该开展有利于满足岗位需求的有关专业知识训练，如进行广告、说明书、业务信函等内容的英语教学，或者进行角色扮演，引导学生积极参与，让学生的英语综合能力得到大幅度提高。具体可以通过和行业专家以及专业教师合作，让学生随机抽取一份英文材料，进行模拟操作，真正实现学、用、考三维合一的教学，让大学 ESP 教学的应用性原则获得充分发挥，还要根据考核结果给予学生一定奖罚制度。

对于学生的实训评价，企业和学校要从多方面入手，既要考核学生的英语技能，又要注重实际操作能力的考核，并将之作为期末考核的重要依据，且考试内容也要以企业岗位需求为前提，让学生的考核从实用性出发，注重学生英语应用能力的培养，让学生对自己的问题有客观认识，调动学生的主观能动性和学习热情；加强学生之间的团队合作精神，培养学生实际解决问题的能力，确保学生顺利就业。通过校企合作，既能让学生的英语应用能力得到提升，也能让大学英语教学的定向性和适用性特征得到最大程度的体现。

3. 结合英语等级和职业英语技能证书进行考核

在大学英语教学中，其重点和难点是对学生的实际运用能力进行培养和提高。所以，师生要以满足市场需求为前提的情况下，进行知识和技能的传授，并对等级考试和英语技能学习之间的关系予以正确对待。

高等院校的英语应用能力考核标准主要是为应用能力三级或者 B 级考试，对于毫无工作经验的学生来说，要证明自己的英语技能掌握程度，只有获取英语应用能力等级证。但是，获得英语应用能力等级证并非代表学生的英语应用能力较好，这只是英语考核的一个方面。

学生需要在课程前获得英语等级证书，才能有助于他们适应社会发展需求，也证明他们已经完成课程学习。每个行业的职业英语技能证书都具备自己的适应性和独特性，是鉴定大学生职业技能和职业能力的一种考试。学生获得这一个证书，将是一种能力的证明。所以，学生在大学学习期间，应该尽自己的能力考取各种职业英语技能证书，如金融专业英语证书考试、剑桥商务英语等级考试等，教师需要引导学生进行听、说、读、写、译等专业能力的学习，从而让学生在英语专业方面有更深的造诣，对于调动学生的积极性和主动性非常有利。

（五）校内外实训相结合教学

从语言学角度来看，人们在认知水平上的语言能力在一段时间后会遗忘，因此要不断强化和保持语言行为，并经常性地使用该语言，才能更好地巩固语言技能，才能让英语实践运用能力得到提升，也是大学英语教学的主要任务。

大学教育只有进行实践训练，才能真正体现出教育的实际应用性特征。因此，大学要积极引导学生进行技能训练，鼓励学生亲自参与岗位工作，培养学生的动手能力和解决问题的能力，确保学生能够顺利就业。要彻底改变大学教育重理论、轻实践的教学理念，才能促进英语教学向素质培育和职业技能培养转变，实现校内培养和校外实践的统一。

三、大学英语 ESP 教学中思辨能力的培养研究

（一）ESP 教学培养思辨能力的特征

ESP 教学的培养目标是有针对性的，有利于将思辨能力培养这一教学理念具体化，并增加思辨能力培养的可操作性。英语专业的教学在培养目标上只专注于培养掌握英语的人才，很少顾及全面人才的培养，尤其是创新能力、思辨能力以及对问题独立解决的能力。

英语专业的培养目标是培养具有扎实的语言基础以及广博的文化知识，并能够在教育、外事、科技、文化等部门熟练运用的复合型英语人才。现如今的社会，企业要求毕业生有独特的能力，不同的企业要求的能力也不尽相同。因此毕业生的能力应该有很大的差异性，但是这与广泛人才培养目标相互矛盾。这种矛盾使得未来学生难以受到针对性的教学。许多大纲的出现，解决了这一问题。大纲的培养目标要求学生有夯实的基础、宽泛的视野、敏捷的思维，并且掌握一定的商务知识和技能，同时兼备管理、经济、法律等多种学科的基础理论，要做到活学活用与工作相融会贯通。正是这些大纲明确的培养目标，使全国大学的英语 ESP 教学计划能够针对更多、更广泛的学生，同时也明确各种专业知识的重要性。

为了提升英语水平，全国大部分大学英语专业开设语言技能和语言知识课堂，专业知识与人文知识的比重很低。增加多元化的课程设置，对培养学生的专业知识和提升学生的思维能力大有裨益。

大学英语 ESP 教学具有专业知识背景和内在逻辑的教学材料，这很适合开展内容依托式教学，也就必然能够提升学生的思辨能力。

（二）大学英语 ESP 教学培养思辨能力的路径

（1）明确思辨能力培养的地位。当代中国大学英语专业的现状大多只是培养学生的知识和技能，而忽略学生的高级思维能力和思维敏捷性。因此，人们有必要更加注重人才思维能力的培养，明确思维能力在培养目标里的重要地位，使每位大学生都拥有一定的思维辨别能力；同时在设置课程大纲和相关专业知识培养时，更加注重培养学生的思维能力，在专业课程和平时的教学计划中也要对学生的思辨能力作出相应的计划安排。

（2）注重在教学内容上培养思辨能力。完成相应的任务和参加特定的项目是中国大学英语 ESP 教学的主要模式。这种模式可以提高学生对知识的掌握能力，同时在 ESP 课程上，教师也会组织学生们进行讨论、竞赛和辩论等来提升学生知识掌握程度和思辨能力。

第六章　多元文化视域下大学英语教学与设计的多维发展

多维教育是深化高校教育改革的关键，在大学英语课堂教学中，教师要灵活运用多维的教学手段来提高学生的学习意识和能力。本章内容包括大学英语对分课堂教学设计与实现、大学英语教学的创客理念创新研究、大学英语教学模式设计有效性策略研究、教育生态学视角下英语生态化课程体系。

第一节　大学英语对分课堂教学设计与实现

一、对分课堂的英语教学生成性设计

（一）对分课堂生成性教学设计理论

1. 人本主义

人本主义学习理论于 20 世纪五六十年代被以罗杰斯和马斯洛为代表学者提出，这一理论深刻批判了行为主义学习理论的不足和问题。人本主义学习理论的原则是全面培养，不仅关注学生的知识传授，更强调学生态度、价值和情感教育，从而促进学生实现自我价值。

人本主义学习理论包括三个主要思想：其一，该理论认为学生的认知行为和内心情感结合成一个具有协调性的活动过程被称为学习；其二，对于学生来说，学习一定会产生价值，是学生进行的有意义活动；其三，学生在学习中处于主导

地位。这一理论充分尊重了学生的思想和精神，非常重视对学生的内在动机激发，并对学生的主体地位予以高度重视。

人本主义最核心的思想是需求理论，通过教师关注学生的自身需求而进行学习动机的激发，引导学生进行积极主动地学习，从而实现自我价值，也是需求理论对教学过程中产生的重要影响。

所以，人本主义理论对教学的影响作用主要表现为在该理论指导下，在教学设计时比较注重学生的学习需求，同时，对学生之间的差异也给予高度关注，所有的教学设计都是站在学生的角度出发。

2. 哲学思维

现代哲学的核心思想是生成性思维，和本质主义思想认为事物是不会改变以及终极价值的看法不同。现代生成性哲学思想指出，任务事物都是变化的，发展的，随时发生改变的，不可能具备预想的本质。为此，在教学过程中引入生成性思维理论，主要表现在生成性思维理论指导下，教学不再具备永恒不变和事先预定的规律和本质，所有的规律和本质都是随着教学展开而生成，是随时产生变化的一个过程。

以生成性思维理论角度来看，教学设计也是生成性的，认为所有的教学都是在发展中形成，因此生成性教学设计需要根据教学过程的实际情况，予以调整和完善。

3. 建构主义

在构建主义理论中，包括四个主要组成因素：一是情境；二是协作；三是会话；四是意义。构建主义学习理论指出，知识的获得是学生根据一定情境，参与和其他学生以及教师的协作和沟通，并从中主动获得知识，而非是被动灌输。学生习得的知识和技能主要受学生自身构建知识能力的影响，而非是教师传授多少知识。所以，只有重视学生的主体地位，并利用适当的教学情境，进行小组活动或者会话等，积极调动学生的学习热情和学习主动性，才能让学生获得更多有意义的知识构建，同时加强新知识和旧知识的融合和构建等学习过程，提高学习效率。

教师、学生和内容之间进行有效积极的互动，是分课堂生成性教学设计产生的重要动力。在生成性教学设计中引入构建主义的相关理论，有利于加强学生和学习环境之间的互动和交流，积极引导学生进行主动的新旧知识意义构建。

（二）对分课堂生成性教学设计

1. 教学环境设计

（1）平台的选择。英语生成性教学设计要求在教学过程中不断对教学设计进行调整和完善，才能符合生成的本质需要。换句话说，在分课堂教学的整个过程中，只有生成性思维会对课堂教学设计形成较大影响，才能创设更加开放、更加有利于学生互动的学习环境，并产生大量生成性教学资源，不断加强对教学过程中产生新信息、新思路和新想法的利用，从而使教学设计获得更好的创意，得到最恰当的、最及时的调整和完善。但是，受现实情况制约，在课堂中，师生之间缺少互动，而且教师在有限的课时中并不能做到对学生进行全方位地了解和认识，对课堂教学过程中产生的新思路、新信息也无法及时捕捉。为了更好地加强教师在课堂中和学生的互动，以及帮助教师更好地了解学生的实际情况，可在比较符合教学发展要求的信息技术工具帮助和协助下，进行生成性学习环境的构建，为学生的构建性学习提供便利条件。

生成产生环境具有一定变化性和随机性特征，为了更好地引导学生进行生成性思维的发散和扩展，需要让学生在课堂中具备充分的机会和权利，让他们可以有条件和机会表达自己的想法和建议。

（2）平台功能及生成服务。电脑端和手机端是教学工具的两个类型。电脑端是一种插件形式的 PPT 文件，手机端则对微信公众号进行关注既可使用。外语教学中，将各种现代化的信息技术进行结合和融入，制成 PPT 文件或者微信公众号内容，而教师起到连接智能终端和学生之间的作用，实现新型的课堂教学活动。丰富的教学资源有利于学生的个性化发展，让学生积极主动地思考，并且在看待问题时能够更加全面和系统化。

教师在进行教学预设时，可以充分利用丰富的学习资源，有效促进学生的学习动机，让学生可以在学习中获得成就感和收获感，让教师可以更加全面系统地了解学生的个体性差异，对学生的评价会更加客观、公正，加强师生之间的联系和互动，为学生创造有利环境。

2. 教学资源设计

教学过程中使用的各种素材和可利用条件都是学习资源。学习资源的设计，在设计分课堂的生成性教学中包含生成性和预设性两种学习资源。

（1）预设性资源设计。生成性学习资源是建立在预设性学习资源基础上，其产生受到预设性学习资源的质量影响。若是经验不足的年轻教师，更要注重对教学时运用的教学资源的了解，将资源融入教学中。教师在课堂前准备的资源是预设性学习资源，包括话题讨论、作业与任务等。

1）设计多媒体资源。多元化的知识表征形式是对媒体资源进行制作的重要内容。知识表征形式需要根据不同的知识类型加以变化。课程使用的 PPT 课件是学习资源的载体，除此之外，图文网页、文档等也是补充性资源。

2）设计讨论话题和测试。传授知识是整个教学过程中的第一个步骤，教师可以利用课程中的测试和话题讨论，了解学生的学习情况，学生也可以从中得到认知冲突，更好地构建知识结构。

3）设计作业和任务。作业可以使学生在对分课堂的教学模式中将知识内化，还能够将学生的讨论与教师的讲授进行直接连接。学生在课堂中讨论的参与度和积极性，在一定程度上受到作业的影响。教师的任务是按照学生的层次给学生布置作业，作业任务应当结合学生的学习需求与生活情况而定，使学生的学习热情被激发出来。

（2）生成性资源设计。生成性教学设计下的学习资源设计重视偶发性教学事件及其附加价值。学生在课堂结束后对课堂的整体印象是生成性学习资源的来源，教师可以利用这种资源进行学习。这种资源包括发散性资源、分享型资源等。生成行学习资源的生成是随机的，与动态教学共同存，并以预设性学习资源为基础。

1）开放性原则。生成发生需要开放，学生在民主开放的学习环境中能够更加畅所欲言，有利于生成性学习资源的生成。要构成民主开放的教学环境，教师需要开放的心态，对学习内容和目标设置也需要富有弹性，教师可以在课程中适当留白；若建立开放的心态，需要在课堂中为学生提供更多的自主性，不应以自我为中心，而是让学生自由地发表观点，对学生的意见充分采纳，进行课程的适当删减与调整，让学生能够更好地适应课堂和学习内容。生成性资源需要灵活的教学过程和课堂留白，从而促进教师与学生之间的合作。

2）互动性原则。教学是一种交往形式，与日常交往不同，还包括教师向学生传授知识的单向活动，教师与学生之间的互相讨论与合作分享等动态过程。课堂不是教师一个人的，而是师生共同拥有的，课堂中应当有教学的互动；师生与生生在课堂中应当进行充分交流，让学生充分参与课堂讨论，体会到信息技术的乐趣。

3）价值性原则。偶发性教学事件具有一定附加价值。生成性教学理念也是一种学习资源，应当给予重视，但教学的大方向不应当被改变。价值是生成性教学资源生成的前提，偶发性的教学事件是否具有学习资源价值的判断，需要依靠教师敏锐的辨别能力。在实际教学中，很难保证学生在实际教学中可以全身心地投入，并且关注知识的增长，学生在课堂中会制造与课堂无关的意外，这是难以避免的。所以，教师应当在生成性资源中有所取舍，正确地进行教学，营造良好的教学氛围。

二、对分课堂实践的反思和提升

（一）科学选择教材，形成框架式讲授模式

按照教材体系进行授课，并在授课时对体系进行一定补充完善。因为教材难免会有表述不到位的地方，需要教师进行资料查阅，并在课后给学生布置学习任务，在对教材的不断改进过程中创造最合适的教材。

对分课堂中，教师应当进行框架式讲授，学生可以在这种讲授方式下有足够的讨论时间；学生可以提出问题，供教师考查授课的重难点。教师可以找出每个章节的线索，提高教学效率，节省课堂时间；教师可以不局限于课堂的主用教材，利用其他参考书，重新组织自己使用的教材，对教材的知识结构进行不断充实。此外，思维导图可以很好地促进框架式讲解的应用。教师利用图表对授课内容进行梳理，能够让学生的思路更加清晰，更好地吸收知识并对教材进行理解。思维导图也可以在实验心理学中进行应用。

（二）以问题为导向，提高课堂讨论效果

教师应当在每个学期的开始前充分准备自己要讲授的内容，熟悉教材，并安排适当的教学进度，将自己的教学目的重点和难点进行充分明确，在教学前应当计算每一部分的讲解和讨论时间。对于节假日和活动对课程的影响也要考虑到位。学生可以在教师准备充分的情况下，更加自如地融入课堂中，畅所欲言，从而提高自信。

教师在讨论时可以提出问题并对问题应当给予高度重视。这正是课程重难点的资源，教师应当以这些问题为导向讲解教材内容，让学生更好地理解和接受。通过这种方式，课堂时间也会被节省，从而提高效率。

分组讨论是对分课堂的提倡内容，一个小组3～4人，主要划分方法视班级大小而定。分组时要考虑男女生人数和学生学习情况。在这种课堂中，难度最大的部分是讨论。讨论考虑包括讨论的内容形式和细节等问题。不同的学生有不同的学习状况和学习状态，教师应当考虑讨论的各个细节，并且合理地设置讨论问题和形式，在讨论后作出有效的评价和回答。小组和个人都是讨论后考评的单位。同时，教师也要不断学习，结合理论与实践。

（三）正确认识对分课堂中师生角色

教师的基本能力是对分课堂实施的重大因素，包含教师的组织能力、应变能力和语言表达能力等，课堂对这些能力的需求较高，教师应当不断培养和锻炼自己的能力。教师的教学功底在对分课堂上能够更大地体现出来，因此需要教师增加组织管理能力和经验。教师需要对"对分课堂"中的学生知识功底和能力进行详细了解，了解学生对哪些课程已经熟悉，以及学生的学习基础、学习背景等。除此之外，教师应当了解学生学习之外的情况，因为教师的教学工作会受到学生年龄、层次和兴趣影响。教师应当合理地分配教授课程和其他课程之间的关系。因为一些学生只能大概记住自己学习过的基础课程，又由于课堂时间的限制，教师并不能带领学生复习知识，只能在课堂中融入一定知识。

学生批判思维能力的培养，也是对分课堂的目标之一；教师的科学态度以及方法是对分课堂的重要推动力，教师应当培养自我批判的接受能力，从而使学生养成良好的思维习惯。师生在课堂实践中互相影响，相互促进。教师在课堂中应当了解学生对教材的解读和学生提出的问题，并对此进行解答。学生的表达方式和对各种问题的思考也是教师应当学习的内容，教师可以根据这些内容进行教学改善。在这个过程中，师生能够互相促进成长。

（四）合理布置课后阅读和作业

在对分课堂教学模式中，作业非常重要，学生的学习结果需要根据专业指标进行评价。作业可以对讲授与讨论的核心环节进行连接，促进对分课堂的成功，这是实践初期重要的指标。教师应当充分考虑学生作业的形式内容、布置和收发。作业布置应当避免高难度和高强度，对分课堂的课后作业对时间的占用较多，作业任务过重。对此，教师应当根据学生能力对作业进行布置，在接收到合适作业的情况下，学生能够更好地完成学习内容，但学生作业完成的质量，根据个人有所差别。作业是促进学生课后学习的工具，让学生能够更深入地理解课堂学习内容，更好地融入课堂小组交流中。此外，教师不能布置过多的课外阅读材料，材料难度应当让学生容易接受，在阅读前为学生讲解材料的重点。

第二节　大学英语教学的创客理念创新研究

一、创客教育理念及其特点

（一）创客教育理念

从创客教育的宏观、中观和微观三个角度的定审视可以得出：创客教育是一种指导性教学理论。从终身学习层面来看，个体的终身发展会涉及创客教育，但是在不同时期的侧重点会有所不同：创客教育对创客素质和创客精神的培养是在基础教育阶段的关键内容；对学生创客知能的重点培养主要应该在高等教育阶段，这一阶段需要完成将创客精神和创客素质转化成创客实践能力的重要任务；注重创客实践能力的培养主要是在社会教育这一阶段。

创客教育在各个阶段的表现形式各有不同，从内涵上来说始终保持一惯性，也就是始终坚持教育理念为学习方式和科学技术的结合，都需要通过创造性得到发挥。

（1）基于创造的学习模式。创客教育主张学生在知识和技能的获取过程中采用自己动手创造的方式完成，一般将创客教育分为四个步骤：第一步是创意收集阶段；第二步是模型设计阶段；第三部是原型制作阶段；第四步是分享交流阶段，不论处于哪一个阶段，强调的都是学生的自主性，学生在学习过程中不论是进行问题的发掘还是问题的分析，都应该独立或者相互协作，同时需要自主进行解决方案的设计，并将自己的创意融入动手创作过程中。创客教育要求学生发挥主观能动性，积极探索，并从中获得知识和技能的提升，是通过实践进行学习的重要升级。因此，可以说创造性是创客教育的核心内容。

（2）硬技术与软技术的支持。在创客教育中，创客学习环境的创设以及协助学员之间的交流都可以通过硬技术实现。首先，随着智能材料、数字设计技术以及3D打印技术的发展和普及，为创造设计和成果生成创造便利条件，也降低了使用成本，科技创新的成本越来越低，让学生有条件参与发明创造；其次，小组成员之间的沟通和交流有了硬技术的支持而变得更加快速和便捷，有利于学生之间进行远程协助交流。小组成员之间分享自己的经验和观点，不但可以利用实时交流工具，还可以使用非实时交流工具，提高了交流机会。

创客教学方式的理论支持和策略指导的实现，则需要软技术的支持。所谓软技术指建立在硬技术基础上，为创客教学提供方法和策略的一种技术，如创客教育组织方法、创客项目评价方式和创客项目设计策略等，都属于创客教育模式中的软技术。

（3）关注个体全人发展。创客教育的内涵之三是关注个体的全人发展。从全人发展观的角度来说，最高目标是在生命中体会到美、快乐和爱。因此，在教育过程中，要释放学生的天性，尊重他们的意愿，并将学生的客观成就和本质联系起来。基于全人发展观形成的学习观点，主要由六个要素组成学科知识的习得、创新能力的发掘、自我认知的培养、协作互助、沟通交流能力的提升、社会责任感的培养。

个体的全人发展内涵非常丰富，不仅包括基础知识的学习、创新创造能力的激发，还需要学生不断提升自己的沟通交流能力、自我认知能力以及合作互助精神。培训学生的创造能力不但需要激发学生的创造潜力,更要培养学生的创新意志力和创新情感。创客教育最终是为了让学生释放天性,将创造潜能最大限度地发挥出来,让学生不再局限于对技术和艺术的注重,更要为人类造福,为社会造福,才能更好地完成个体的全人发展。

(二)创客教育的基本特点

(1)以"专业能力"为教育基础。高校中开展创客教育,需要发挥人才优势,并冲破学科边界的限制。任何问题以及解决问题的方法,其核心内容都是要掌握该专业的知识。创客教育的目标是要培养能够适应瞬息万的人才,和创新教育在本质上有着相通之处,但创客教育有别于其他教育的一个最大不同之处在于,其完全以兴趣或者爱好为前提进行学习,不需要建立在生存和就业需求基础上,这一特点有利于着重培养学生的创意,并通过结合计算机软硬件技术和专业能力,使其转变为现实物质或者精神产品。

从构建主义知识观的角度看,学习知识既有习得新知识也有原有知识的重构,创客教育也是同样的,既要能够让学生获得实际问题的解决能力,也要有所创新,突破原有思维,从而将创意转变为产品,并在实践中不断积累经验和知识,才能真正落实创客教育。

(2)以"工匠精神"为精神内核。匠人精神是追求高品质,是职业精神的最终目标,创客精神是从工匠精神延续而来,是对任何一件事物的精益求精,是对高品质,高要求的追求。有专家认为,数字技术的不断发展,将迎来个体制造时代,而创客人群最早源于日本的御宅文化,是将动漫世界打造成现实世界的一类人群。这种想法在工业时代需要通过亲自动手完成,不能大规模地进行生产,其中更加凸显出对个性化的、高品质事物的追求,也是创客精神精益求精本质的体现,要求在创客教育中坚持追求精益求精、卓越不凡、持之以恒的精神和态度。

(3)以"协同环链"为发展关键。美国经济学家安德森指出:创客运动追求的创新方式是开放性的,并非只是合作完成或者单独制作。从自己做到一起做,让公众对创造有了新的认识。任何专业的、具备不同背景的人才都能够在实践载体创客空间中获得发展空间,并将各个专业、各种资源和优势链接成一个系统化的工程,产生较大的协同作用,从而将资源和知识的优势予以最大化,对资源共享、主体共享以及文化共享创造了有利条件和前提,形成一个包括高校、政府、企业、家庭等在内的良性协调链接,同时形成一个创新和创业、实习和实训、教育和实践为一体的校内协调形式;有利于高校和社会、企业、组织以及其他群体形成良好的校外协调关系。

(4)以"大成智慧者"为终极目标。以技术作为手段,通过整合人类抽象智慧,如知识储备、逻辑思维能力和信息资源工程,被称为大成智能工程。在这个过程中,采用的技术一般是人们对事物进行分析的办法。也就是说,依托于对事物的定性分析发展到实践的定量分析而形成一种或者一系列技术。

大成智慧结合了人们的思维、思想以及现实技术。换句话说,是在现有的信息网络上结合人脑信息处理工程,从而形成一个功能更加强大、结构更加复杂的信息处理工程。这一工程很好地证明了理论和实践是相互促进、缺一不可的重要关系。

二、创客教育理念在大学英语教学中的运用

(一)点燃大学生创客基因

为了激发学生的学习热情和兴趣,为学生创造更加自由的发展空间,可以布置创造性的设计课外作业。例如,让学生进行课本剧的改编、朗诵、表演和演讲等方式,巩固和内化课堂学习的内容,并且让学生充分发挥出个人特长和爱好,不限定学生的发挥时间和发挥形式,让学生可以展示自己的能力,给学生充分展示自己的机会,而不会受到课堂时间的限制。为学生打造一个相对宽松的学习环境,有利于学生发挥自己长处、主动思考,激发学生的创新意识,从而对英语学习产生浓厚的兴趣,并积极主动地参与英语学习实践,将学生的潜力最大限度地挖掘出来。

(二)争做创客型教师

培养学生的创新意识需要教师具备强烈的创新意识,否则教育无从谈起。教师在英语教学过程中,要注意根据学生的学习特点、教材要求等进行教学活动的设计和教学方法的选择,体现出教学特征和教学创造性,为自己成长为一个创客型教师而努力,让课堂转变成知识创造的空间,才能有效激发学生的创造性,教

师的表率作用将对学生起到积极影响，让学生更加自主地参与创客教育。

（三）营造创客空间

不论是创新还是创造，都需要一定的氛围和空间支持。在以往的教学过程中，教师一般处于主导地位，为学生安排好每一个环节的学习，为学生的学习提供最大的便捷性，避免学生出错。这种教学模式在一定程度上限制了学生的思维发展，无法获得自我突破和创新性思维的提升。

实际上，创客空间对于英语教学的作用不可忽视。通过英语兴趣社团、校园艺术节以及校园电视台等方式，促进学生的思维发展和创造性能力的提升，为其提供发挥平台，让学生通过情景剧、课本剧的展示突破自我，获得创造的兴趣和热情，也能有效调动学生的英语学习主动性和积极性。

（四）培育创客学生

在创新和探索过程中，难免遭遇失败和挫折。因此，保持心理的自由和安全，才能确保不会放弃创新。一个相对放松的心理状态有利于激发学生的创新思维，而且给予学生足够的心理安全感，才能让其进行创新行为。在课堂中，学生难免会出现误差和错误，若是被教师无情制止和批评的话，将会让学生的创新想法偃旗息鼓，从而抑制学生的创造性思维发展。创新是要能够容忍失败，允许犯错。尤其是在英语课堂中，教学需要对学生的创新表现予以肯定，给予赞扬，才能让学生获得足够的心理安全感和心理自由感。

三、创客教育理念下大学英语教学的创新

创客是对教育的一次重要变革，尤其是在高校的英语教学中，创客教育理念的灌输，能够帮助学生转变成知识的创造者和运用者，而非只是简单地作为知识的接收者。在高校英语教学中结合创客精神，让学生在体验和实践中进行英语学习，不再只是英语知识的接收者，有利于加强各个小组成员之间的合作和交流，有利于提高语言输出的效果，同时培养学生的团队合作精神和实际解决问题的能力，为学生的创新思维发展提供更加广阔的空间。

（一）创客教育推动学生学习方式

创客教育能够促进学生的自主探究式学习，从而形成一个生态化的语言学习

环境，也是创客教育的初衷和目标所在。大卫·库伯提出的体验式学习模型，是让学生在互联网的环境中进行英语创客学习，结合网络课程资源共享平台，为学生提供在线学习机会，让学生自主完成探究式学习；通过爱课程网等网络课程资源共享平台，将有关的英语知识传递给学生，教师在此基础上进行创客课程设计。例如，教师在针对国际贸易专业学生进行创客课程设计时，可以结合网络购物平台进行实际场景模拟，让学生自主地解决问题，达成交易，更有利于学生发现问题，并进行解决方案的拟定和实施，最终解决问题。将这种类似于个案的课程进行完善和总结，使之成为一个普及化的课程，然后放在创客课程网上，供其他学生进行学习和探究，帮助更多的学生获得学习灵感，这种方式能够确保自主学习得到良好循环，让学生在实践中获得知识的增加和能力的提升。

（二）创客教育推动教师教学方法

创客教育有利于推进学生为中心的实践探究式教学方法的转变速度，也是创客教育得以实现的前提条件。从项目教学法和创新教育理论角度来看，教师将项目单位定为 topic，并对创客项目进行设计，用一系列 topics 组成整个学期或者整个学年的教学任务，明确教学目标和任务，同时兼顾学生的兴趣和爱好，才能激发学生的积极性；将学习任务传达给学生，让学生有充足的时间进行准备；教学任务要具备一定挑战性和趣味性，以获得学生的关注。比如在进行 Introducing A Company 教学时，可以将 topic 分成六个教学课时，教授新单词和课文分析可以占到四个课时，而且在这四个课时中还要进行适当的听力训练，剩余两个课时需要留给学生做创客项目的准备。学生以小组为单位，介绍一个毕业后最想去的公司或理想中的公司（教学目标贴近生活，模拟社会，与学生的自身需求息息相关）。三个教学目标为：①这是一个公司的结构；②它们是公司的主要产品和服务；③公司文化；让学生运用课文中的新单词和仿照课文介绍自己感兴趣的公司。这需要综合运用本单元所学知识以及之前所学的知识。

学生若要高效率地完成学习任务，需要进行资料和信息的收集，可以通过图书馆查阅以及网络查找等方式获得，并进行绘画、写作演讲技巧以及手工材料的准备，加强团队合作。这些准备过程都能够帮助学生获得综合运用知识能力的提升，并懂得分享合作的重要性，激发手脑协作，从实践中进行学习，帮助学生认识创新教育的实质。

（三）创客教育推动教学反馈机制的改革创新

英语创客教育过程中要重视和小组的深度融合并进行及时反馈。从社会构建主义理论角度看，加强团队间的合作和沟通，有利于人们在已有的知识基础上构建新的知识框架。在创客教育过程中，核心点在于对知识进行及时反馈，并加强小组的合作精神。因为组成小组的成员特长、特点各有不同，比如有些成员的特长在于口语，有的写作能力强，有的收集资料能力比较突出，有的具有领导能力，通过小组合作，能够有效发挥每个成员的特长，相互促进，达到更好的学习效率和学习效果。

互联网的不断发展和普及，也为英语创客教育的发展创造了有利条件，学生获取信息的渠道更加广泛，信息获取更加便捷，但是海量的信息难免鱼龙混杂，这需要学生具备一定的辨别能力，也是英语创客教育所必不可少的一种能力。教学反馈机制能够加强小组之间的沟通和协作，并最大限度地发挥信息的作用和价值。所以，在创客教育中融合团队协作和及时反馈，能够帮助学生更好地进行体验式学习。

为了有效加强创客教育和创新人才培养，需要加强高校和相关企业、教师和有关研究人员的协作，为创客教育的发展和普及创造机会。在创客教育发展过程中，任何一个成员都是不可或缺的，若是不注重协作，将无法完全发挥出最大作用和最大价值。创客文化和创客运动一脉相承，创客文化中包含了协同创新，所以需要企业、高校、创客以及相关教研教师的通力合作，最大限度地发挥出创客教育价值。

第三节 大学英语教学模式设计有效性策略研究

一、大学英语课堂听说教学有效性策略

在大学英语听说课堂教学中，要改变低效的现状，必须要有科学的教学理念，

特别是要提倡以学生为中心的合作性、探究性、对话性的教学理念，贯彻有效性、互动性、参与度高的教学原则，改变听说现状，促进听说教学的进步和发展。

（一）优化听说教学内容

教师和学生在教学过程中为了共同的教学目标而相互作用和服务之后所形成的信息就是教学内容。在人们的印象中，教材等于教学内容，认为课程标准和教师有相同的要求，但这种认识并不全面。教材只是单纯地承载教学内容，两者特性不同，因为教学内容具有实际作用，而教学实际与教材和课程内容经过教师和学生的综合加工之后才是教学内容。一方面，师生要加工和选择相应的教材内容，并在教学过程中充分利用教材；另一方面，师生可以对教材进行科学加工，安排教学过程，这一过程包含师生的整个实际活动，其中有教材内容、方法论指示、动机作用、价值判断、引导作用、规范概念等。因此，教学内容的构成包含教材内容，如果教学内容以听说为主，则应该包含活动设计、课堂组织与拓展以及教材内容等方面。

在外语学习中，听说材料的作用是语言输入，有着较为重要的地位。听说效果、学习策略与难易度等听说因素，与外语听说材料的联系非常密切，能否在听说教学中得到良好的效果，取决于所选的语言材料是否合适，所学的教学素材应与生活实际有紧密关联。因此，教师在进行听说教学时要整合不同种类的教学材料，吸收不同教材优势，不局限于一种教材，所选的话题应符合学生兴趣，通过互联网筛选出合适的英语资源，也可以对其进行编辑，丰富题材种类，增加体裁形式，既可以让学生在短时间内接受，符合他们的英语水平，又可以锻炼他们的听说能力，使他们能够独立思考，并提高他们的创新能力。

总之，教师对教学内容的设计要符合教学和教育原则，合理安排不同的教学部分，既要保证听说材料适用于大部分学生，也要保证题型的科学性。在优化教学内容时，可从下列六个方面入手：

（1）选择合适的听说材料。听说课教学材料的选择要符合学生当前的英语水平。教师所选的材料不应该过于简单或困难，这样会使学生失去兴趣，材料的难易程度略高于学生当前的水平即可。

（2）注重语音基础训练。学生听不懂语言材料往往是因为发音不正确或带有方言，无法将听到的语音和正确的单词联系起来。无法将词语用正确的语言表达出来。语音输入产生偏差，会导致输出不当。所以，正音训练必不可少，标准的读音可以增强学生学习英语的信心。对于教材中的每一个单词，教师既可以加强听辨音技巧的训练，也可以强化语音，引导学生掌握更多的语音知识，做到每一次都能够正确发音，而且应将其与实践相结合。

（3）跟读练习和复述练习。学生对听到的材料边听边复述。很多学生表示，听懂一段材料不难，但难的是如何顺利地表达。教师可以在课后总结时，让学生跟读课上的重点内容，学生通过练习，既可以对所学知识有更深入的印象，也可以让学生在听说过程中增加抗干扰能力。

（4）主题思想识别练习。可以让学生对文章主旨有更强的把控能力，让学生明确主次。对此，要求学生可以概括出一篇已听完文章的主题思想。

（5）增强课堂互动。教师可以在课堂上让学生分组讨论当堂的课题，或是采用角色扮演的形式，要求全员参与。通过小组讨论，学生可以拓展自己的思维，使思路更加开阔；角色扮演可以让课堂气氛更加活跃，增加学生的积极性，让学生都勇于开口。

（6）加强文化背景的教学。文化承载语言，对语言的学习就是对文化的学习。在听说课上，既要让学生掌握语言知识，如语法、词汇和语音等，也要让学生了解隐藏在文字符号背后的文化。

（二）合理设计教学方案

在确定教学内容后，进入教学的具体开展过程。虽然有了教学内容为基础，但教学过程的具体实施也要落实到每一个细节步骤中，而教学方案设计是直接关系到教学内容教授和教学目标实现的关键。教学方案设计内容包括学习内容特征分析、学习者特征分析、任务分析、教学目标、设计思路或意图、教学过程、课堂小结（含板书设计）、自主性教学评价（教学反思）、教学资源链接等方面。在听说教学实践中，为学生创造更多的听说练习或实践机会，教学设计则显得更为重要，有些教师认为英语听说课是非常轻松的课程，只要抛给学生一个话题，让他们聊天即可。然而，当学生找不到合适的词汇表达思想时，学生只能选择沉默，这是大学英语课堂上，很多学生不开口，不参与的原因。因此，通过教学设计，从分析学生、确定教学目标、设计教学思路、安排教学过程、创制教学任务、明确评价方式等方面做好充分准备，教学的有效性才能得以保证。下面针对这些方面探讨如何做好教学方案设计。

1. 重视对学生的分析

教学过程的主要参与者是教师和学生。教学过程中形成的师生关系绝不是简单的教与学，讲与听。特别是在科技高度发展的今天，如果还停留在传统的教师讲、学生听的模式，大学英语听说教学可以说是无效的。有的教师虽然在教学模式上尝试了新方法，但却因在不同班级使用后的教学效果大相径庭而苦恼。这是因为教师在教学过程中忽略了对教学对象的分析，同一个内容面对不同学生讲授的效果有差异也就不难理解，而学生分析也是被很多教师忽略的环节。大学英语课堂中，学生的差异性相比其他学科更为明显，因此，重视听说中对学生的分析，是提高听说教学有效性的重要前提。

从认知论的师生关系分析，大学英语听说课要解决的是谁是教学中的主体问题。听说课较其他英语课程来讲，实践性较强，因此，听说课中应采取"学生主体"原则，即认知活动的主体是学生，教师起主导作用，也就是国内比较流行的"学生为主体，教师为主导"的原则。

从人际关系角度来讲，听说课程中，学生与教师、学生与学生之间的关系应该是交互性和情感性的。教师与学生应该在相互沟通、相互接触的过程中，通过语言，特别是听说活动产生情感交流，从而使教学具有意义。

从教育心理学角度分析，教学中应注重学生群体性和个体间的差异性，也就是要分析不同学生的特点，适当、及时地调整教学策略，教师不能把学生的差异性作为教学中厚此薄彼的理由，而是要因人施教。

2. 重视对教学目标的分析

教学目标又称学习目标，指对学习者通过教学后应表现出来的可见行为的具体和明确表述。教学目标的制定和分析是教学中的重要环节，决定教学的总体方向。教学目标不仅能够调控整个教与学的过程，也为整个教学设定基础框架，使所有参与教学的学生和教师都有一个清晰和统一的认识。特别是对学生来讲，教学目标可以为学生指出明确方向，让学生形成主观意识并积极主动地开展学习。

对于教师而言，学习目标设置限制了教学的随意性，保证教学内容符合教学大纲需要。特别是对英语听说课来讲，明确的教学目标可以决定后续教学步骤和教学活动的安排设计，是保证整个教学效果的基础。传统的布卢姆教学理论把教学目标分为认知、动作技能和情感三个领域；学习结果理论则把教学目标分为言语信息、智力技能、认知策略、动作技能和态度五个方面。根据语言教学和教育学理论，大学英语听说课程的教学目标应该围绕语言知识、语言技能、语言应用、文化意识、学习策略和情感策略进行设定。语言知识、语言技能、语言应用是显性的语言输入与输出的语言活动，而文化意识、学习策略、情感策略则是通过具体的语言活动开展潜移默化的隐性培养，这样才能保证语言教学的全面性，促进语言的应用效果，从而实现听说教学的有效性。

3. 重视教学活动设计分析

教学活动通常指以教学班为单位的课堂教学活动，是教学工作的基本形式。教学活动是一个完整的教学系统，是由一个个相互联系、前后衔接的环节构成。大学英语听说课中的教学活动设计是教学的关键，因为听说课是以学生为中心的教学模式，学生听说技能主要是在听说的语言活动中得到训练和培养。教学活动设计不仅要体现教学目标的逐步达成，也要决定学生的学习模式。经典的教育理论把学生学习方式分为自主式、探究式和合作式。

现代的教育研究又细化为基于合作的学习、基于问题的学习、基于实践的学习、基于探究的学习、基于个性的学习、基于对话的学习、基于网络的学习等方式。但基于英语作为第二语言习得的特点以及多种因素的影响，通过实践，在听说课堂上基于任务的教学或学习方式，或任务型教学模式是效果比较明显的听说学习方式。具体到听说课堂中的教学活动，活动设计应该以任务为主，并根据语言教学特点，在任务前设计语言输入活动，如听力和阅读的输入活动，然后通过具体任务设置，让学生完成语言操练和语言输出过程，最后通过任务完成实现语言的应用和实际意义的构建，才能达到真正意义的学习。

在任务组织方式上，听说课可以通过个人、成对、小组、小组之间、班级整体等多种组合形式，适应不同的活动需要。另外，活动设计时对活动成果、活动时间、活动规则以及活动对应的教学行为都要有所涉及。这些构成要素并非各自独立，而是彼此联系、相互支撑，对最终的教学效果也具有重要影响。目前，在听说课堂教学中，以任务型的教学活动设计对学生听说兴趣的带动和听说教学内容安排最为贴切。

听说课程的任务设计主要遵从以下六项原则：

（1）任务设计焦点在过程上，而不是在结果上。任务要具备真实的意义，让学生真正地进行语言应用。只重复语言并不算是完成任务，而利用语言达成真正的交流才算。所以，语言训练要在完成任务的过程中进行。

（2）基本要素是强化交际和意义表达，进行有目的的活动。在设计任务内容时，要以学生理解能力和认知能力为基础，并设定较为突出的目标，以便学生实现。因为构建主义教育的核心，才是建构任务的意义所在。

（3）学习者可以在完成活动或任务过程中，增加开口说话的次数，安排合理的任务，让学生开展实际、有意义的语言交流。

（4）课堂教学的目标与现实生活中的需要，都涉及语言的活动和任务。教学目标是任务设计的依据，不能只单纯地追求设计而没有内容，走形式主义。

（5）教学活动和任务要从简单逐渐过渡到困难。应让所有学生都参与听说任务，在设计任务时要照顾到不同学习水平的学生，做到层次分明。

（6）任务评价既不能缺少灵活性，也不能缺少准确性。在英语教学中，评价听说活动并不简单，在任务设计时，评价的主体、指标和如何开展评价等都要进行充分考虑。

学生在完成看和听的输入后，如何有效输出是英语听说课较为困难方面。在任务设计时，可以依靠输出驱动理论，让学生对输出的驱动力有充分了解，从而使听说输出有更高的准确率。

在英语听说课堂上，任务设计的基本要素包括：①使用语言要素；②学习者的学习目标、水平、年龄等要素；③使用语言要素；④听说课程载体的任务要素；⑤学校和课程大纲要求要素。

（三）优化教学评价方式

评价方式设计是听说教学中容易被忽视的环节。有些教师认为听说教学中自由发挥的空间比较大，所以评价方式不容易统一，往往会淡化或忽视这一环节。

然而，从教学理论来讲，任何学科没有通过评价对学生学习进行反馈，都是不利于学习效果的达成。因此，听说教学中评价方式也十分重要。

从课程评价方面来说，评价课程的过程和每个阶段就是形成性评价，重点在于分析细节，找到问题出现的原因，增加课程的合理性。在课程实施时，对出现在教学中的问题、学生遇到的困难以及课程的不足，都可以通过形成性评价进行了解，从而增加教学质量，使课程不断完善。

教师评估学生、学生之间互评和学生进行自我评估都在形成性评估范围内。在评估、观察和监督学生的学习过程时，可以通过课内外活动、学习档案记录、座谈、访谈以及网上自学记录等方式进行，如果教学方式是以学生自主学习为主，形成性评估则显得特别重要。

形成性评价是听说教学所用的传统评估方式，虽然可以让学生明白听说的重要性，却无法明确教师是否已经达到考试大纲中对学生的听说要求，也不会让学生在课下积极主动地参与听说训练。因此，在形成性评价体系和教师的监督下，应让学生有更强的自主学习能力。将形成性评价体系与听说教学相结合，重点评估学生的学习过程，让学生积极地开展自我评价，并做到学生和学生之间互评，加强学生的反思能力，使其在学习上获得更大进步。

（1）学生的自我评价。自我评价的重点在于评价行为能力、情感态度和学习策略，学生在自我评价过程中，可以积极地开展反思和总结，从而提高自我监控和自主学习的能力，明确自己的学习目标，并不断为之努力。

（2）课堂小组评价。大学英语基本采用大班授课的方式，特别是有的班级是分层教学，学生并不属于同一个班级，因此相互评价较难实现。对此，可以将学生进行分组，增加相互评价的可操作性。小组的参与度、倾听他人的意见、小组活动的贡献率以及与他人合作，都是小组评价所依靠的指标。根据这些指标，可以看到每个学生的不同表现。此外，还能让小组的团队活动更加和谐和高效。

（3）教师课堂评价。课堂评价的内容包括学生的听讲认真程度、出勤率、是否积极主动回答问题、是否积极参与课堂活动等方面，教师可以将这些内容记录下来作为评价参考。通过课堂评价，学生能够发现自己的问题所在，并给出相应建议，不仅可以提高学生解决问题的能力，还能够增加他们的自省能力。

综上所述，听说课程评价可以包括：①采用多元化的评估手段和形式，包括学生自评（精听任务）、学生互评（小组主题单元汇报）、教师对学生的评估；②进一步提高形成性评估的比重至60%，形成性评估采用课堂表现、课外学习任务完成质量记录、个人听说学习档案记录、测试、考勤等多个环节，增加学生和英文文本以及学生和学生之间的互动，让互动有更多的时间和空间，使学生获得更多的知识，增加学习主动性，提高他们的学习能力。

需要强调的是，操作过程会发生变化，因为每个环节都是有逻辑的，以此为基础，根据具体的课型做相应调整，从而为大学英语教学提供更好的服务。

二、大学英语课堂读写教学有效性策略

（一）读写教学的有效组织

整个读写课程的教学应分为课前准备、课堂讲授和课后活动。课前准备是在学习课文之前，教师可以根据课文的题材和体裁布置预习任务，例如查阅有关本课的背景材料或相关知识、作者简介，找出文章的中心思想，了解作者的观点，简单分析文章结构等。预习任务可以安排小组合作学习，小组成员明确分工，及时交流沟通，在课堂讨论阶段由小组代表向全班演示。

课堂讲授也可以采用多种教学方法，如探究性教学法包含创设发现式、引导讨论式、问答互动式、调查研究式、自主创新式、预设情景式、编导表演式、实际应用式，等等，常见的还有任务教学法、情景教学法、多媒体教学法、网络平台互动法、课外实践法等。在整个教学活动中，课堂中期非常关键，学生会主动、积极地学习。在大学英语教学过程中，教师和学生之间的有效互动，可以更好地促进教学。

在课堂教学的后期，教师引导学生进行总结，加深学生对问题的思考，巩固他们对已学知识的理解和掌握。课后活动可以安排学生利用所学词汇、短语、结构以及写作技巧等完成摘要、随感，或者主题作文等。

阅读课需要注意活动设计要以帮助学生的理解和训练阅读技能为目标。有效的教学活动设计要求快速引出话题，时间控制在5分钟；材料新颖有趣，能够激发学生阅读动机；提供必要的背景知识。

阅读理解可分为字面阅读、推理阅读、形象阅读三个层次，在整个教学设计中要注意安排读前活动——引出话题，激起学生的阅读兴趣；阅读活动——训练学生的阅读技巧；读后活动——鼓励学生运用阅读中获得的内容和词汇。

在备课过程中，设计好各个教学互动环节，预测学生在互动中提出的问题以及如何解答问题。教师必须具备"精讲多练"的能力。"精讲"是在有限的课堂教学时间里，找出教材内容的精华和要点，讲解重点和关键，满足学生需求。"多练"是能够合理安排时间和机会，让学生能够练习语言、活用语言。在活动形式上，课程要新颖和多样；在活动内容上，课程要具备开放性和探究性；在活动功能上，课程要实现语言的交际性。学生在互动中顺利完成学习任务，同时实现课堂效益的最大化。

1. 读写课堂提问设计

课堂互动常见的形式是"课堂提问"。教师应该注意提出的问题要有针对性、科学性、参考性，问题要围绕课堂重点精心设计。

课堂提问模式分为两种：展示性问题和参考性问题。展示性问题指提问者知道答案的问题，属于信息性问题；参考性问题指提问者并不知道答案的问题，属于创造性问题。其研究发现，教师的课堂提问主要以展示性问题为主，而且在课堂上，学生与教师的互动也是以展示性问题为主。换言之，教师的提问要引导学生思考，在发展语言能力的同时，发展思维能力。提问不能偏向于某一类，不能停留在识别和提取信息的层面，而是要引导学生分析问题、解决问题，判断事物的合理性，从而培养批判性思维能力和创新思维能力。

在提问后，教师要给学生留出思考的时间。如果只给学生 1 秒的思考时间，则无法保证回答的质量，最好将思考的时间控制在 10 秒之内，因为时间过长，课堂气氛会变得异样，会偏离课堂教学的问题范围。此外，每个学生参与讨论和回答问题的机会都应是平等的，不能有失偏颇。

在问答过程中，教师要对学生的回答作及时、恰当地进行评价，因为不同的反馈会对学生的语言习得产生不同影响。"wonderful" "good" 以及 "very good" 等肯定的表扬词汇，属于积极反馈，是对学生完成任务给予的肯定，可以增加学生学习的积极性。消极的反馈有三点：①批评学生；②在学生作出正确回答后，不能及时给予相应的表扬；③在学生回答问题的过程中打断学生，并纠正其错误，此种做法会打击学生的自信心，让他们失去学习的动力，还会让学生不再积极主动地回答问题。因此，教师在提问过程中，应肯定学生的回答，即使有错误，也应及时给予鼓励。

2. 读写课堂话语设计

课堂话语是指教师语言自身的质量（如语言风格，运用恰当的词语、语速、话语时间及与学习者输出的关系等）。大部分教师在英语课堂上都以问答作为话语。但在实际教学时并非如此，对教学信息的传递，教师既可以使用有声语言，也可以使用无声语言，如表情、体态、眼神、手势等。教学效果与教师在课堂上的举动有着紧密联系，大方的肢体语言甚至是决定一堂课能否成功的关键。

在我国传统以教师为中心的英语教学模式中，教师一般占据课堂的主导地位，教师讲解往往占用课堂的大部分时间，师生之间以及学生之间的交流较少。在这种情况下，学生参与课堂活动和发表见解的机会较少，使得学生语言交际能力得不到有效培养和提高。因此，教师需要转变观念，适当地将话语权交给学生，在课堂上组织各种活动，给学生更多交流展示的机会。

3. 读写课堂活动设计

学生与教材之间、学生与学生之间和师生之间产生的交互活动就是课堂活动，这些活动都是为了实现教学目标，只有遵循活动设计原则，才能保证课堂活动的有效性。

（1）理论性原则。一方面，教师要始终加强自己的思辨和理论思考的能力，才能横向和纵向地拓展学生的英语学习，从而使学生全面发展；另一方面，教师必须有敏锐的洞察力，能将生活时事与课堂内容有机结合。

（2）系统性原则。教师应该从整体角度看待活动内容，例如在课文讲解时，教师首先应引导学生从课文标题中窥见文章所讲的内容；其次，将学生分组，用通读全文的方式回答理解性问题，并进行展开讨论和论证；最后，以课文为基础，教师可开展辩论和讨论活动，让学生进一步理解语言。

（3）创新性原则。首先，教师应将真实的语言背景展现在学生面前，通过表现力强、资源丰富的多媒体技术实现；其次，教师可以开展丰富多彩的课堂活动，如哑剧、小组辩论、片段改写和角色扮演等。

（4）针对性原则。学生的不同水平和特点是教师设计活动的依据，教师应在最大限度上满足他们。语言学习的核心是学生，但不同的学生会有不同的语言潜能、认知风格、智力、态度、年龄、性格、动机和学习策略等，他们的个性特征是教师要考虑到的因素。

4. 读写课堂管理设计

在课堂管理方面，教师可以采用四象限法管理每堂课的时间。"四象限法"指把教学任务分为四类：一是紧急又重要类，如选择教材和补充教材；二是虽然重要但不紧急类，如语法学习的精确性等；三是不重要但紧急类，如接待课堂听课等；四是不重要也不紧急类，如谈论人们关注的社会热点问题等。教师可以根据这四类任务的需要，适当地安排课堂教学时间。

综上所述，为提高英语课堂教学效率，教师要根据教育方向、目标、学生的现实状况，选择活动内容，引起学生学习兴趣；营造一种新颖多样、民主自由的学习氛围，让学生充分发挥主观能动性，积极参与课堂活动。

（二）读写教学的有效策略

了解各种教学理论基础，是实现读写教学有效性的基础。阅读和写作是不可分离的，从文章的写作目的上看，阅读和写作构建是相通的；文章的写作步骤与阅读逻辑也有相似之处；从信息的发现与建立上看，阅读与写作仍有互通之处。因此，阅读与写作是无法分离的，因为阅读要主动地解读信息，写作也不只包含意义的构建。在读写教学过程中，教师要有针对性地对学生的阅读策略、写作策略等进行培训和练习。但是，各种策略的训练都是一个长期过程，所以应分开进行，同时进行可能会导致学生无法消化。对此，可以学期为单位，每个学期进行一种策略训练。

1. 阅读策略

阅读策略指为了达到某些阅读目标所采取的一系列有计划的阅读方法和技巧。

基本阅读策略可以分为：预测与推论是根据已有的信息对故事的结局、情节的发展、人物的命运、文章观点等方面进行预测和验证；联结指书中的联结、和另一本书的联结、已知事物和新资讯的联结、和生活的联结；视觉化，即将文字图像化、情境化，创造想象；自我监测指监测自己的阅读理解；启动先备知识，是在阅读之前首先回忆与文章有关的知识，如文章的写作背景、时代背景、作者的生平、思想及写作意图等，使头脑中储存的已有知识被激活，处于备用状态；整合是将看似散乱无序的信息提升为系统化的知识。针对不同阅读策略，阅读教学方法也要灵活多样，具体如下：

（1）认知策略模式，作为教学过程中使用的一种引导性策略，通过图标引导，在阅读前激活学生大脑中已有的背景知识，激发学生的好奇心和求知欲，以此提高学生的阅读兴趣。教师的角色则从知识的传授者转变为学生主动建构图示的帮助者和促进者。

（2）KWL阅读策略的第一个步骤，"K"代表"what I know"，开始阅读时教师要求学生对将要阅读的材料进行预测并提出问题；"W"代表"what I want to know"。第三个阶段以学生为主，启发学生不断找出新的答案，完成L阶段，即"what I have learned"。

（3）ACTIVE阅读教学策略：Active prior knowledge（激活已有知识）；Cultivate vocabulary（词汇学习）；Teach for comprehension（阅读理解）；Increase reading rate（提升阅读速度）；Verify reading strategies（实践阅读策略）；Evaluate progress（评价效果）。从这个教学策略中不难看出，阅读教学除了关注策略培训以外，还要激发学生的阅读兴趣，让学生养成自主阅读的习惯。

2. 写作策略

写作教学的目的，毫无疑问是要培养学生的写作能力。写作教学法从20世纪60年代开始发展至今，先后出现结果教学法、过程教学法、体裁教学法、内容教学法和任务教学法。各种教学法虽有不同，但也有相通之处，即所有写作教学法都包括写前、写作和评阅三个必要阶段。以下是其他学者提出并经检验可行的策略和方法。

经典英语模仿是大学英语写作常用的教学方式，如模仿英语的经典语句，可以不断积累各种句型；模仿英语的经典段落，可以充分衔接和组织不同的段落；模仿英语的经典篇章，则可以对文章结构有更准确地把握。要让学生的写作水平在短时间内得到提高，可以在模仿写作中融入词块教学。"词块"的单位并不是单个词，而是人们输出、存储、记忆和使用的语言，人类在交际过程中使用的板块结构才是最小的单位，人们在进行语言交际时，所用的词块是已经编制完成的语句，并不都是临时组建的语句。①

"词块"分类方式呈现多样化。从结构上将词块可以分为四类：①多元词语块，如for example、on the contrary等；②习俗语语块，一般指形式固定的词组，主要以俚语、社交习惯用语为主，如nice to meet you；③短语架构语块，通常指有语法结构，形式半固定的短语，部分词汇可以增加或替换，如by means 可以添加词汇，生成by all/no means；④句子架构语块，指在句子框架结构内，根据表达需求填上相应的词、短语或从句，如it is important that，that后可以填充不同的内容。教师可以在教学过程中，利用各种文章的体裁联系，帮助学生总结词块、学习词块，在学生遇到某一种文体时，可以轻松地从自己的脑海中提取出词汇进行套用，是一种比较简便的方式，也能够在短时间内提高学生的写作水平。

写作教学还要强调语篇分析的作用。语篇分析有助于学生练习写作。常见的英语语篇模型有八种：①原因—结果型；②问题—解决型；③一般—具体型；④主张—反主张型；⑤时间顺序模式；⑥动作顺序模式；⑦比较模式；⑧对立模式。语篇模型在读写教程课文中都有体现，教师在教学生了解不同的英语语篇模式之后，可辅以写作练习，让学生运用新学的语篇模式进行写作，对学生英语写作水平的提高将起到很大的推动作用。

对写作步骤训练的阐述，应以过程教学法为切入点。在过程教学法中，关注写作的内容和过程，已经成为教学重点，而不再是之前的词汇、语法和篇章结构。因为学生才是写作的中心和主体，训练不仅可以提高和锻炼他们的思维能力，还可以让学生在合作中学习。在过程写作法中，写前、写作和修改是整个写作过程的三个阶段。

教师应在写前阶段为学生命名作文题目。学生首先要思考题目，查阅与作文

---

① 王淑花，李海英，孙静波，等.大学英语教学模式改革与发展研究[M].北京：知识产权出版社，2018.

题目相关的资料，之后展开小组讨论，将想法与主张与他人进行交流。学生要在讨论时记录重点，然后写出内容提要和草稿，既可以发散学生的思维，也可以增加他们写作的积极性。接下来是最重要的阶段，即写作阶段。学生根据大纲和草稿撰写初稿，教师要在此时向学生强调文章的中心思想，这时不用考虑语法和用词，只要求将信息顺畅地表达出来即可。初稿的写作就是不断地进行思维创造。

教师和其他学生可以在初稿完成后，从读者的角度展开阅读，并给出相应的反馈，反馈内容可以是文章的结构，也可以是文章的内容，以便让学生发现存在的问题并及时解决。此外，教师要赞扬初稿的优点，让学生对写作充满自信。

修改阶段，学生可以在修改初稿时参考教师和同学给出的意见和建议，确定文章的主题和表达内容，从宏观和微观两方面把握文章，认真斟酌和修改文章的每一句话。学生还可以参考不同的意见，并加入自己的想法，修改文章并完成最终的作品。

总之，写作策略的训练要一步步进行，从词块、句子、段落、模块到完整文章，让学生慢慢地了解如何完成符合要求的不同体裁的写作。

（三）读写教学材料的有效选择

授课教材包含两个部分，其一是基本教材，是最基本也是最重要的教材；其二是其他辅助教学资料。在改编、替代、补充或删减教材内容时，要以学生的实际情况为参考标准。互联网则可以为学生提供英语报刊、新闻等合适的辅助教学资料。其中，网络英语新闻比教材的内容涉猎更广，题材也更新颖和丰富，让学生的阅读可以从多个角度进行；新闻具有较强的时效性，可以让学生及时地接触新鲜事件，不受时空限制；新闻都是真实发生的事件或故事，而且理解性更高，能够增加学生的阅读兴趣；网络英语新闻通常具有图文、声像，非常生动形象，可以更好地吸引学生，增加他们的阅读积极性，让学生的语言学习环境更加丰富多彩。

教师要根据学生的实际水平，选择课前教学材料，让每一个材料中都含有教学目的，也要根据学生的认知设计新闻的阅读问题；要保证内容全面，既要有思想性，又不能缺少内容情节，兼顾不同的语言特点、教学层次和题材，让学生可以对不同的语言特点有充分地把握，并及时悉知语言的发展动态。

阅读技巧可以由浅入深，先从简单的根据句子猜测词义开始，再根据语篇讨论作者要表达的意图。每一篇网络英语新闻材料都应在课堂上得到师生的认真对待。教师不应花费大量讲解时间，而是应该让学生有更多的训练时间。不同的媒体在面对同一个新闻时会有不同观点，而教师正是可以利用这一点，设置有争论的话题供学生讨论，学生在此过程中会主动地搜集资料和解答疑问，不仅会让学生之间有更多的互动，还可以让学生的批判性思维得到提升，让学生积极主动地学习。教师还可以在课余时间为学生发布与网络英语新闻相关的作业，拓宽学生的阅读量，让学生选择自己感兴趣的英语新闻进行阅读，并在阅读之后写出读后感。同时，鼓励学生在互联网上查阅英语阅读材料，挑选符合自己阅读兴趣并对自己英语学习有帮助的材料进行阅读。这类网站主要有专门的英语学习网站、美国之音（VOA）、英国广播公司（BBC）、美国有线电视新闻网（CNN）、新华网英语频道、央视网英语频道等。学生要多阅读英文原版期刊、报纸，这样做可以随时接触到最新、最真实、最地道的英语，保证阅读量的同时，也为自己创造一个真实语境。除了文字材料以外，还可以利用网上不同国家的英语广播，学习和了解不同国家，包括英语国家和非英语国家的英语特点。

教师在为学生推荐网站时，既要考虑学生具备的语言水平，也要考虑是否与教学目标相符，可以将英语国家的文化背景知识，如历史、经济、政治、文化、地理、社会风俗等介绍给学生，也可以通过播放纪录片的形式，帮助学生了解西方国家的历史、文化、科学和地理等，引导学生学习英语国家的文化观，让学生对西方社会有进一步的了解和认识。

2006年6月开始流行TED演讲，而在读写材料中可以加入TED演讲。TED演讲中所有的语言，甚至是语气和声音都是演讲者精心准备的，他们会不断地对其进行斟酌，力求达到完美，这种演讲语言非常生动，因此成为英语学习者模仿的对象。

演讲稿的行文结构以及演讲词中的句型和语言，都可以是学生学习的对象。TED演讲的内容涉及众多领域，如心理学、医学、艺术、经济和文学等，通常都是演讲者对人生的体会和新思想，还有新的科研成果。在当下的大学英语教学中，读写课的内容基本都是以教材为主，而教材中的话题都是固定的，这些文章无法跟上行业发展的脚步，有一定的滞后性，而 TED 演讲的及时性，则很好地弥补了这一不足。

有效教学是一种理念，更是一种价值追求，一种教学实践模式，在今后的英语教学中，提高英语教学有效性尤为必要。教师需要引导学生的学习方向，教给学生学习的方法和策略，提高学生的英语水平和应用能力，培养出既有语言知识又有语言能力的复合型人才，使大学英语教学为学生的终身发展奠定良好基础。

三、实现英语教育有效可持续发展的途径

实现英语教育系统可持续发展的途径包含确立大学英语教育的合理生态位、培养学生英语综合应用能力、创建英语教学模式、加强大学英语师资队伍建设、健全大学英语教育评价体系。

（1）确立大学英语教育的合理生态位。为了确定大学英语教育合力生态位的地位，需要将专业用途的英语课程建立在公共英语教育的基础之上。这样才能确保英语学习和专业学习结合成为一个有机整体，有利于学生专业英语知识和技能的提升，让学生能够真正使用英语这一工具进行专业交流和沟通，从而提升职业英语能力。还要求高校必然对专门用途英语教育的重要性予以关注，对教材进行合理科学的选择，从而提高双师型教师培养工作的效率，并使得大学英语教育保持和其他学科教育的协调性。

（2）培养学生英语综合应用能力。社会需求是大学英语教育开展的前提和导向，大学英语教育的最终目的是培养学生的实际应用能力，并要确保学生的所学能够满足所用，对教育目标的合理定位也是基于岗位能力需求基础上的。因此在进行英语语言知识技能的学习中，学生要把握好够用这个度，从而提升自我的英语综合应用能力。这就要求高校对教学内容进行改革和丰富，注重学生的实践和实训，加强第二课堂的教学力度，提高学生的英语基本技能，还能强化专业知识和技能，使学生成长为对社会有用的人才。

（3）创建英语教学模式——以促进学生自主学习为目标。学生应用能力的培养是大学英语教育的主要目标，传统的教学模式无法满足这一需求。为满足这一需求，需要对教学模式进行深入改革，以学生的学为主要目标来进行教学。教

师在教学过程中注意课堂生态的和谐性和民主性发展，并在教学中转变自己的主导身份，成为学生学习过程中的引导者、组织者和参与者，并最大限度的激发学生学习的自主性和积极性，加强学生创造能力和思维能力的培养，让学生形成正确的学习方法，从而为以后的实际应用做好准备。

（4）加强大学英语师资队伍建设。只有充分提高教师的整体素质和水平，才能为大学英语教育的可持续发展创造条件。高校应该高度重视双师型教师的培养和引进，对师资队伍结构进行优化和调整，还需要提供一定的进修机会和培训机会，让教师能够不断提升自我，加强自身的能力结构优化，这样才能确保高校的英语教育获得长远发展。

（5）健全大学英语教育评价体系。现在，大学英语教育水平和效果的检验方法主要是全国高等学校英语应用能力 A/B 级考试，其在很大程度上只注重教育结果而忽视了其过程；而且学生的成绩并不能整体代表学生的英语实际能力，能获得高分的学生也并不一定就具有较高的英语实际应用能力。所以要对检验和评价方式进行深入改革，采取多元化的评价方式检验学生的实际应用能力，可以采取自我发展、自我评价、自我约束等各种机制来促进大学英语教育改革，不断提升英语专业人才的质量。

综上，教育生态化环境下，大学英语教育的发展将是一个长期的，艰巨的任务。而正确教育生态意识的树立有利于对传统的教学模式进行改革，有效地充实和扩展教学内容，其对英语教育评价体系的形成和完善也具有重要意义。要注重师资队伍整体素养的提升，如此才能促进大学英语教育的可持续发展。

第四节　教育生态学视角下英语生态化课程体系

大学英语生态课堂教学系统主要致力于对大学英语课堂教学中师生活动以及各种生态环境因子所产生的关系进行研究和分析。现在，评价体系、信息技术、情感环境以及物理环境之间出现不平衡等状态也是大学英语生态教学环境所面临的主要问题和矛盾。

一、教育生态学视角下英语教学生态失衡与对策研究

（一）英语课堂生态失衡

目前大学英语课堂教学中大量存在学生浑水摸鱼、精力不集中、教师主导课堂走向等非常严重的问题，这也是大学英语课堂生态失衡的突出表现，造成这一现象的主要原因是课堂教学生态系统中的不同生态因子之间的关系不均衡，主要包含以下内容：

1. 物理环境的失衡

从教育生态理论的耐度定律和最适度原则出发可以看出，在周边生态环境和各个生态因子的适应性上，教育主体具有一定的范围和耐度，但是目前大部分大学英语课堂的学生数量都超过了 50 人，有的高达上百人，这都较大程度地超过了学生的耐受度和承受力，使得师生之间以及生生之间的信息沟通和交流不全面和不到位，对大学英语教学活动的效率也产生了较大程度的抑制作用。

2. 师生关系的失衡

课堂生态系统主要包括两个主体，一个是教师，另一个是学生，教学中尤其要发挥学生的主体作用；不过现实情况却是，传统的教学模式都采取教师讲授为主的方式，其不利于学生积极性和主动性的培养。

大学英语教学中开始频繁地使用多媒体技术，导致教师过度依赖多媒体，对学生参与课堂活动的积极性造成了抑制作用。学生没有挑战教师权威性的权利和自由性，也会导致学生主体意识的缺乏，也就是说学生无法独立完成自己的学习任务。

课堂教学中，学生的座椅都比较固定，教师想要根据课堂活动进行座位调整的可能度非常低，这也在很大程度上限制了师生之间以及生生之间的信息交流和互动，往往采取教师说，学生听的模式来开展教学活动，使得师生之间的互动性较弱；学生之间的团队合作意识薄弱，也使得合作学习的观念无法延伸开来。这些都对大学英语生态课堂的建设和完善产生了极大的抑制作用。

3. 教学生态的失衡

包容性是跨文化交际内容的一个主要特征，在外语教学过程中，以下两方面内容会对教学效果形成较大影响，一个是目标语文化，另一个则是母语文化。不过实际教学中，各个大学英语教材的英美文化知识介绍都采用目的语文化角度，对学生的目的语文化了解产生了一定的促进作用，但是也使得学生缺乏本土文化知识的掌握，导致母语文化开始边缘化。除此以外，受课堂教学时间的限制，教师无法在英语教学过程中对母语文化进行补充说明，导致学生本土传统文化知识缺乏，从而造成学生在国际交流中出现母语文化失语症等现象。

（二）英语生态课堂失衡的对策

1. 构建生态课堂的物理环境

为了优化和升级大学英语生态课堂的物理环境，需要调整班级人数，使其人数不能在30人以上。目前，高校的不断扩展使得专业外语教师出现严重空缺，想要达到这种理想的物理环境存在较大难度。因此，"大班+小班"模式的授课也就应运而生。

为了改善中学生座位较固定的不利影响，教师应该适当调整座位，使其更好地符合不同教学活动的需求，如采用学生围坐成一个圈的方式或者是学生面对面的座位形式，从而更有利于学生和学生、教师和学生之间的沟通和互动。

2. 构建生态课堂的社会环境

师生关系和生生关系是课堂生态系统中的两个最主要的结构关系。只有确保良好的生生关系和师生关系，才能确保课堂生态环境的和谐、统一发展。从教师的角度来看，只有转变自己的身份角色，才能更好地营造生态化的课堂环境，才能体现和发挥学生的主体作用，让学生参与到角度扮演、配音、辩论赛以及小组讨论等多种教学形式中来，除此以外，还要不断地提高学生参与课堂互动的积极性和主动性。

教学活动要真正贴近学生的生活，体现学生的主体作用和价值，满足学生的个人成长需求和文化知识需求。为了缓解学生的焦虑情绪，教师需要采取合适的方式进行课堂教学，树立学生的自信心和自尊心。而从学生的角度来看，克服自己的消极情感也是最为重要的，还要提高自主意识和自主学习能力。然后要加强和其他学生之间的关系融合度,加强合作学习精神,缓解自身的情感焦虑。

3. 构建英语课堂的文化生态氛围

在思想上保持和学生的文化平等意识是教师的一个重要素养,教师应高度重视本土文化的积极影响,拒绝轻视本土文化的行为;学生跨文化意识的培养也是非常重要的,有利于提高学生的文化鉴别能力,防止崇洋媚外思想的形成。

教师应该充分发挥现教材资源的价值和优势,通过词汇、句法、习语以及语篇的教学过程来突显文化内涵,并在大学英语教学课堂中渗透和融合母语文化知识,激发和培养学生的学习主动性,提升学生英语表达能力。

大学英语教学仅靠一套教材提供目的语文化和本土文化内容远远不够,教师可以充分利用网络技术和多媒体资源的优势在大学英语课堂教学中进行母语文化传授,或者开设相关的本土文明和地方文化精品特色等课程,使得大学英语课堂教学更加具有本土特色和实用性。

二、英语生态课堂的构建

大学英语生态课堂具有一定的创新性,是所有热爱教育事业人们的理想和追求。英语生态课堂体系的建设和完善是长期的、艰巨的任务,它需要从各个层面如课堂环境的优化、师生关系的改善、课程资源的整合以及课堂互动的加强等进行不断健全和完善。

第一,建立民主平等师生关系。从师生关系和地位来说,想要教学效果得到不断提升,就必须对师生关系进行民主化和平等化的改善和建设。生态课堂需要尊重每一个学生的平等和自由;给予每一个学生同样的发展和参与机会;同时,在学生平等关系的协调中,教师必须发挥自己的激励和引导作用。

第二,建立师生互动课堂交往。课堂活动的核心包括两个方面:①教师的教;②学生的学。因此,加强两者之间的友好互动关系非常有必要。生态教学课堂教学和传统课堂教学有较大的不同之处,它更注重师生关系的平等性和交往性。这也会促进师生之间的互动和交流,有利于动态生成关系的建立,促进学生学习的主动性和积极性。

第三,建立开放多元课程平台。学生的知识积累和成长离不开课堂教学的作用，而师生想要获得更好的发展和进步就需要多元化课程的辅助和作用，这也就对课程系统的开放性提出了一定的要求：课程素材要求具备一定的拓展性、融汇度和延伸性，要和学科前沿知识相交汇，并能够产生和其他新兴学科之间的融合度；需要采取动态式的管理来进行课程运作，采用多元评价的方式来进行课堂评价；符合人类社会、文化、历史以及科技的发展要求，对师生的文化人、社会人、职业人以及生命人的地位有所体现和发展。

生态课堂需要在开放多元的课程中才能得以实现，这样有利于培养学生学习的兴趣和热情，满足学生的多样化发展需求，让学生获得快速成长，对其生命体验和社会视野的开阔和丰富都具有较大的促进作用。因此，多样化、发展化和开放化的生态课堂观念才是促进学生成才的必要前提和基础。

第四，建立动态多元评价机制。在生态课堂的构建中，评价教育教学成效也是不可或缺的步骤，只有经过有效的课程评价，才能对课程发展产生积极的监督和导向作用。甄别和选拔功能是课程评价在以升学为目标的教育体制中的两项最为重要的作用，它主要从学生掌握知识和技能的角度来进行评价，不过往往忽略了学生的态度和价值观，对其情感关注也较少。所以，这种课堂评价具有甄别性、终极性和量化性，其特征在于评价方式的单一性。因此，从生态课堂观念来说，生态学将是其发展和壮大的中心指导思想，要改革和重新审视传统的课程评价，为多元化、发展化和动态化的课程评价体制的构建和完善创造条件。

三、英语教学生态模式的构建程序

（一）生态化英语的教学目标

新的基础教育改革将激发和培养学生学习兴趣和主动性作为基础教育阶段英语课程的最终目标，其有利于学生自信心的树立，学习习惯的养成等，培养学生自主学习能力和自主解决问题的能力，使得学习策略的效率更高；经过基础教育阶段的教育后，学生需要对语言基本知识和基本技能有较好的掌握，有一定的语感，有一定的英语实际运用能力，才能为以后的真实交际做好准备；培养学生的记忆、思维、想象、创造以及观察能力，让学生对文化差异有一定了解，从而树立起强烈的爱国意识，树立正确的世界观和人生观，促进学生的成才和成人。

所以，英语教学生态模式以语言教学目标为前提，而选定语言知识目标、确定学生发展目标以及实现整体教育目标是生态化英语教学目标的三部曲。[①]

1. 学生发展目标

语言不但可以帮助人们展开思维活动，也有利于人们的交流和沟通。而语言区别于其他符号系统的主要原因在于语言的社会性和生成性特征。

任何一个社会成员都必须通过系统的学习来进行这一符号的实际运用，和其他社会成员进行交流沟通，就是语言社会性的体现；而语言生成性特征主要体现在，虽然语言规则是有限的，但是采用这些规则所组成的句子组合则是无限的，这也可以说是语言的递归性表现。

语言的生成性特征决定了语言学习的生成过程，也预示着学生获得不断发展，这既是从生理层面上来说的，也是从思维方式上来说的。当然，语言的社会性也是社会人获得发展的过程。所以，确定学生目标也是英语教学生态模式的第二个发展目标。学生发展目标的第一层面发展可以理解为学生在语言学习中所表现出的对自身语言智能的完善和发展；第二层面发展则是指学生采用语言这一载体进行文化发展，对自己人生观和世界观的形成产生积极意义。

2. 语言知识目标

英语课程标准将英语语言教学的目标定义为培养学生的语言基本知识和基本技能，使其能够掌握一定的语言实际应用能力，所以，英语教学生态模式的设计中就需要先选定好英语知识目标。英语语言教学的中心是语言知识的发展，而倾听、理解和表达三个层面是新一轮基础教育课程改革对语言能力的总要求。而文学背景下的语言学习和交往情境下的语言学习是基础教育课程改革的内容。这与以往只重视文学背景下的语言学习有很大的不同，从而确定了语言的价值是为了实际交往和实际运用而存在。所以，选择英语语言知识目标时要把握好两个方面，一是语言知识，二是文化知识。

3. 整体教育目标

扎实地掌握基础知识，系统地学习专业知识，才能有效提高学生的学习能力

[①] 徐淑娟. 大学英语生态教学与教学模式构建研究 [M]. 北京：科学出版社，2016.

和分析能力，有利于学生树立良好的学习习惯和吃苦耐劳的民族精神，此外还要注重教育理念的更新和创新，不断创造教学模式和教学方法，才能更好地适应社会发展需求。加强师资队伍建设，不断提升教育质量，以帮助学生减轻课业负担。引导教师进行启发式教学，并引导学生进行探究式学习是同等重要的改革方向，这样才能更好地培养学生实际解决问题的能力，激励学生自主思考和自主学习。英语教学中也要秉承这一理念，从而促进学生的全面发展。

为此，语言知识和基础技能的融合交汇也是英语教学生态模式发展的必然趋势，教学过程中要充分重视教和学的相互作用和相互影响，将语言教学目标和非语言教学目标结合。如此才能让学生真正地对语言和语言运用有比较系统和全面的认识，对学生自身潜能的挖掘和发挥产生积极推动作用，促进学生个性化语言学习能力的提升，为学生的成才创造条件。

（二）生态化英语教学的内容

教学内容是教与学相互作用过程中有意传递的、为教学目的服务的内容及信息，一般包括课程标准、教材和课程等。但在教学过程中，很多教师对教学内容的认知存在偏差。他们习惯性地将教学内容等同于教材内容，认为课标要求掌握的内容就是教师在课堂上教授的内容，显然，这种认知是片面的。因为教材内容只是教学内容的一部分，教材只是教学内容得以体现的"载体"，而并非全部。通常所说的教材内容主要由三方面组成，具体如下：

第一，事实。历史事件、社会事件、科学实验等真实发生或真正存在的事件及事物都可以作为教材中的事实。不管是地理、历史等描述性学科还是数学、物理等较为抽象和概括的解释性学科，都包含了大量事实资料。这些事实资料都真正存在并有证可依，并非捏造或想象出来的。

第二，概念。概念是对教材中的事实资料进行理性分析、高度总结后所得出的抽象性概括，因此，概念能客观地反映事物的本质。

第三，原理。原理是教材内容科学性的重要衡量指标，是已经存在的、公认的、不需要再加以论证的科学命题。

第四，内在联系。教材内容的内在联系主要是指教材中事实、概念、原理三者之间的内在关系。

而教学内容则包含了教师和学生对课程内容、教材内容、教学实际等方面的综合性认知。在教学过程中，教师和学生可根据教学实际，适当地删减、补充、加工教材内容，从而合理利用教材，使教材更好地服务于教学活动。从内容上看，教学内容不仅包括了教材内容，还包括了除教材内容之外的引导作用、价值判断、方法论实践等师生在教学过程中的全部实际活动。基于此，英语教学生态模式下的教学内容不仅仅拘泥于英语课程的学习，而是将教学着眼于文化意识的灌输、语言知识的选定和全面发展的培养等方面。

（三）生态化英语教学的方法

在教学方法的选取上，生态化英语教学更注重灵活性与实践性的统一，反对单一的、死板的、绝对化的教学方式。所有对学生知识能力提升、个人全面发展有利的教学方法都可以运用于英语教学生态模式中。以语言知识的传授为例，在传统的英语教学模式下，为使学生短时间内较快掌握语法，一般会采用传统语法翻译法或演示法这类教学方法以达到良好的教学效果。但这类教学方法只注重知识本身的传授而忽略了文化渗透，因此是不可取的，与其相比，沉浸法更能满足生态化英语教学的要求。为更好地促进学生的思维发展及全面发展，在英语教学生态模式下，可选用任务型教学法、生态语言教学法等教学方法。

1. 文化知识熏陶法

语言既是文化的载体，又是文化的主要表现形式。中国是一个多民族国家，民族间风土人情各异、风俗习惯各异，文化形式也就千差万别。而这些不同的文化又是通过语言这一载体表现出来的，因而，语言与文化间相互影响、相互作用。英语教学属于语言教学，当然离不开文化的熏陶。文化并不是教师通过教材教授给学生的，而是在一定的文化环境、文化氛围中所营造、培养出来的。因此，沉浸法无疑成为文化熏陶最好的方式，也成为英语教学生态模式中重要的教学方法。所谓沉浸法就是通过在课堂内外积极营造英语语言文化氛围，使学生时刻沉浸在英语语言文化中，从而受到英语语言文化的熏陶。

（1）营造英美文化传播的课堂教学氛围。与中国的教育制度不同，西方的教育制度更强调学生的主体地位。教师的教学权力不仅取决于自身渊博的学识、扎实的基础，更取决于教师自身的教学风格、课堂感染力及人格魅力。这种权力既不依附于任何规章制度，也不依附于对学生的绝对压制。因此，在西方的课堂教学中，学生作为相对独立的个体，与教师处于平等地位。在课堂活动中，学生能充分发挥主观能动性。为了更好地营造出西方文化学习氛围，我国英语课堂也应该呈现出师生相对平等且独立的状态，这样才能营造出轻松、愉悦的学习氛围，才能使英语语言文化得到更好的传播。同时，学生才能真正展现自我，敢于大声讲英语而不怕出错。

此外，平等的课堂文化氛围能较强地激发学生在课堂上角色扮演的热情。教师在课堂中的主要任务是为学生营造轻松、愉悦的英语语言学习氛围，为学生尽可能多地创设英语语言情境，让学生能够充分利用自身肢体、表情、语言等与其他同学进行英文交流。以英语口语教学为例，在口语课上，教师可以选择在空旷的室外让学生席地而坐并围成圆圈，然后通过游戏的方式引导学生用英语交流。这种情景化的教学，为学生间轻松自如地进行英语交流创设了环境，让学生能更好地感知英语学习的乐趣，从而激发学生的学习兴趣。

（2）西方课堂文化的角色表演与交流。西方的课堂文化提倡学生通过角色扮演的方式进行语言学习，我国的英语语言教学也可充分借鉴西方的语言教学形式。在课堂教学过程中，将一些反映欧美英语文化、风土人情、生活习俗的教学内容，通过一系列的课堂活动创设出不同的情境，并让学生在相关的语言环境或生活背景下进行角色扮演，以增强学生对知识的理解和运用。例如在圣诞节、感恩节等重大节日期间，指定学生进行角色扮演，让学生在角色扮演中学习语言文化。这种语言教学形式能较强地调动学生的英语学习兴趣。

（3）教师要充分挖掘教材资源。教师要充分挖掘教材，进一步充实课堂教学内容。对于我国大多数英语学习者而言，课堂是他们获取西方文化知识、了解西方人民生活的主阵地。因此，教师在课堂教学中应尽可能多地为学生讲解西方国家的文化知识，努力营造贴近西方文化生活的学习氛围。与之前相比，我国现在的英语教材在编写时将侧重点放在了语言文化知识渗透上，意在提高学生的文化意识。教材内容的选取则着眼于西方人的日常生活及习惯，并以此为背景展开各种交际会话。虽然如此，但教材所能涵盖的信息毕竟有限，因而要求教师在充分利用教材的同时，也需要对教材内容进行一定的补充讲解，尤其是对英语国家的文化进行补充讲解。从而向学生传递更多的文化知识，以满足学生对西方社会及文化的强烈渴望，同时激发学生的英语学习兴趣。

学生可以利用课余时间，通过网络、旅游等形式收集英语国家文化方面的资料，例如杂志、书籍、画报等。在收集这些资料的过程中，学生也对西方国家的风俗习惯、风土人情、政治文化等有了一定了解。教师可组织学生观看反映西方国家文化的电影或电视剧。在观看过程中，一边训练学生的英语听说能力，一边引导学生关注影片中传递的英语国家人民生活习惯及社会文化的信息，然后以提问的形式，让学生进行英语交流。学校可以利用学生课间休息时间，借助广播播放反映西方国家民风民俗、风土人情等文化类的英语听力材料，从而为学生创设一个全方位的英语学习环境，让英语学习融入学生的日常学习和生活中。为学生营造一个与母语学习相似的学习场所，让学生在学校里随时随地地受到英语熏陶，让学生在耳濡目染中提升自身英语水平。

2. 语言知识讲授法

语法翻译法是中国、日本等亚洲国家外语课堂中的盛行教学方法。这种传统的教学方法忽视对学生语言交流能力的培养，因而受到了严厉批判。以语法翻译法为代表的传统语言教学方法，先根据语言学知识分解语言，然后逐一呈现给学生。学者发表了对这类教学方法的看法，认为它们是关注语言形式的教学。学者朗格和罗宾逊发表了对这类教学方法的看法，认为它是一种割裂了语言形式与意义二者之间联系，只单纯关注"语言形式"的教学方法。一时间，以语法翻译法为主要形式的课堂讲授法成为英语课堂教学的批判对象。虽然课堂讲授法存在一系列弊端，例如以教师为中心、学生的主观能动性不能有效发挥等，但课堂教学法是迄今为止传递语言信息最有效的方法之一，也是最适合我国英语大班教学实际情况的教学方式。从这方面来看，以语法翻译法为代表的课堂讲授法在传递语言知识方面具有相当的优越性，因而值得提倡，不能全盘否定。除语法翻译法之外，英语课堂教学中常见的讲授法还有正式讲授法、互动讲授法以及示范讲授法等，其都具有课堂讲授法的共性，即教师在课堂中处于主导地位，教师利用有限的课堂时间集中对语言知识进行单向传输；其区别主要在于学生的参与程度不同。

（1）正式讲授方法。正式讲授法是我国英语教学中的常用教学方法。其要求教师能够根据学生注意力的保持时间来调整自己正式讲授的时间。学生的学段不同，注意力保持的时间也不尽相同。一般而言，小学生的注意力保持时间较短，而中学生相对较长。中学生的注意力保持时间在 20～30 分钟之间，如果超过这一时间段，学生的注意力就会分散。所以，英语教学生态模式提倡教师的正式讲授时间应少于 30 分钟，教师在课堂教学中不能满堂灌，而是要留给学生充足的时间去消化、吸收教师所讲授的知识。

（2）互动式讲授方法。课堂讲授法受到质疑和批判后，互动式讲授法慢慢受到推崇，国内外越来越多教师将这种教学方法运用于英语课堂教学中。在充分分析了学生注意力保持时长后，互动式讲授法提倡教师在课堂中以提问的方式鼓励学生对所学内容提出质疑，鼓励学生积极参与课堂活动。

（3）示模式讲授方法。随着"以学生为中心"的教学理念不断深入人心，越来越多英语教师将示模式讲授法用于课堂教学中。所谓示模式讲授法就是教师在课堂上利用较短时间（一般不超过十分钟），集中向学生展示教学程序及教学实例，从而为学生留下充足的时间和机会进行自主学习。其要求教师能在较短的时间内尽可能多地为学生提供语言文化知识和信息。这一教学方法将学生作为学习的主体，有利于学生主观能动性的发挥。

（4）课堂讲授法的阶段性划分。虽然讲授法具有不同形式，不同形式间组成部分也不尽相同，但总体而言，讲授法始终包含"Presentation（呈现）、practice（练习）、Production（运用）"的教学模式，简称为 PPP 教学模式。所谓 PPP 教学模式即教师先呈现出语言项目，然后让学生有针对性地进行训练，最后将所学语言知识运用并反馈。与之相对应的课堂讲授法也大致将整个课堂教学流程分为导入、陈述和小结三个阶段。

以语法翻译法为代表的课堂讲授法在传递语言知识方面具有一定优势，所以，其是一类能达到较好教学效果的教学方法，特别是针对教师素质较低的情况，课堂讲授法能充分发挥自身优势，达到良好的教学效果。例如在我国西部地区，师资水平低、教学班级相对较多，课堂讲授法无疑成为当地英语教学的提倡教学方法。但教师在利用课堂讲授法进行英语教学时，应尽量挖掘教材所蕴含的趣味性，激发学生的学习兴趣，从而使学生在短时间内消化和吸收教师所讲授的语言知识。

3. 学生思维发展训练法

生态化语言教学模式要求教师对学生进行启发诱导时，必须考虑到学生变化的心理生态环境需求。教师应在研究不同年龄、不同层次学生的心理环境特征的基础上，设计出难易适度并能激发学生学习兴趣和思考兴趣的问题。

（1）生活化的学习。教师应注重书本内容与生活实际的结合，从日常生活入手，将教学目标融入学生已有的生活经验中，使抽象的知识形象化、具体化，从而更好地激发学生的思维，培养其学习兴趣。这就要求英语教师在英语教学过程中充分利用生活实物、图片、视频、多媒体资料等优化教学形式，营造轻松、有趣的教学氛围，而不是一味地对学生进行枯燥无味的提问。英语教学被生活化以后，教学内容就会随之具体化、形象化，拉近了课堂与生活的联系，从而使学生全身心地沉浸于学习中，感受英语课堂的魅力与乐趣。

（2）激发求知欲望。一般情况下，基础教育阶段的英语教学多采用直观教学方式，即将教学活动与学生的日常生活相联系，使抽象的教学内容形象化、具体化。直观教学不仅适合基础教育阶段学生的心理发育情况，而且符合该阶段学生的心理发展规律。直观教学的教学形式多样，可以充分利用学生的听觉、视觉等感觉，使其充分参与到课堂教学活动中，因此更容易激发学生的学习兴趣。在基础教育阶段，英语教师的首要教学任务就是最大限度地调动每个学生的英语学习积极性，让每一个学生都能真正参与到英语课堂活动中。

（3）深化思维广度。在大学英语课堂教学中，教师设置疑问并让学生进行思考依然很有必要。因为步入大学后，学生的思想已日趋成熟，课外阅读量也相对广泛。他们开始关注人生、事业及社会问题，渴望能参与其中并针对这些问题发表自己独到的见解。大学的英语课堂可能不是活跃的，但思维碰撞的火花却时刻存在，只要稍加引导随时都会爆发。因此，在大学英语课堂教学中，教师要创造条件让学生进行多层次、多角度的思考，以培养学生思维的深度和广度。

（4）诱发探索欲望。随着学生年龄的增长，其抽象逻辑思维不断发展，对知识的积累、理解及掌握程度也逐渐加深。他们将不满足于解决简单问题，而是开始探索客观事物间内在联系。但由于思维的局限性，他们往往对复杂问题的思考存在偏差，于是就出现了高年级学生"眼高手低"，简单问题不屑回答，复杂问题不会回答的情况。因此，生态化英语教学要求教师所提出的问题具有一定的深度和广度，能激发学生的兴趣，引发学生的思考，还应为学生提供相应的思考方向、思考角度以引导学生准确思考。

四、生态化英语教学评价

生态化英语教学评价也应立足于关注学生的全面发展、教师综合素养的提升以及教学实践的改进之上，建立一个促进学生全面发展的评价体系。生态化英语教学评价不仅要关注学生的英语语言知识、文化成绩，更要关注学生其他方面的潜能发展、综合素质的提升。在此背景下，生态化英语教学评价充分发挥了评价的教育功能，把学生语言学习和个性发展、学生在多元文化社会中的自我认知、学生跨文化交际能力等作为重要的评价内容，以促进学生英语水平的提升。

生态化英语教学评价不仅着眼于学生的发展，也着眼于教师的专业发展。因为在英语教学生态模式下，教师和学生都是英语教学生态的重要组成部分。教师可通过学生对教师的教学评价结果，认真比对和反思自身的教学行为，积极改进教学方法，提升教学水平，从而真正地实现教学相长，促进教师自身专业发展。

长期以来，我国的英语教学评价会将教学结果与预定的教学目标进行比对，即根据预定教学目标对教学结构进行客观描述。评价时将重点放在那些清晰的、可操作性教学行为的评估上。因此，以往的英语教学评价过度强调学科知识体系，将考试和测验作为主要评价内容，往往忽略了人文评价。

英语教学生态模式下的教学评价从本质上改变了以往的教学评价模式，认为教学评价应坚持"价值多元性"，反对传统的"管理主义倾向"。英语教学生态模式下的教学评价认为，评价的重点已不单是重笔头、重结果，评价的内容也不单是考试和测验。英语教学生态模式下的教学评价提出，学生作为教学的参与者和合作者，其在教学评价过程中处于主体地位。英语教学生态模式下的教学评价克服了以往评价体系中所强调的评价即测量、评价即目标达成检测等弊端。

英语教学生态模式下的教学评价克服了以往评价观的片面性缺点，将评价者、评价内容、评价目的和评价结果予以综合考虑。具体如下：首先从评价者来看，生态化教学评价中的评价者除教师、教学行政部门等传统评价者外，还包括学生、家长等各界人士。生态化教学评价强调评价者以"协商"的方式形成共同的心理建构。其次，从评价内容来看，生态化教学评价既包括纸笔测试、人机测验等书面测评内容，又包括学生课堂学习情况反馈、课后学业研究反馈、学生学习成长经历等多维信息的融合。最后，从评价目的和评价结果来看，可从教师、学生和教育行政部门三个维度对生态化教学评价的评价目的和评价结果加以评价。对教师而言，评价目的可作为其教学设计和教学实施过程的参照系；对学生而言，评价目的是让学生更好地了解自身学习进程及"多元智力发展"倾向，激发学生的学习兴趣；对教育行政部门而言，评价目的是掌握学生智力发展现状，宏观调控本国、本地区的教育教学政策。

生态化教学评价包括了测量、反馈、干预、教学行为调整、学习过程记录等一系列流程，因此这一评价并不是一蹴而就的，而是需要经历一个评价、反馈、再评价的非完结性动态过程。这是一个始于评价者"协商"构建、基于多维度信息整理及融合、最终指向学生身心全面发展的复杂而漫长的过程。其实质在于促进人类活动日趋完善、促进人类行为自觉性与反思性发展、促进师生共同进步。

生态化英语教学评价的根本目的是促进学生的身心全面发展。从评价形式上看，在生态化教学评价中，形成性评价和终结性评价有待于进一步平衡及整合，学生的学习成绩和学习过程应作为促进学生身心全面发展的助推器。英语教学生态模式下的评价形式既可以是学习档案记录，也可以是学习活动表演，还可以是测试或者水平考试。但不管是哪种形式的评价，其落脚点都应放在促进教师和学生的全面发展上。就评价过程而言，生态化英语教学一改往日教学过程中教师"一言堂"的局面，通过师生的平等"协商"，充分发挥学生的主观能动性。

五、生态模式英语教学的系统支持

所谓教学模式是指教师为了促进教学目标的实现，在教学发展规律的要求下进行教学环境的营造和创设，使得学生的学习效率和学习效果都得到有效提升的一种教学方法。而对教学模式进行改革是广大教师从教学规律的要求出发，进行教学系统的选择、设计以及优化等，从而更好地实现教学目标的一个过程。英语教学生态模式的出现也是顺应国内大学英语教学目标的改变。只有具备需要的环境和条件，才能更好地发挥教学模式的价值和优势，为教学目标的实现创造机会。

（一）教学场域——环境的支持

语言学习环境指的是本来客观存在的或者专门为语言学习者提供乃至创设的有利于语言学习者进行语言学习的教学场域。从语言学习角度来看，模仿外界环境的语言是人的天性。所以在语言学习过程中，环境的影响作用是至关重要的，语言学习环境的影响因素与其他各种影响因素的共同作用就可以形成一个人的语言运用能力。好的学习环境有利于学习者语言兴趣的激发，促进学习者的习得效率的提升，并使得学习者有运用语言的意愿。所以，语言的习得在很大程度上受制于语言环境的营造。

人们很早就开始重视英语语言环境对英语学习的重要性，不过在如何界定和正确分类教学环境上一直都存在着很大的争议。理查德认为，从英语语言教学环境的政策和文化层面来说，教学环境可以分成四种不同类型：教学过程、教学评估、教学大纲、语言政策。克拉姆契从不同的社会文化角度出发，将环境的影响作用建立在学生的个体差异和社会文化差异的基础上，并以实现语言的跨文化交际作为目标。国内学生对英语教学环境的划分也进行了深入研究和分析，并从宏观、中观以及微观角度对其进行分类，将语言教学环境大致分为两类：一类是内部环境，是指学习者的学习制约因素来自学生的心理方面；另一类就是外部环境，是指对学习者的学习产生影响的因素来自外部条件。同时，英语教师素质、英语课时设置、班额、教学硬件设施以及英语教学性质等都是形成英语教学环境变化的重要因素。从国内外学者对英语语言教学环境的不同看法和论述的角度出发，英语教学生态模式环境的实现条件可以分为三种：一是语言学习的社会文化环境；二是学校语言生态环境；三是课堂语言生态环境。

英语读写听说能力的培养需要不同的语言环境。国内学生学习英语的过程都是基于母语环境，所以，在英语上所花费的精力和时间都是有限的，听和说的训练严重不足，不过阅读能力的培养则不需要太多的语言环境就能完成。与听说的环境要求相比，学生英语阅读的环境要求更加宽松。因此也可以说，阅读能力的培养相对于其他来说更为容易。国内的英语学习环境的营造是针对所有学生，所以其环境也只能有效地提高阅读理解能力。多媒体技术和网络技术的发展尽管为学生们营造了更为有利的学习环境，但是若是学生的学习时间没有一定量的增加，那么其环境也只是改善了其阅读理解能力培养的条件。而英语专业学生则具有更多的英语学习时间，所以，多媒体技术和网络技术的引入能够有效地促进其获得更好的语言学习环境。

若是将英语听说能力的培养放在首位，多媒体技术和网络技术的引进也无法真正地改善其教学环境。虽然对英语的听说能力有较高的要求，阅读仍然占据着首要位置，这也是由目前的现实情况所制约的。从学生以后的工作能力需求的层面来阐述，在学生进入社会工作后，阅读能力依然是必备的一项重要能力，听说写译能力的提升都需要建立在阅读能力的基础之上。所以，阅读能力的培养也成为大学英语教学的首要任务和重要目标。对学生阅读能力培养的重视也是受目前国内只具备这一条件而制约的。英语语言环境的发展受全社会英语语言素质提升的制约，只有当英语成为人们的无意识行为时，全社会的英语语言素质才能得到有效提升。

1. 社会文化生态环境与语言教学

（1）语言和社会。语言是社会内在属性的一种体现，语言能力的培养在很大程度上取决于社会文化生态环境的发展。人类利用语言进行交流和沟通，是一种社会现象。

1）语言是社会的产物。人类的生存就是和自然环境抗战并从自然中获得生存物资的过程。为了更好地抵御自然环境的侵害，人们不得不团结起来，一起去挑战自然环境，相互扶持和相互帮助。团体的形成也为交流和沟通媒介的出现创造了机会，促进人们的日常交流，由此出现了语言这一社会产物。也就是说，人类社会发展到一定阶段就需要进行沟通和交流，语言的出现是自然而然的现象。

2）语言是社会约定俗成的。语言是一种交流符号，它的组成包括了音、形和义等。任何一个音义的产生都是出自人们的约定而成。语言的形和义之间都是由社会群体根据需要所规定的，没有任何的必然联系。

3）语言随着社会的发展而变化。社会的不断发展和变化必然会引起语言的变化。语言的产生和发展受到社会制度、社会生产、科学技术以及教育和商业发展的影响和制约。而且语言的结构系统和语言的交际功能受其影响最为明显。从语言的交际功能角度看，语言变化可以从语域形成以及方言分化上得以体现；而从语言的结构系统角度看，语言变化主要表现在新语言系统的出现或者旧语言系统的消失等方面，或者是有些语言事实出现变化。而最为显著的表现则为旧词汇的消失和新词汇的出现，比如社会发展导致很多词汇如电视、电话、代沟以及超市等的大量应用，而一些词汇却逐渐被淘汰甚至消失，如骑士、四轮大马车和敌人等。

（2）语言教学和社会文化生态环境。英语学习社会环境主要可以分为三种类型，一是国家大环境、二是社区环境、三是家庭环境，环境的形成也会受到国家经济、文化、教育以及政治等影响。英语教学过程中，社会环境的影响是非常巨大的。中国快速发展，加大和世界接轨的步伐，为英语教学创造了更多的国际交流和合作机会，这也使得人们有了更多使用英语交际的机会，国内的英译人才需求量也越来越大。这也让全世界改变了传统观念，更加重视英语学习的重要性，并将之作为一项基本生活需求，对推动外语学习产生了重大意义，有利于国内英语教学的快速发展。由此，国内教育部门也更加重视英语教学，其对国内改善英语教学条件、更新英语教学设备和改革英语教学体制等方面都具有重要意义，也是国内英语教学发展的内动力所在。

英语教学的发展还受到家庭环境和社会环境的制约，英语教学改革也将国家、地方和学校的三重作用的体现放在了首位，这对英语教学的合理开发和研究都产生了积极作用，为学生的英语实践运用创造了条件。

国内一些城市也逐步开始成立英语俱乐部和英语口语角等，这为学生创造了更多使用英语的机会，为学生的学习提供了语用环境。加强了学生的英语交流和沟通，有效地促进了学生的学习热情和主动性。此外，计算机技术和多媒体技术的运用也为亚洲语境下的外语学生提供了更多有利的社会环境，有利于任务型教学研究的发展。

总体来看，国内的英语教学和社会环境的独特性主要有以下四个表现：

1）国内的英语语言教学不具备英语国家的社会环境因素，学生很少有机会接触到英语。实际生活中，只有在英语产品说明和介绍时能够运用到英语，一般都是采用母语即汉语进行交流和沟通，有些人从出了校门后就再也没有接触英语的机会，这也在很大程度上制约了英语学习效果的提升。

2）为了适应国内政治、经济和文化发展的需求而促进英语教学的发展才是教育改革的重要目标，其可以进一步促进学生的国际化发展。所以，英语实际运用能力的提升才是大学英语教学的最终目标，而不要着眼于英语学习的各个细节上。

3）国内各个地区的差异性非常大，这也造成了英语学习的复杂性程度加剧，对于有些国内学生来说，英语是第二语言，甚至是第三语言。加上英语教师的水平也各有不同，有些经济落后地区英语教师的自身素质和英语素养都比较有限，就更谈不上良好英语教学环境的营造。

4）国内的英语教学环境受传统文化、教育方式以及社会环境的影响和制约，造成学习者的学习态度、方式、策略选择以及动机都各有不同，要改变这些特点往往是难度很大的工作。加上国内一直强调应试教学，教师和学生都为了完成应试考试而努力。这一影响是深远而长久的，不可能在短时间内获得较好的改革效果，这也造成了所有教学活动的开展和教学方式的选择都是为了应付考试。想要改变这一教育现状，就需要从根本上改革语言考试制度，让教学目标真正地转移到英语实际运用能力的提升上。

2. 英语教学与课堂生态环境

在我国英语教学中，课堂生态环境成为学生间互相了解，相互交流的主要领地。英语教学与课堂这个小环境环环相扣，可以说课堂的效果直接影响学生英语学习乃至学生的成才与成人。大多数学生的英语课程学习在课堂这个小的生态环境里完成，是现在国内社区环境所决定的。国内社区环境在当今还不足以对英语教学产生影响，这就指出了课堂生态环境氛围的重要性，也对教师提出了新要求，教师若想提高英语教学质量，就必须用任务型的教学方式，积极开展多英文教学。所谓多英文教学并不是完全摒弃母语，允许学生使用母语的程度也是教师需要考虑的重大难题。其实任务型语言专家也表示在英语课堂中需要适当地使用母语，毕竟母语容易使学生更好理解，但是过多使用母语又会面临英语口语退化以及英语交流得不到提升等问题。

在传统英语教学中，我国一直采用以英语为主，汉语为辅的教学模式，在教学中渗透学习英语的过程就是使用英语理念的过程。多英文教学的好处包括以下两点：

其一，学生可以练习英语听力能力，在良好的英语教学环境下让学生感受英文的魅力，在英文环境的充斥下获得知识。这样不仅解决了前面所提到的社区语言环境匮乏情况，学生还可以通过课堂中大量英文输入进一步提升英语水平。在"学得"的同时获得"习得"。其次，课堂中散发的英文气息也会感染学生，激发学生的兴趣，进而调动学生参与课堂的积极性，让学生在英文环境中不断提升自己的英文水平，培养学生口语能力以及英文交际能力。在课堂中，要以学生为主体，教师辅助教学，教师主要负责引导学生，让学生与课堂融为一体。

其二，用语言本身学习语言，是交际教学法的核心理念。英文教学使学生、英语以及学习环境有机结合，让英语成为一种传输媒介，让英文传递知识。英文教学的重中之重就是英语，作为一门语言，英语学习就需要构建基本的语言环境，要求师生在课堂中频繁使用英语，将学英语的过程视为使用英语的过程。这就是所谓的用语言本身学习语言，换言之，在沟通交流中使用语言以激发语言本身的发展，从而达到学习语言的目的。

3. 英语教学语言生态环境的拓展

随着时代发展，英语学习成为一大热门，接踵而至的就是各种形式的考试，"英语养成录"等等。大家陷入了疯狂备考的漩涡，为了学好英语而学英语，这就使得众多英语学习者受学习效率低下，学习效果不佳所困扰。要想得到高回报，就必须构建和谐的生态语言学习环境，通过亲近语言，使用语言，将语言与文化所融合，充分利用学习资源，提升自己的英语水平。语言学习必须有环境相伴，语言脱离环境就会影响语言的理解与吸收，学习效率和效果更会大打折扣。对于英语学习者来说，从语言理解出发，可以阅读英文报刊，观看影片，利用网络学习；从语言感受出发，可以与外籍或有英语基础的人士沟通交流等，丰富外语知识，创造语言环境，帮助英文学习。

（1）阅读英语原版材料。阅读英语原版材料，不仅可以拓宽学习者的眼界，了解社会发展，丰富课余生活，陶冶情操，更多的是可以提升学习者的阅读能力，增加词汇量。在日常生活中，学习者应阅读各个领域的各种材料，为其文学功底打下坚实基础。阅读对学习者的好处绝不是单纯体现在文采上，它能增长学习者的见识，完善学习者的思想。当读各种各样其他语言的文章，如《国外风情面面观》《培根散文集》《爱迪生演讲录》《世界上最美的散文》《心灵鸡汤》等时，既能够增长文学知识，还能够得到全球实时信息，熟悉他国的历史传承。阅读英文原著文章，能感受到作者的情感和英语的语感，这些对想讲好英语的人来说至关重要。品读英文原著作品，还能够在某些层面改善实时材料不足的缺点，还能够提供一个好的英语学习氛围。

（2）利用网络进入英语世界。正在学习英文的同学们，应当积极学会利用计算机网络为学习做贡献。如今，飞速发展的网络让身处这一时代的人有了截然不同的生活，可以在网上畅游世界。网络资源的合理利用，让学外语的同学不只能找到外国的各种方面的最新词汇和知识，还能够听很多好听的外语歌曲以及有趣的英语段子。网络资源多种多样，不单单有词汇、句子、图片，还有声音和视频，这些对于刚学英文的人来说非常有帮助。电脑上的各种运行环境，十分有利于教师通过网络来查看同学们的语句词汇。

（3）与外国人接触，提高实战运用能力。伴随着国家的飞速发展，各个世界性组织中都有了中国的身影，国家也越来越重视教育。现如今，不论是小学、初中还是大学，外籍教师所占的比重都在不断增长，前往其他国家学习的中国学生人数也在飞速增长。纵使一些身处内陆地区的学校，还有不少人能够和外籍教师相互交流学习。与外国教师交流多增加，熟知并且记住其英语口语的一些最基本特点和特征，久而久之，学生们就学会使用英语了。除此之外，和外籍教师交朋友也是一个非常好的选择，日常生活中和他们多交流探讨，可以提升口语并且了解他国地域文化。我国众多地区不断设计一些与英语相关的活动或组织，为英语学习者提供了极大帮助。

（二）教学资源——语言的支持

语言能力由语言知识与语言能力所构成，二者相辅相成，相互渗透。但从某种意义上讲，英语学习核心在于培养学生的语言素养与技能，而不是语言知识学习。这是因为英语的听、说、读、写、译都离不开英语语言，但英语语言本身就是语言学习所需要掌握的一项基本技能。

中国学生学英语主要是为了掌握各项考试的各类英语试题，所以平时的教育过程中，英语的文化和知识底蕴传授很少，大多数还是答卷方面的技巧训练。而这样的教育方式是不正确的，要学好一门语言就要学习它的方方面面。学习英语的最终目的是为了学会一门语言知识，其中自然包括了技巧的培养和训练。所以，现如今的英语学习不应该单纯地只学习单方面的英语知识，更应该要具体到英语的方方面面；不能只是单纯地应付考试，要做到听说读写样样精通。英语的学习不只是为了填充知识空白，更多的是将所学的所理解的知识运用到日常生活中，这种学以致用的能力也是日后学习的重要方法。

综上所述，语言知识与机能必须融为一体，才能更快更好地使英语语言教学得到进一步发展，这也是对英语教学很好的诠释。如何更好地将语言知识与机能有机联系，就必须践行实践性英语教学模式，可以从以下三方面考虑，首先是改变死扣语法和词汇的传统教学模式，使英语走进生活。其次是打消"死记硬背"的英语学习方法，应该采用灵活的方式代替机械化的学习。最后则应提倡开放互动的教学模式以及促进知识与技能间的融合。

（三）学习活动主体——学生的支持

在学习过程中，学习者要不断进行自我心理调整，以积极的精神面貌和端正的态度，努力把语言运用到实际生活当中。其次，评价体系也是改革中所提到的，评价体系可以分为形成性与终结性，主要培养学生的学习兴趣，激发学习积极性以及自主学习能力。

在形成性和总结性两种评价体系中，英语教学则更注重形成性评价，即培养学生的兴趣与积极性，帮助他们树立信心，因为终结性评价更侧重于学习者的综合素养和语言实际运用能力。无论哪一种评价，都必须本着促进学生语言素养的形成和健全人格的形成为原则，促进教师的高水平、高效率发展，从而使英语课程逐步完善。英语课程有以下三方面要求：

（1）合理利用课堂，积极开展教学活动，为学生搭建一个走进生活，切合实际并跟进时代的学习平台。

（2）充分发挥生活中的一切教学资源，通过观看电视，读书读报，上网搜索等众多方式获取信息，拓宽学习英语的渠道使英语学习趋向多元化。

（3）鼓励学生参与资源的开发和利用，教师要转变教学模式，鼓励学生更多地加入课程资源的收集与整合中去。

（四）教授活动主体——教师的支持

教师是教学实践的教授主体，是教学的实施者，教学活动的设计者、领导者和组织者。教师起着媒介作用，搭建起学生和教学内容之间的桥梁，作为教学活动的发起者也是教授活动的主体，教师需要具备生态化观念，培养学生的探究精神以及引导学生在生态化语言学习中找到适合自己的途径，并且有所收获。

既然教师是教授活动的主体，那么学生则为教学活动的主体，引导成为主旋律，教师的工作重心应该放在引导学生上，主要表现在对学生心灵的洗涤以及学业的启迪。首先，需要引导学生学会学习，掌握基本的自主学习方法，形成固定的自主学习思维；其次在自主学习方面做进一步引导，即从学习方式的选择，自主提问及解决问题，自主谋划学习目标等方面引导学生。简要概括，教师在英语教学生态模式中占据主导地位，若想实现教学模式转变，教师就必须从根本出发，多维度分析自己的文化观，价值取向，教学方式与方法等，审视自我，只有这样才能与生态化英语教学模式达成一致。

（五）各要素之间的生态关系

在英语教学生态模式中占据主导地位的一直是学习者，当然，教师在某种意义上也是学习者，因为学生与教师，语言与学习环境中均存在着反推作用，所谓的反推就是指学生的学习情况很大比重受教师教学效果的影响，学生掌握语言的情况对教师具有反推作用，这就印证了教师在教学过程中就是一个学习者。除了反推作用外，互动作用在英语生态模式中也具有举足轻重的地位。学习者与环境的互动作用体现在学习者主动建立真实的语言环境，伴随着语言习得时空流变。语言与学习者不单单是主体与客体关系，更重要的是二者相辅相成，都是教育生态模式的组成成分。互动更多体现在学习者主动学习语言，反过来语言文化也对学习者产生深刻影响。

教师与英语的互动关系表现为，教师教学运用需要熟练掌握语言，英语语言又对教师采用的教学形式及方法起着决定性作用。英语教学生态模式对教师和环境之间关系认知存在盲点，仅仅把教师当作学习环境的创造者，只为学生营造良好学习氛围以促进学习者的发展，忽视环境对教师的反推作用，这就导致了过分关注语言习得机制和学习效率低下等情况。

整体性的英语教学生态模式需要冲破四个生态要素的束缚，在四个生态要素的基础上，合理利用教材、多媒体技术等其他要素，因为它们同样是生态模式的重要组成部分，对学习者的学习有相当大的促进作用。之所以没有提到这些要素，不是因为不重要，只是因为在构建英语教学生态模式中，"四因素"扮演着重要角色，内容有限，因此不能将所有要素都包括在内。但在实际的教学中，必须清晰地认识到相关因素的重要性，予以关注。因此，本模式构建时只能在前人构建的相对合理的"四因素"框架范围内进行，这也是今后需要进一步改进的地方。

（六）生态化英语教学创新优化

整体性、开放性、动态平衡性以及可持续发展性等是优化英语教学生态系统需要遵循的原则，对教学措施和策略的选择也要根据不同生态因子之间的关系，因此这也是一个复杂的、长期的过程。而观念的更新又是优化过程中最为关键的因素，其会对生态主体的思想和行为产生重大影响作用，所以说观念的改变将直接对大学英语教学系统的优化产生积极的推动作用。

1. 关注学生内部的成长

在大学英语教学生态系统中，最为核心的生态主体就是学生，该系统中的核心部分也是学生种群，只有确保学生种群的身心健康发展，才能让整个大学英语教学系统的发展更加良性化。学生种群的生命差异性较大，尽管他们有着相近的年龄和相同的专业，但是个体差异如个性、爱好、价值观以及背景等都各不相同，所以其具有一定的特殊性。正是由于每一个体都具有不同的发展水平、情感态度和认知能力，使得每个学生都形成了独有的生态位。教师要针对学生的不同生态位差异，采取更有针对性的教学手段和方式，在教学内容的设计以及教学方法的选择上都要根据学生的个体差异，从而最大限度地优化各个学生的生态位。

当然，学生的生态位并非是固定的，环境的变化也会造成其产生一定的变化，教师也要对这一点有所把握。这也是教师正确对待学生种群内部关系的重要前提，对加强内部关系有促进作用。教师也可以利用生态位的竞争排斥原理重叠和分化学生生态位，当然这需要从学生的实际情况出发。在大自然中，物种生态位的重叠会导致物种之间发生资源的激烈竞争，形成资源危机，对物种以及系统的整体发展发挥一定程度的限制作用。不过大学英语教学生态系统和自然界中物种生态位重叠的情况有所不同，它能有利地促进学生之间的良性竞争，培养学生的英语实际应用能力，有利于大学英语教学活动的展开。教师促进学生生态位的重叠的主要形式就是开展合作学习模式。将学生分为小组，以小组方式进行共同学习，对教学资源的探索和价值最大化利用都十分有利。

合作学习模式给了每个学生平等的学习资源和学习材料，他们相互交流和谈论，不但能寻求解决问题的方法和途径，完成学习任务；还能了解别人的方法、策略和技巧，有利于学生之间的交流和沟通，加强学生交际能力的培养，对学生精神生活的多样化发展也产生了积极意义。当然，如果有必要，教师还应该加强学生的生态位分化。这是由于学生是不同的个体，其个体差异性较大，为了最大限度地让学生展示自我，发展自我，就需要给学生提供发挥长处和优势的机会，从而使其获得更好的成长。学生在能力、知识和素质上的差异性也会对其以后的社会生态位发展形成较大制约。

教师可以采用课型的多样化设置来进行学生生态位的分化工作，课程设置要依据学生的兴趣爱好来定，能够更大程度地提高学生学习的积极性和主动性，为其创造相对宽松的学习环境，让学生能够真正地发挥自己的优势和长处，获得自我提升我、自我展示，这对学生自信心的树立非常有利，帮助学生确定自己的目标，展示自己的个性和优势，从而使其获得快速成长。

加强学生自组织能力的培养也是大学英语教学中促进学生种群内部生命成长的重要方法。所谓学生的自组织能力是指由内部生态因子所决定的，经过内部因子之间的作用和影响从而形成动态结构的过程，这个过程的变化不受外部因子的制约。也就是说，学生种群内部自我调节能力是一种培养。学生个体也是一个简单的生态系统，如有外来干扰，学生能够作出积极反应，并通过自我调节来进行调整，达到平衡状态。在繁杂的资源面前，学生需要有一定的自组织能力，才能筛选和剔除各种信息，形成自己的知识构建过程，所以，教师要加强学生的自组织能力培养，学生还要自主地参与到学习过程中，才能充分发挥自组织的价值和作用。

学生种群内部的生命成长还会受到群体效应的影响,因此要充分发挥群体效应的积极促进作用。大学英语中的学生种群包括三种:一是正式群体;二是非正式群体;三是半正式群体。其在大学英语教学过程中都能对学生个体产生积极作用,所以应该充分发挥群体中积极因子的价值和影响力,深化其作用力,使得整个群体的价值和优势更为突出;要抑制和消除不利于群体的消极因子,充分发挥生态因子的作用就需要教师了解和掌握群体中的各个学生个体特征和差异,才能更好地应势而为,加强积极因子的影响力,充分体现群体的凝聚力和优势,形成成员之间的相互影响、相互作用、相互监督和相互帮助之风,最大限度地激发群体效应。

2. 以人为本,观念革新

以人为本理念要从人这一主体出发,它是自然、社会和精神的高度统一体。而教学中要求将学生作为主体来开展教学活动,为了学生整体素养的提升而设计和选择教学内容。大学英语课程既具有工具性质也具有人文性质,其以学生为本的思想的树立有利于其获得长远发展。

(1)强化学生为主体的思想。大学英语教学也以学生为中心,在教学结构中将学生放在主体地位,教师、信息技术、教学活动等各种教学因子的存在都是为了促进学生的学习效率。以学生的实际需求为出发点制定教学要求、教学目标,选择合适的教学内容,还要注意教学过程中的开放性、灵活性的体现,根据实际情况调整和完善教学目标和教学内容;教师要以学生为教学结构的中心来备课、授课以及评价和反思,选择的教学活动和教学内容也要符合学生实际发展需求,选择有利于学生成长和发展的信息和技术,淘汰和筛选一些落后的、没有实际效果的信息,避免无用信息占据教学的中心位置,最大限度地激发信息技术的价值。

当然教学过程中体现出学生的主体地位也是以学生为中心原则的表现。国内大学英语教学模式很长时间以来都是以教师讲授为主,学生被动接受的方式展开,学生在教学结构中被边缘化,没有真正体现其主体地位,学习兴趣不高,积极性和参与性都有待提高。但是大学英语课程本身就具有较突出的工具性,实践性要求也较高,需要学生的听说读写能力达到一定水平,对学生的实际运用能力有一定要求。只有确定了学生的主体地位，才有可能实现这些教学目标。

应当引导学生进行主动的英语学习。学生对知识的自主构建应该是英语学习的重要过程，所以，教师在教学过程中要充分发挥自己的主导作用和监督作用，最大限度地激发学生的学习热情和积极性，从而培养学生良好的学习习惯。还要充分利用多媒体等信息技术的优势和作用，让学生对英语学习产生浓厚的兴趣，从而自主地掌握和学习英语知识和技能，在学习中充分发挥自己的主体意识。

要培养学生参与英语活动的主动性。大学英语具有较强的实践性，学生需要在学习过程中充分发挥自己的自主性和积极性，加强和教师、同伴之间的交流和沟通，从而不断地提升自己的英语实践应用能力。

学生应当是学习的评价主体。学生对单词、句型以及语法掌握的多少并不是英语教学评价的主要目的，它最终的目的是帮助学生更好地自主学习，提高实践应用能力。所以，英语学习评价中要确定学生的主体地位，先要让学生对自己的学习情况有客观公正的认识，其次要让学生思考和反思自己的学习情况，从而通过自我评价和自我改进来促进学习效率的提升，形成自主学习的良好习惯。

妥善处理和正确认识教和学的关系，将学放在教学中的核心地位也是坚持以学生为中心的教学理念的重要方面。对大学英语教学模式进行改革，首先就要改革教师的绝对统治地位，改变教师讲授为主，学生被动接受的教学模式。教师树立正确的教学观念也是非常重要的，这样才能更好地把握教学目标，在教学中做好引导者的工作，让学生可以自主地进行知识构建；教师应该树立为学生服务的意识，对教学设计不做硬性规定，让学生可以参与到教学过程中来，并立足于学生的实际情况选择教学内容和教学模式，一切以培养学生的英语实践应用能力为目标，吸引学生真正地参与到教学中来，自主地内化知识；此外，教师还应该具备一定的信息技术能力，才能在信息技术高速发展的今天获得发展机会，为学生进行教学资源的筛选和甄别工作，为学生的知识构建做好充分准备。

学生更应该及时地树立正确的学习思想，激发自己的学习主动性和积极性，并树立自己的主体意识，了解和分析语言学习的特点，积极地参与到语言学习中，并加强和教师、同学之间的沟通和合作，从而不断地提升自己的英语应用能力。

以学生为中心原则的坚持有利于体现资源生态型学习的重要性，能够强化资源的充分利用，体现出资源的及时性和多元性特征，从而促进学习有效性。客观条件会限制学生学习资源如文本、音频、视频等的选择，若是没有完善的教学平台和及时的学习资源系统维护，或者是校园网络不佳，不能及时更新教学资源等，都会对学生的学习效率造成不利影响。在这个过程中，教师一定要有服务学生的精神，所有教学活动都要针对学生的学习来展开，以学生的需求为基本出发点，充分利用好现代信息技术和计算机网络，让学生的学习环境更加个性化，自主化。

（2）强化培养学生可持续发展思想。只有监督学生形成终生学习的理念和意识，才能使其获得可持续发展，这也是英语教学的重要目标。这就需要了解和掌握学生的学习动机，也就是掌握和分析促进学生产生强烈学习欲望的内在动力，从而激发学生的学习主动性和积极性。

只有教学能够满足学生的内部学习动机，才能有效激发学生的学习热情和自主性，让学生真正地发挥主体精神，并将所学知识进行实践运用。大学英语教学应该传输和教导终身学习理念，帮助学生形成正确的学习理念和良好的学习习惯。这需要教师在教学中根据实际情况选择多种教学方法，从而增强学生的参与热情和积极性，让学生阐述遇到的学习问题，帮助学生进行问题分析和问题解决，从而进行知识的讲解并引导学生消化，帮助学生掌握探究英语学习规律，进行自主学习，将所学知识灵活运用。

信息化的今天，学生的学习能力很大部分是信息素质的培养，在信息大量充斥的学习环境中，要引导学生收集、选择和利用信息，这都需要学生具备一定的信息素养，从而加速英语学习的效率。较好的英语学习能力，才能让学生更好地适应社会发展的需求，实现自我的成长和长远发展。大学英语教学目标不仅仅是学习相关知识和技能，更重要的是学生整体素养的提升，情感的变化和价值观的形成等，这样才能充分体现出大学教育的意义。

教师要充分考虑学生的个体差异，了解和分析不同学生的兴趣爱好，因材施教，给学生创造最大的发展机会，激发学生的创新意识，促进学生的成长和发展。除此以外，还要注重师生关系的建设，这样才能在教学过程中最大限度地发挥情感的促进意义。教师还要注意轻松愉快的学习环境的建造，加强和学生之间的沟通和合作，降低学生的焦虑心情，让师生关系更加融洽和谐。如此才有利于调动学生学习积极性和主动性，为教学的可持续发展创造轻松、开放和自由的空间。

大学英语教学的主要目标是促进学生的可持续发展，这也是教学评估的重要内容。现在，虽然形成性评估在高校大学英语评估中已经有所体现，不过在形式上和内容上来说，其所占的比重还比较有限，因此也无法撼动传统评估模式的影响。需要采取形成性评估完成学生可持续发展的评估，既要注重学生平时表现的评价，包括平时测验成绩、平时作业完成情况、课堂活动参与积极度等内容，还要结合各种评估形式如互评、自评、观察以及访谈等进行有效全面的评估。当然，学生的情感体验、能力态度以及创造思维的拓展等也应该包括在评估内容中，既要肯定学生的平时成绩和表现，也要关注学生的专长、个性以及创造力发展需求，努力推动学生的整体素质提升，如此才能更加有利于学生的可持续发展。

3. 重视学生之间的协同进化

大学英语教学系统是一个有机整体，主要包括教学要素、信息技术、环境因子以及生态主体等部分，一旦这些组成因子产生变化，整体系统也会随之变化，人们将这种关系称为协同进化。因此，只有促进内部组成因子的协同发展，才能使得大学英语教学这个整体系统获得快速发展并保持一定的平衡状态，对各个组成因子的优化也就是对整体系统的优化。

大学英语教学系统中最核心的组成部分就是学生和教师，两者关系的优劣好坏能直接影响整个教学系统能否良性循环，能否促进师生之间的共生和协同发展。共生是指学生和教师之间产生的一种相互依托和相互影响的作用，不管是教师一方产生变化还是学生一方产生变化，都将对这种共生关系产生较大影响，因此需要有效地促进师生之间的和谐和共生。教学系统中应该将师生关系看成一个有机结合体，充分尊重他们的参与权和表达权，给予他们平等的地位；在这个关系中，教师不再是权威的代表，学生不再是被动接受的一方，两者需要相互作用，共同发展，如此才能最大限度地发挥教学系统的优势和价值。

当然，师生情感的协同进化也是非常重要的。只有确保教师对教学工作充分热情，激情澎湃，才能有效地感染和影响学生情绪，从而调动学生的参与积极性。不然，教师萎靡不振，情绪低落，又如何激发学生的学习热情，往往还会导致学生对学习产生抵触情绪；同时，学生在教学过程中所体现出来的精神面貌也会在一定程度上影响教师的水平。所以，教学过程中不但要充分发挥教师的引导和激励作用，为学生创造一个相对较轻松和愉快的学习环境，促进和学生的情感交流等，这样有利于发挥两者之间协同进化作用。

突破限制因子的影响也是充分发挥协同进化作用的重要因素，最大限度地转变限制因子，使其向非限制因子转变。当然在一定条件下，所有的因子都可能变成限制因子，比如师生情感的交流和沟通可能会受到教室大小的制约；再比如限制因子还受到教师教学水平欠佳、教学观念落后、信息技术能力有限等影响，从而造成对学生的制约作用。学生本身也具有很多的限制因子，如学校策略的使用不当、学习态度消极等。为了有效地减少教学过程中所产生的限制因子，应该充分发挥师生的自主能动性，分析和解决学习的限制因子形成原因，为师生关系的和谐发展创造有利条件，促进师生关系的合作和交流，消除和减少限制因子，改善种间关系，这样才能确保大学英语教学获得可持续发展。

六、信息化时代英语课堂生态教育的重构

物种若能够相互适应，彼此制约，和谐地各自在各自领地生长发育，从而达到合适的数量，必然需要一个和谐的生态系统环境。因此，衡量生态系统平衡与否，需要通过生物多样性，生物结构与数量，环境承载以及环境开发潜能等多重指标入手。课堂生态与自然生态还是有一定差异，因为它是一个人工的生态系统。课堂生态与自然生态的相同点体现在，学生就如同生态因子，可以相互融合与制约，学生数量有一个最佳值，并且能够维持系统的多样性。在这个系统中，教师也能够充分体现自己的专业素养，在角色转变中与学生达成共鸣。然而，目前的系统结构仍不够完善，功能还远没有达到预期效果，因此，信息化时代英语课堂生态教育的重构显得至关重要。

（一）信息化时代英语课堂重构的生态性原则

生态学研究方法作为基本途径，生态学作为理论依据，课堂趋于生态化，先观察、再分析，后解决生态课堂中的遇到的失衡问题为核心思路。

（1）要坚持以生态的视角来认识课堂及课堂教学的本质，观察、发现和分析课堂教学中所出现的问题。要站在生态的角度来认知课堂以及教学的本质，用

先观察、再分析、后总结的思路处理课堂教学中所出现的各种问题。从传统教育学和生态来进行阐述，传统教育学中的各种教学活动均在课堂中进行，教学仅仅局限于向学生传授知识，形式单一，教学问题成为影响教学效果的制约因素。如果从生态的角度出发，课堂发生了本质性的转变。与之类比，课堂就如同一个微观性质的生态系统，课堂教学就如同生态系统借助生态因子相互关系完成信息传递和能量流动的过程。课堂教学问题就如同课堂生态系统功能和结构中存在的问题，主要体现在生态平衡方面。信息化时代英语课堂生态教育重构的关键在于四个方面：①从生态角度出发完成课堂身份的认证；②剥离课堂中的生态性；③自主发现生态课程中存在的方方面面问题；④系统分析课堂生态中的失衡，找到失衡原因，作出解决方案。

（2）以生态学研究方法为主要手段。生态学主要研究和探索生物与环境之间的相互关系，历经百年的跨越式发展，基本形成了原地观测、受控实验和综合分析所构成的研究方法。现代生态学不仅打破传统自然科学界并跨向人文社科领域突破传统的自然科学界限，而且在研究方法上也更加注重整体性、层次性、统一性和协作性。用生态学研究方法打开探究教育问题的大门，确实是教育生态学所囊括的内容。教育生态学将教育学与生态学完美融合，取二者之精华，巧妙地借鉴了二者的研究方法，以系统科学所得成果为跳板，在其基础上快速发展。类比方式成了主力军，放大运用此种方法，将生态学中所运用的研究方法类比到教育生态学中，在这一过程中有两大坚持，一是坚持做到学科融合，跨学科研究，学习系统的研究方式方法，例如系统论，耗散结构论，协同论等，掌握基本的生态学方法技巧。二是坚持多角度多维度深刻剖析教育生态学，从整体到分支，多层次、系统地着手。

研究不同的生态，需要掌握不同的方式。若想研究教育的微观生态，不仅要将教育与生态完美融合，还需用采取一定的现代技术手段，抓住"微观"，换言之，就是需要对此系统进行细微的详细的定向研究。若想研究教育生态系统，掌握核心要素以及动态变化是必不可少的，还需要熟练掌握抽样调查法、统计学方法、类比法、观察实验等基本技能。若想研究大学英语课堂生态，可以通过课堂中的观察，综合性的分析，实践练习等方式开展，主要以研究大学英语课堂生态系统的组成部分和各项功能为主，并且嵌入生态学、教育学的内容。总体来说，首先要研究它们的相互制约关系，系统内外部的联系，环境对于内部的影响；进一步需要研究如何解决课堂生态系统失衡问题。最后，当然是列出有效的解决方案，让英语课堂重构生态性。

（3）生态学理论在大学课堂生态研究中运用而生。随着现代科学技术的飞速发展，传统的大学英语课堂已不能够适应时代发展，出现了明显的失衡现象，主要体现在结构、系统组成比重和关系、内部的营养关系中。但是从功能的角度出发，大学英语课堂生态也存在类似状况，例如，结构优化的在功能方面逐渐退化，协调平衡的关系网络不断减弱，生态育人也呈下降趋势。要重构大学英语课堂生态并且控制功能下降等问题，要合理利用生态学中提到的限制因子理论，生态位理论，生态链法则等等解决实际问题的有效理论体系；也要遵循优化整体结构，维持平衡和谐，抑制恶性循环，互动协作等原则。只有熟练运用这些基本技能，才能解决重建构英语课堂生态中遇到的问题。

（4）以构建生态课堂为目标，促使课堂教学趋于生态化。生态化课堂一方面是从学生角度出发，生态化课堂要求重点关注学生认知形成的全过程，对知识的掌握情况，学生的价值取向，更重要的是为学生的成长保驾护航，鼓励学生全方面发展，为之提供优越的生态化教学环境。另一方面则是从教师的角度出发，教师必须逐步专业化，与学生很好地融为一体，这样才能够更好实现大学英语课堂生态的生态化改造，进而完成大学英语课堂的重建。

英语课堂重构的生态性原则，可以从生态课堂的实质，内容，目的，意义着手，对生态课堂进行总结。生态课堂可谓是趋于理想化，教学成果显著，具有应然式状态的一种创新课堂。生态课堂中完全可以实现师生之间持续互补发展的关系，能够在生态理念指引下，建立从整体相关联到内部动态平衡的优质课堂形态。所谓的生态课程中的"生态"是指课堂中和谐平衡的环境生态、文化生态、行为生态、心理生态等。生态课程作为一个联系、发展、和谐、共生的课堂，更多追求一种可持续的生态课程环境，民主平等的生态师生关系，互信互通的生态课程交往，动态发展的多元评价机制。

（二）信息化时代英语课堂重构的路径

1. 充分发挥信息技术的引领作用

在国内外教育的变革与发展中，信息技术起到了直接或间接的推动作用，信息技术已经与现代教育模式发生了深度融合。所以，为了加速教育发展，信息技术的影响不可忽视。信息技术可以看作是课堂中的一个"生态因子"，它应该有属于自己的"生态位"。比如，大学生英语教学过程进行信息化改革时，通过对信息技术这一因子的准确把握与理解，可以发现它在课堂授课中所对应的生态位，从而促进信息技术作用的积极发挥，因为"连带作用"在"结构"与"功能"两方面影响课堂教学中其他的因子。最终，可以改善信息技术初期被大量应用于教育领域时产生的课堂生态系统失衡的非正常现象。

在信息全球化的背景下，大学英语教学对于"信息技术"的应用并不陌生，因为信息化大学英语教学已经长期存在于现代教学领域，"信息技术"在外语教学之一模块中的"主导因子"地位也日益凸显。信息技术与外语教学不断调整，相互适应，作为一个"生态因子"，信息技术在外语教学生态中的生态位自然也会发生变化。如，信息技术初期在教学中发挥的辅导作用应逐渐转化为引导发展作用，这也决定了教学方式与学习方式。同时，师生本身具有的信息素养是他们能否成功担任本角色的决定因素。在较为成熟的现代教学体制中，信息技术作为一种教学工具，在外语教学中的地位不再具有可替代性并逐渐发展成为教学过程中的核心客体甚至是主体。而且随着信息技术在课堂教学中的主导作用不断被外界认可，其他生态因子的地位以及功能作用等也会相应地发生变化。除此之外，课堂生态的主体与客体也会在某些方面对课堂生态中发生的各种变化做出回应。比如，作为课堂生态中主体的师生会为了呈现更好的课堂教学效果或者为了自身的可持续发展而主动提升适应教学信息化的能力，改善课堂信息交流以及教学方式；课堂的氛围或是环境、规章制度等以"客体"形式存在的因子们也会对应作出相关调节以适应变化的课堂生态。这些回应都是为了更好地改善早期处于失衡状态的课堂生态。

（1）政策层面大力推进大学英语教学信息化进程。现在，全球都处于信息化状态，所以，我国教育趋向于信息化是发展的必然结果。为了让大学英语教学更加适应信息化状态,我国在承认并肯定这一必然结果的基础之上,根据大学英语教学有关"信息化"的改革内容,积极制定并实施了一系列有关政策、文件。但是,由于信息化内容的不断加入,课堂内生态系统的平衡也受到了破坏。为了使课堂生态重新形成并维持一个动态平衡状态,各方依然需要积极鼓励教学的信息化改革并形成课堂"生态因子"相互作用、相互协作的现象,促进课堂生态基于原有的平衡产生突变并呈现"耗散结构"形成的过程。

但是,某一事物的消极作用总是会被过度放大。对于课堂生态中出现的失衡现象,某些高校总是表现出过分担忧甚至作出不合理的解析,这就导致大学英语教学信息化进程受到阻碍,信息技术主导作用也被搁置甚至课堂生态再次回到先前的失衡状态。虽然平衡具有"相对"概念,但是失衡只有"绝对失衡"。按照程度大小,失衡可以分为:最低程度失衡、中等程度失衡以及较大程度失衡。

最低程度失衡是指孤立系统中存在的一种趋近于静止状态的平衡,以及开放系统中,存在于线性区域且随时间变化的一种类似平衡。

中等程度失衡是指在外力的影响下,开放系统中的围绕性区域内产生的一定范围内的波动。

较大程度失衡是指系统内接近临界点的区域在"协同作用"影响下产生的最大合力以及突变的发生。

因此,为了达到教学效果并产生新的平衡状态,要承认并接受失衡状态的存在。当课堂教学在某一阶段发生中等或是较大程度失衡时,要积极发挥信息技术的主导作用并重视外部力量,让其主动参与调节平衡的过程。

(2)实现信息教学的常态化和深层化。信息化大学英语教学在教育领域已经被实践了无数次,对其的改革也逐渐完善。但是,部分高校依然是形式主义做派。它们对信息技术在外语教学方面的作用存在片面认知,所以并不是真正为了让教学产生有效性以及生态化。除此之外,在推进信息技术应用于大学英语教学的过程中,部分高校存在懈怠情绪或者不能正确找到推进方法等,所以在技术应用程度及层次方面呈现出"表层化"。目前,外语教学信息化的发展速度以及对其应用的程度已经进入了"高原期"。面临大学英语教学信息化各方面的新发展状态,要想实现并维持其可持续发展,就要做到尽力实现信息技术在外语教学中的"常态化"以及"深层化",避免只做表面功夫。

2. 有效调节课堂生态因子的生态位

在生物学范畴内,生态理论指出生态系统中的各个种群以及每一物种通过凭借自己的时空位置以及功能,即生态位,来维持生态系统的平衡。但是,教育学领域的生态论主体范围已经从"种群"及"物种"扩展到了组成教育学生态系统的各个有机部分。这也说明,师生、课堂布置及氛围、教学材料及方法、校规校纪以及强调的"信息技术"等在内的课堂教学生态的所有生态因子都有属于自己的生态位。由于信息技术在课堂生态中的主导作用日益凸显,教学生态系统的内部也随之产生生态位重叠、分离以及特化等一系列问题。这必然会扰乱生态因子之间原本的稳定关系,使得生态系统无法正常运行。所以,下一步要做的就是调整生态位,使大学英语教学的生态系统形成新的平衡状态。

(1)信息化语境下教师生态位调节。在传统的教学模式中,教师是传授与生产知识的主体,也是学生获取知识的主要渠道。但是,在信息化教育的背景下,学生获取知识的渠道逐渐多样化,不再仅仅局限于课堂教师,还有网络以及多媒体资源等。甚至,学生的角色也有可能转变为知识的生产与传递者。这样,师生之间就产生了"生态位重叠"现象,甚至会演变为相互竞争、相互排斥的状态。如,在学习过程中,学生如果借助网络媒体等资源已经对课堂所讲授的知识有所了解与认知,便呈现出消极的课堂情绪,不认真听讲甚至缺勤等。这在课堂生态中是不正常的。所以,教师必须转变在教学中的传统角色并积极主动地在课堂身份方面进行创新。在传统教学过程中,教师会为了在课堂上让学生了解并记忆一个单词而去认真地翻阅字典并准备多个相关例句等。这在一定程度上促进了外语专业的发展。但是,受信息化的消极影响,教师如果不能及时准备相关课件,那么他们就会要求学生在网上下载、播放网络发音音频等。这种资源过于丰富化而造成了课堂生态位的特化现象。这在一定程度上不利于教师发展,所以要足够重视并作出合理的调整。

(2)信息化语境下学生生态位调节。信息技术介入课堂生态并成为课堂生态中的主导因子,无疑在各种方面引起了其他生态因子生态位的变化,所以应该针对这些变化并结合课堂教学目标作出适当调整。比如,纸质教材与网络多媒体学习资源之间的生态位重叠，传统课堂教学与网络教学的生态位重叠，以教师为中心的教学法与以学生为中心的教学法的生态位重叠。

3. 控制课堂生态限制因子

生态学上有个理论叫作耐受性定律，是指任意生态因子质量或数量上的过剩或者不足达到了这种生物的极限，为生物物种带来生存、繁殖、生长、分布和扩散的影响，这种影响一般具有限制作用，长期发展会成为生态系统中的制约因素。课堂生态上的生态因子之间都具有相互作用，自身会对其他因子产生影响，也会受到系统内其他因子的影响，这种影响最终还会作用于课堂生态主体的成长过程。当这种影响对课堂生态主体的作用达到它的忍受极限时，就会限制其发展，破坏生态课堂的平衡状态。因此，想要重构外语课堂生态的平衡状态，就需要严格控制各种限制因子。

对课堂生态限制因子的控制首先要识别众多的生态因子，找到真正的限制因子。这个过程中需要进行意识增强，进行有意识的观察：①所有的生态因子都是潜在的限制因子，随时可能发生演变；②限制因子和一般影响因子有很大区别，限制因子对课堂生态主体的影响已经达到了它的忍耐极限；③限制因子对生态课堂主体的成长产生了阻碍作用。

例如，现代信息技术方面，尽管现在倡导的是外语教育信息化，但是如果操作不当，就会造成课堂生态系统的不良影响。其失调现象主要体现在三个方面：①过度使用技术；②滥用技术；③低值使用技术。教育信息化的大环境更容易将具有极端的度和量演变成限制因子，最终造成课堂生态主体的失衡状态。

（1）控制生态因子面临的可能性空间。在课堂生态系统中，任意生态因子都有多种发展方向，可能性空间是指在发展和演变过程中所有可能性的集合。根据控制论理论，所有控制的过程本质上都由三个基本环节组成：①熟悉和了解事务的可能性空间；②在可能性空间中发现调控目标；③控制相应的条件，使其朝着预定的目标发展和演变。

（2）根据反馈信息调节。根据控制论理论，调节和控制过程都由具有一个方向的相反校正活动来补偿实现，就好比驾驶汽车时，如果汽车行驶的方向偏向左边，就要朝着右边校正，偏向右边就要朝着左边校正。课堂生态中，受控主体和施控主体分别是指需要调控的限制因子和实施调控行为的生态主体，施控主体会根据受控主体运行的可能性空间，在特定条件下对受控主体施加控制，这时，受控主体就会将信息反馈出来，得到的反馈是正反馈时，需要进行下一次调控；得到的反馈是负反馈时，就证明调控发挥作用，使得其往既定目标靠近。在信息化的环境中，外语课堂教学中的教师和学生的观察和分析能力都很重要，要会对相关的事件进行预测，并发现限制因子的存在，再对其进行分析和调控，得到反馈信息之后要根据信息判断调控的效果。例如，在外语课堂运用信息技术后，教师信息素养问题可能会对教学产生不良影响，这时就可以通过教学培训等方法来进行调控，根据调控的反馈来进一步实施外语课堂教学，最终使得其朝着既定目标发展。

4. 规避课堂环境中的花盆效应

课堂生态系统的环境主要受到教师和学生之间的相互影响和相互作用调控，是主要的影响因子。教育生态学领域中的课堂环境因子除了课堂中的人文环境和物理环境外，还包括学生和教师相应的属性以及二者之间的相互作用和影响。具体体现为教学理念、情感、态度等方面。在课堂生态环境构建时，要将师生共生作为主要目标的参考依据，要杜绝课堂环境对教师发展和人才培养产生的不良影响。但是在外语教学信息化的过程中，尽管信息技术为外语教学带来了很多便利性，但是花盆效应也随之出现，阻碍了学生和教师之间的可持续发展。例如，教师长期适用电子课件会造成他们对电子课件的依赖性，一旦课件缺失就无法继续上课；学生在网络学习环境中享受到了便利性，也产生了依赖，一旦缺乏网络就无法继续学习和写作等等。想要解决信息化花盆效应的不良影响，就要对信息技术的作用有新的认知，在教学的过程中适用信息技术要合理和适度，在享受信息技术和网络技术给教学带来的便利性的同时，也要根据自身发展来思考问题，不能过度依赖信息技术，更不能产生信息技术强迫症。建设课堂教学环境时，设备方面也要谨慎选择，不能仅仅追求价格高、环境舒适、条件优越等外在条件，要看到服务的本质，从可持续发展目标出发，按照适度原则来进行建设，这样才有利于发展的生态课堂环境建设。

传统课堂的教学环境中，花盆效应一直都存在。在这种模式中，教师根据提前制订的教学计划进行授课，学生安心听讲，这种汇总教学模式经过长期发展已经处于一种平衡状态。这种课堂环境下，一切都是教师说了算，学生的学习处于一种被动状态，这不利于学生自主学习和自主认知能力的培养。花盆效应在信息化外语教学的环境中也产生了影响，对学生接受新的信息化教学环境的进程产生了阻碍作用。想要减轻这种不良影响，调节学习主体和所属的环境的交互关系，需要开发学生的自主学习能力，帮助学生养成自主学习的好习惯，鼓励学生进行自我规划、自我监督、自我管理、自我评价和自我调整等一系列认知操作，让学生适应不同的环境，拓宽学生在环境因子中的适应程度。具有丰富教学经验的教师在处理学生的"收"和"放"问题时，都能够很好地把握分寸，对学生的指导一样不少，让学生独立时一个不管；同时对学生充满信心，充分地尊重学生的自主权，不断提高学生对新环境的适应能力，加强他们的竞争力。

5. 引导系统组分同步与协变

大学英语课堂在信息化语境下出现了失衡现象，最重要的体现就是课堂生态系统的各个分组组成发生了严重失衡，这是系统内部的各个组分在信息化进程中没有与信息技术协同发展造成的。大学英语课堂生态要在信息化语境中得到发展，就要采取主动干预的措施，要主动引导系统内部的各个组分跟随信息技术的接入而变革。大学英语课堂就是一个微观的生态系统，教师和学生就是其中的生物成分，其中有群体也有个体；课堂生态环境就是系统中的非生物成分，主要有课前生成的环境、课中生成的环境以及课后生成的环境，课前生成的环境对应师生固有水平、课堂自然环境、信息媒体环境等；课中生成的环境对应师生关系、师生课堂态度等；课后生成的环境对应课堂规章制度和课堂文化等。

在课堂环境中，一旦信息技术成为主导因子，系统内部的各组分之间的相互作用和协调作用必将导致信息技术对其他生态因子产生同步协变的影响。但是，课堂生态主体观念没有发生改变、课堂管理机制不完善时，系统组分之间的同步协变跟不上现代教育技术的发展步伐，这就造成了师生教学理念更新延缓、角色调整不完善、学习缺乏主动性、信息素养不达标、新型教学习惯未养成、课堂不活跃等问题。想要促进各组分中的同步协变速度和质量，就需要针对具体的问题展开具体分析和研究，并出台相关政策和措施，最终方能解决出现的问题。

6. 恢复信息化课堂的生态功能

所有系统都包含功能和结构，若想良好地发挥系统功能，就要使结构趋于稳定，同时，系统功能的发挥也有利于系统的稳定。但是系统的功能比结构更容易受到环境影响，可变性更强。环境和结构是决定系统功能的两大要素，系统的结构会受到系统内外部环境变化的影响，产生弱化甚至易变的反应。在外语课堂中，信息技术逐渐深入并在环境因子中占据主导地位，使系统产生巨大波动，在一定程度上改变着系统中的各个要素，削弱了课堂生态系统的调节关系和优化结构的功能，此外，课堂生态系统在此影响下不能更好地促进演化和生态育人。若想使得大学英语课堂的生态适应信息化的语境，就一定要适当调整系统结构，同时，逐渐恢复系统已被弱化的功能。

若想恢复信息化课堂的生态功能，就应当有机地整合外语课堂教学和现代信息技术。同时在整合的过程中，将目标设置为师生共建式生态课堂的构建，以此来平衡系统的输入和输出，使得生态因子能够和谐共处、教学成效能够达到设置的目标、促进师生的共同成长，将师生关系保持到良好的平等对话状态，合理地定位师生的角色，创建多维的互动课堂，丰富教学评价体系。当外语课堂生态和现代信息技术高度融合时，课堂就拥有了更加高层次的结构和生态，当结构得到优化后，结构的功能便能够更好地在与环境交互的过程中优化，同时推动生态育人和演化的功能。系统内部的失调问题可以在有机结合课堂教学和信息技术的情况下得到解决，这些失调问题包括多种主体，如英语教学目标和传统评估方式的失调等等。

7. 重塑互动对话生态课堂

（1）重塑互动对话的生态课堂交往属性。课堂教学交互的属性分析是对互动对话式生态课堂交往的重塑的首要条件。若要分析并分类教学交互的属性，可以从学生的角度来研究交互对象、交互动机、交互意愿和距离等等。

1）交互对象。从学生的角度来看，交互对象中的教学交互有内部和外部之分。内部交互是学生的自我交互，是学生吸收和内化知识的过程，自我内部交互是决定学生学习成果的最终因素；外部交互是学习环境、资源和教师等因素与学生之间的交互。

2）参与方式。在参与方式的基础上，教学交互可以被分为直接交互和间接交互。在直接交互中，学生会直接参与到教师和学生之间的交互中；间接交互包括教师与资源，教师与教师之间的交互。

3）交互动机。以交互动机为依据，教学交互可以被分为对抗性交互和合作性交互。

4）交互力量，在交互力量的基础上，教学交互有强交互和弱交互之分，强交互的过程中，交往比较密切，而弱交互则反之。

5）交互意愿。依据交互意愿的不同，教学交互可分为主动交互和被动交互。

6）交互距离。根据交互距离的不同，教学交互可以分成远距离交互和短距离交互，这里的距离既指心理距离，又指物理意义上的距离。

7）交互效果。依据交互效果，教学交互有正交互和负交互之分。在正交互的过程当中，学生能够良好地接收教师，学生与环境带来的交互效果，利于身心成长，负交互则反之。若想构建生态课堂，结合教师与学生的良好交往，就一定要丰富交互模式，利用现代信息技术搭建网络互动平台，抬高学生的互动积极性，加强学生与环境资源以及教师之间的互动，以外部交互推动内部交互。间接交互与直接交互同样重要，不能被忽视，教师与教师及资源之间的交互能够促进学生的学习。

（2）重塑互动对话的生态课堂交往活力。要想建立互动频繁的生态课堂就一定要增强课堂人员的积极性，调动课堂的活力。

1）若想使得师生在课堂中良性交往，就一定要构建和谐的课堂生态结构，此时，现代信息技术的重要性便展现出来，利用现代信息技术使得课堂生态同步与其他组协变并达到平衡；要合理调整课堂生态系统中的营养结构，同时保证系统内部的能量能够有效流通。下面阐述课堂生态中的营养结构。在课堂生态中，教师是生产者，生产者消化转换外部世界与内部世界的信息，通过课堂环境传递给学生，让学生吸收与消化，同时，学生也向教师反馈自我学到的知识。课堂教学的交互在生态课堂中更加复杂，在这种生态中，教师与学生既可以作为知识的生产者，也可以作为消费者，这是依据不同的对象来决定的，此外，双方也可能是知识的分解者。

2）学生在课堂中交互的动力受到优质物理教学环境的激发。课堂中若能采用生动的多媒体课件进行教学，学生的学习热情与动力将会得到大大提升，学生与教师、教材和学习资源之间的直接交互将会得到加强。学生可以在学习友好型网络教学平台上自主学习，具有较强功能的网络教学平台能够给学生提供便利，拉近师生之间的心理距离，使师生得到更好的沟通，激发学生学习的积极和主动性。此外，课堂教学交往的动力也可以受到多方面物理因素的促进。

3）要想促进学生在课堂中的互动，就一定要塑造良好的课堂人文环境。师生关系的平等与和谐是保证课堂互动的重要动力，学生在和谐的师生关系中能够获得更高的学习动力与积极性，更加高效地参与到课堂互动中，养成主动学习的好习惯，课堂也会因此变得富有色彩与生气。教学交互的动力源泉是良好的教风学风，学风和教风的良性运作具有群体示范性，能够形成良性循环。在群体动力学中，群体中的成员会因群体中强烈的凝聚性而被吸引。群体的凝聚性有助于推动成员合群倾向的形成，如果一个成员的行为与群体有较大差异，那这位成员则会产生巨大的群体交往压力，从而被压力推动着向群体共同的方向发展，这便是群体动力。通过课堂观察可以发现，如果班级中有一批乐于与教师互动的学生参与到课堂中，那班级内部将会形成充满活力的学习风气，这样能够带动群体中比较安静的学生，使他们适应具有活力的学习风格。

8. 保持课堂生态的活水效应

动力的源泉是活水，活水能够保证系统动态平衡的持久性。生态学中的活水效应是指生态系统中的生态因子不断地优化与输入物质能量以保持系统的动态平衡。外语课堂若要在信息化的环境下保持动态平衡，活水是必不可少的。课堂中的活水可以被理解为优化系统内部的生态因子，也可以是输入系统外部的物质能量。

（1）努力创造条件。为了维持课堂生态中的活水效，条件的创造必不可少，各种物质在课堂生态中应当保持流畅的交换流通。在生态链法则当中，生态系统中流通着的物质能量和信息会产生降衰和富集现象。信息在课堂生态中流通的途径，便是教师吸取课本知识并传递给学生，此过程中常常会出现降衰现象。通常来讲，教师无法完全吸取课本知识，学生也不能完全吸收教师所讲的知识，因此，学生学习到的课本知识只占课本原知识的八成左右，某些因素在这一过程中会对知识的传递造成阻碍，会产生严重的降衰现象。在教育生态系统中，如果物质与能量的流通渠道单一，系统可能会呈现半封闭或全封闭状态，信息会在单向流动的过程中产生堵塞现象，教育生态系统将会衰竭，不富有活力。

（2）外部物质和能量的不断输入。若要使得活水效应不断推动课堂生态，外部的物质与能量的不断输入是必要的。课堂生态系统属于开放的系统，应当不断地与外界进行能量交互，这种交互的主要因素是物质与能量。在人们的观念中，教师若想要让学生学到一些知识，教师本人就必须掌握十成的知识，这就表示教师一定要终身学习，不断地输入新的教学理念与方法，推动自我教学能力的发展。学生也应当实现内部与外部的交互。

具体来讲，就是接收新知识，培育新动力，同时提高自身学习能力，培养良好的学习习惯，掌握学习的策略与方法。教育部门也是外部物质和能量输入的主体，教育部门可以为教学拨付经费，制备设备等等，这些输入都是课堂的新鲜生命，保证系统能够平衡运行。

（3）不断优化课堂生态因子。课堂要具有活水效应的生态，优化课堂生态因子是必要的，课堂生态因子包含学生、教师和课堂环境。教师应当在外语教学信息化的语境下主动学习新的教学理论，同时调整自身的课堂角色，不断地创新教学方法和教学手段，改善旧有评估方式。同时，学生也应当对现代教学理念有一定了解，养成良好的学习习惯，提高自主学习能力。

师生共同树立终身学习的理念是生态课堂的关键，这是不断优化教学课堂的根本举措。此外，转变课堂气氛、改进师生关系和学风班风、应用现代信息技术等等都属于课堂环境的优化。良好的课堂生态结构能够保证系统的平衡，为课堂注入新的活力与生命力。

参考文献

[1] 卜玉华. 英语教学改革指导纲要 [M]. 福州：福建教育出版社，2016.

[2] 陈坚林. 大数据时代的慕课与英语英语教学研究——挑战与机遇 [J]. 英语电化教学，2015（01）：3-8，16.

[3] 程文华. 教学日志在教师学习中的中介作用研究 [J]. 山东英语教学，2010，31（4）：24-29.

[4] 胡开宝，谢丽欣. 我国大学英语教学的未来发展方向研究 [J]. 外语界，2014（03）：12-19，36.

[5] 黄瑜. 行动研究方法在英语教学中的应用——评《英语教学中的行动研究方法》[J]. 高教探索，2018，（04）：2.

[6] 焦称称. 英语语言学视阈下大学英语教学创新——兼论《大学英语教学改革与创新研究》[J]. 染整技术，2018，40（12）：7-8.

[7] 李凤红. 多媒体网络环境下的大学英语教学模式解析——评《基于网络多媒体的大学英语教学模式的研究》[J]. 新闻爱好者，2019，（08）：102.

[8] 李贵君. 论新时代背景下我国大学英语教学的重新定位及未来发展方向 [J]. 开封教育学院学报，2017，37（12）：80-81.

[9] 李建平. 体验哲学对外语课程设计的启示 [J]. 外国语文，2011，27（03）：114-116.

[10] 李四清. 对外语教学视域中教师自主概念的审视与再界定 [J]. 外语电化教学，2015（01）：37-42.

[11] 李迎新，黎新华，洪震. 教学日志：培养反思型英语教师英语教师的重要途径 [J]. 教学与管理（理论版），2013，（3）：54-55.

［12］刘丹.课程设计是英语有效教学的前提——《英语教育新论：多元目标英语课程》的感悟［J］.高校教育科学，2019，（04）：129.

［13］刘苗，何娟.新常态下的高校大学英语教学特点及应对对策分析［J］.课程教育研究（新教师教学），2015，（33）：16.

［14］刘晓玲.英语课程教学论［M］.长沙：中南大学出版社，2014.

［15］刘援，邹为诚.体验式外语教学理论再探［J］.中国外语，2011，8（06）：47-52.

［16］吕菁.现代信息技术在大学英语课程教学中的运用——评《现代教育信息技术》［J］.中国科技论文，2019，14（07）：828.

［17］莫英.信息化背景下大学英语教学改革与创新思维［M］.成都：四川大学出版社，2018.

［18］牛跃辉，郑艳萍.认知心理学在任务型外语教学中的应用［J］.科教文汇（上旬刊），2012（05）：127-130.

［19］齐登红，梁国杰.探究式大学英语视听说网络教学体系探索［J］.外语电化教学，2014（06）：71-75.

［20］祁芸.外语课堂的参与式教学设计［J］.甘肃科技，2012，28（01）：88-89+96.

［21］全涛.大学英语教学的未来发展方向与趋势——评《英语教学新思路》［J］.中国教育学刊，2016（09）：130.

［22］任智巍.大学外语教学中的探究式教学模式的研究与应用［J］.黑龙江科技信息，2008（18）：153.

［23］孙耀远.管理学视域下的外语教学［J］.教学与管理，2012（15）：113-114.

［24］王洪林，钟守满.中国外语教学改革前瞻：从微课到慕课再到翻转课堂［J］.外语电化教学，2017（01）：16-20+34.

［25］王青梅.大数据时代大学英语教学模式创新与信息化变革［J］.福建茶叶，2019，41（8）：207.

［26］王淑花，李海英，孙静波，等.大学英语教学模式改革与发展研究

[M].北京:知识产权出版社,2018.

[27]王铁华,金国臣.大学外语课程设计方法与外语教学质量的提高[J].齐齐哈尔医学院学报,2008,29(23):2895-2896.

[28]王翔敏,苗燕.以内容为依托的英语教材建设与课程设计[J].湖北第二师范学院学报,2014,31(04):106-109.

[29]王瑛.大学英语教学的未来发展方向研究[J].人才资源开发,2015(18):145.

[30]吴慧琦.浅谈语言学对外语课程设计的指导性作用[J].科教文汇(中旬刊),2009(12):97.

[31]伍忠杰,高照,李京南,等.体验式外语教学模式探索与实践[J].中国外语,2010,7(01):61-67.

[32]郗德才.外语教学流派形成的心理学理论基础[J].辽宁行政学院学报,2013,15(01):101-102.

[33]徐淑娟.大学英语生态教学与教学模式构建研究[M].北京:科学出版社,2016.

[34]杨松岩.交际学在外语课程设计中的应用价值[J].吉林省教育学院学报,2011,27(01):60-61.

[35]姚兰.新时期大学英语教学发展与改革路径探索[J].陕西教育(高教),2017(11):8-10.

[36]易庆竑.基于慕课的翻转课堂及其教学结构研究[J].现代教育技术,2015,25(04):94-100.

[37]张安律,刘安洪.认知心理学与外语教学[J].外国语文,2010,26(05):122-125.

[38]张坤媛,初胜华.以教师合作反思教学促进高校英语教师思辨能力的发展[J].科教文汇(中旬刊),2014(04):67-69.

[39]赵佳.参与式外语教学模式在大学英语拓展课程中的应用研究[J].科技视界,2016(25):237-238.

[40]郑侠,李京函,李恩,等.多元文化视角下的大学英语教学研究[M].

北京：知识产权出版社，2018.

［41］钟建.建构主义理论下任务型外语教学法的应用研究［D］.长沙：长沙理工大学，2017：12-25.

［42］朱晓燕，英语课堂教学策略——如何有效选择和运用［M］.上海：上海外语教育出版社，2010.